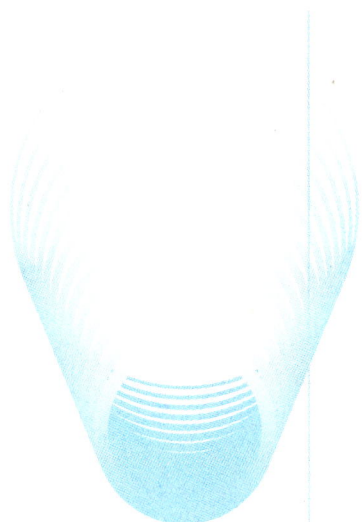

GUANLI
XINXI XITONG

管理信息系统

主 编 蒋 辉
副主编 尹 倩 刘 慧 陈 阳

重庆大学出版社

内容提要

本书在介绍管理信息系统理论基础和技术基础的前提下,结合当前信息技术和信息系统发展的现状,系统地介绍了管理信息系统的规划、分析、设计、实施和运行维护的全过程。本书共分为12章,主要包括信息系统与管理、管理信息系统概论、信息技术、计算机网络技术、数据库技术、管理信息系统的战略规划、管理信息系统的开发方法、管理信息系统分析、管理信息系统的系统设计、管理信息系统的实施与运行、管理信息系统的应用、管理信息系统课程实验与课程设计。本书还增加了案例、习题,便于学生把枯燥的理论和实际相结合,提高学生分析问题和解决问题的能力,符合应用型人才培养的要求。

本书可作为信息管理、工商管理、信息工程等专业相关课程的教材,也可作为从事信息系统建设和计算机应用工作的技术人员、管理人员的参考用书。

图书在版编目(CIP)数据

管理信息系统 / 蒋辉主编. -- 重庆:重庆大学出版社,2022.1
计算机科学与技术专业本科系列教材
ISBN 978-7-5689-3124-3

Ⅰ.①管… Ⅱ.①蒋… Ⅲ.①管理信息系统—高等学校—教材 Ⅳ.①C391.6

中国版本图书馆 CIP 数据核字(2022)第 015070 号

管理信息系统

主 编 蒋 辉
副主编 尹 倩 刘 慧 陈 阳
策划编辑:范 琪

责任编辑:付 勇 版式设计:范 琪
责任校对:刘志刚 责任印制:张 策

*

重庆大学出版社出版发行
出版人:饶帮华
社址:重庆市沙坪坝区大学城西路 21 号
邮编:401331
电话:(023)88617190 88617185(中小学)
传真:(023)88617186 88617166
网址:http://www.cqup.com.cn
邮箱:fxk@ cqup.com.cn(营销中心)
全国新华书店经销
重庆华林天美印务有限公司印刷

*

开本:787mm×1092mm 1/16 印张:15.75 字数:366 千
2022 年 1 月第 1 版 2022 年 1 月第 1 次印刷
印数:1—3 000
ISBN 978-7-5689-3124-3 定价:49.80 元

前　言

管理信息系统（Management Information System，MIS）是为了适应现代化管理的需要，在管理科学、系统科学、信息科学和计算机科学等学科的基础上形成的一门学科，旨在通过规划、开发、管理和使用信息技术工具帮助人们完成信息处理和信息管理的任务。

本书主要具有以下几个方面的特点：

第一，可读性。管理信息系统是一门理论性和应用性都很强的学科。本书吸收了国内外学者的优秀成果，将有代表性的、普适的理论列出，并进行详细阐述和透彻分析。

第二，系统性。本书在编写过程中，注重管理信息系统理论知识的系统性。本书的理论知识涵盖了管理信息系统的核心内容，就信息系统对组织管理影响的相关知识、技术做了较为全面的阐述，有助于学习者对管理信息系统整体的认识和全面的把握。

第三，实用性。本书注重管理信息系统理论在商业领域的实际应用，突出内容的实用性，使读者能够在学习管理信息系统理论的同时，联系实际，领悟市场环境下管理者和信息技术专家的思考方式和解决问题的方法，满足对应用型人才培养的基本要求。

第四，前瞻性。本书在编写过程中，除了讲解传统的理论，还对近年来信息系统发展的热点进行介绍，如云计算、5G与物联网、数据仓库等，为读者了解管理信息系统的基本知识和最新发展提供参考。

本书由南京航空航天大学金城学院蒋辉老师负责组织编写和审稿。本书各章节的编写分工如下：第1章、第2章、第6章、第7章由蒋辉编写；第4章、第5章、第8章由尹倩编写；第3章由陈阳编写；第9章由陈阳、丁美琴编写；第10章、第11章、第12章由刘慧编写。

本书在编写过程中参考了大量的国内外文献，并尽量在参考文献中列出，在此对这些参考资料的作者表示由衷的感谢！

由于作者的水平和能力有限，书中难免存在疏漏之处，敬请广大读者指正。

编　者
2021 年 10 月

目 录

CONTENTS

第1章　信息系统与管理

【学习目标】

1.了解信息的定义、特点及分类。

2.了解系统和信息系统的定义与特点。

3.了解信息系统在组织管理中所发挥的作用。

【案例导入】

雅戈尔开启智能制造模式

2018 年,宁波雅戈尔集团"2019 春夏新品品鉴会"在雅戈尔国际服装城举行。受邀会员除竞逐"雅戈尔先生"并成为品牌素人代言外,还现场体验了该品牌近半年来在智慧营销、智能制造方面的一些成果。其中不乏引领国内服装制造行业潮流的亮点和首创。

门店将规模运用智能交互手段

当你走进一家西装店,为你量体的是 AI,各类衣服搭配不用亲自试,在一块屏幕上点几下就能看到穿着效果——从前的科幻场景,正在变成现实,雅戈尔正在推动智慧门店的建设。

雅戈尔在引进德国 HUMAN SOLUTIONS 3D 人体扫描试衣系统的基础上,又注资国内领先的 3D 人体大数据人工智能服务公司三体科技,借助其核心的 3D 扫描数字化技术。未来,雅戈尔的每一位 VIP 会员不但可以在门店通过 3D 量体设备自动量体,而且能在系统模拟的 3D 场景秀中虚拟试衣,选择最心仪的款式和面料,登录手机 App 或雅戈尔官方微信下单。订单生成后自动流转至智能工厂进行智能打样、剪裁、生产,然后通过智能物流配送体系 24 小时送达。

智能化打造"柔性供应链"

自 2017 年起,雅戈尔斥资亿元以精品西服车间为试点,推动智能工厂建设。2018 年 4 月底,第一条新生产线正式投入使用,到 6 月基本完成智能工厂中端(缝纫端)的改造升级,建成全球首条西服全吊挂流水线。

通过应用 MES 系统、智能裁剪系统、AGV 智能小车、单工位智能模块等一系列信息化硬软件设备,应用大数据手段逐步完成生产要素间的全域连接,生产效率提高效率20%~30%,量体定制周期由原来的 15 个工作日缩短到 5 个工作日,单件定制周期缩短至 2 天,大规模定制生产能力也由原先总量的 10%增加至 30%以上,还可以通过终端实时监控每个工位的负载情况。

资料来源:摘引自证券日报

　　信息、物资和能源是当今社会人类生存和社会发展的三大资源。工业革命使人类在开发、利用物质和能源两种资源上取得了巨大成功,其结果是创造了工业时代。随着以计算机技术、网络通信技术、多媒体技术为代表的现代信息技术的飞速发展,人类社会从工业时代阔步迈向信息时代,人们也越来越重视信息技术对传统产业的改造以及对信息资源的开发和利用,信息化水平的高低已成为衡量一个国家和地区现代化水平和综合国力的重要标志。

　　管理信息系统为了适应现代化管理的需要,融合了众多学科的理论和方法,如管理学、信息科学、计算机科学、系统科学等,在现代社会经济生活特别是企业经营管理决策中,正发挥着日益重要的作用。

1.1　数据、信息、知识与智慧

　　在生活中,人们通常将数据和信息混淆在一起,但是在实际的应用中,数据和信息存在一定的区别。本节将对数据、信息、知识和智慧分别进行探讨。

1.1.1　数据的概念

　　数据(Data)是用来描述客观实体的属性,是为反映客观世界而记录下来可以鉴别的物理符号。数据的概念包含了两个方面,一方面是它的客观性,即它是对客观事物的描述,反映了某一客观实体的属性。这种属性是通过属性名和属性值来表达的。例如:10 t铁矿石,是用文字、数字记录下来的数据,其中铁矿石是这个数据的属性名,用来表示矿石的种类指标,10 t则是这个数据的属性值。另一方面是它的可鉴别性。数据是对客观事实的记录,这种记录是通过一些特定的符号来表现的。例如:数据 3 可以用 3、三、叁、Ⅲ、011、three 和条形码等符号表示。而且这些特定的符号是可以鉴别的,尤其是可以由计算机识别,这是以后进行数据处理工作的基本前提。目前,表示数据的符号不仅指数字,而且包括字符、文字、图形等。其表现形式为:

　　①数值数据:表现为数字、字母和其他符号。

　　②图形数据:表现为图形或图片。

　　③声音数据:表现为声音、噪声或音调。

　　④视觉数据:表现为动画或图片。

　　⑤模糊数据:表现为高、胖、干净等。

1.1.2　信息的概念

　　1)信息的定义

　　近年来,学术界一直对信息进行了积极的研究和探讨,并从不同角度对信息的含义进行了阐述和解释,不同学者对信息的定义见表 1-1。

表1-1 信息的含义

学者	含义
香农	信息是使信宿对信源发出何种消息的不确定性减少或消除的东西
布鲁克斯	信息是使人原有的知识结构发生变化的那部分知识
维纳	信息是人们在适应外部世界,并使这种适应反作用于外部世界的过程中,同外部世界进行互相交换的内容和名称
霍顿	信息是为了满足用户决策的需要而经过加工处理的数据
钟义信	信息是事物存在方式或运动状态,以这种方式或状态直接或间接地表述

由以上各学者对信息的解释可以看出,信息(Information)是指经过加工处理后的数据,能够在接受者的决策中起到重要作用和具有价值的内容。根据这个定义,行驶中汽车上的里程表上的数据不是信息,只有当司机看了里程表,并根据它做出了加速或减速决策的那个数据才是信息。

2)信息的特点

信息与日常生活中的经济活动和社会活动息息相关,也与众多的学科紧密相连,所以信息呈现出多种特点。

(1)整体性

零散的信息没有任何价值,而且可能对接受者的决策产生误导,甚至造成不利的影响,只有当信息处于一个系统中,作为系统的一个组成部分或一个环节而存在时,才能发挥信息的作用,产生成倍的增值。

(2)普遍性

信息是事物运动的状态和方式的反映,它所表征的、传送的是关于某一客观系统、某一事物中的某一方面属性。运动的绝对性表明信息是普遍存在的。

(3)层次性

因为管理是分层的,而信息恰恰是为管理服务的,所以信息也是分层的。管理自顶向下可以分为战略层、策略层和执行层。各管理层有各自的信息需求,因此对应于各管理层的信息分别为战略级信息、策略级信息和执行级信息。不同层次信息的特征见表1-2。

表1-2 不同层次信息的特点比较

	信息来源	寿命长短	保密要求	加工精度	加工方法
战略级信息	企业外部	长	高	高	灵活
策略级信息	内外兼有	中	中	中	中
执行级信息	企业内部	短	低	低	固定

（4）动态性

信息在时刻不断地更新，只有把握最新的信息，才能够获得最佳的价值。因此，信息要时刻地更新，保持信息的时效性，延长信息的寿命，避免过时的信息影响企业管理的效率，造成更大的危害。

（5）可加工性

信息是可以加工和处理的，根据企业不同的需求，将信息进行形式的转变或内容的更新。

（6）共享性

信息是可以在不同的拥有者之间进行共享的。由于信息能够通过网络或者其他途径进行传播，因此，信息可以被共同占用，共同获取。在企业管理中，信息可以在不同的部门之间进行共享，以此获得更多的决策支持，保证决策的一致性。

3）信息的分类

信息在使用的过程中，根据不同的标准，可以分为不同的种类。不同种类的信息在内容和表现形式上也各有不同，信息的分类标准和类别见表1-3。

表1-3　信息的分类

分类标准	类别	举例
加工深度	一次信息	政府的调查评论、新闻报道与广播、公共信息、市场调查等
	二次信息	文摘、门户网站的信息
	三次信息	综述、专题报告、词典、年鉴等
表现形式	文献型信息	研究报告、论文、资料、刊物、书籍等
	档案型信息	行政、技术、财务、人事等
	统计型信息	年鉴、金融信息等
	图像型信息	照片、电影、电视、遥感图像等
	动态型信息	行情、商情、战况等
应用领域	经济信息	企业信息、技术信息、国家政策信息等
	管理信息	人事、工资、计划、财务等
	科技信息	科学研究、科学技术成果等
	政务信息	方针政策、法律法规、社会状况等
	军事信息	国防、战争等信息

1.1.3　知识的概念

知识（Knowledge）是对信息的加工、吸收、提取、评价的结果，是反映各种事物的信息进入人脑，对神经细胞产生作用后留下的痕迹。信息与人类认知能力相结合，就产生了知识。

①知识是让从定量到定性的信息分析过程得以实现的、抽象的、逻辑的东西。知识需要通过信息使用归纳、演绎方法得到。信息只有在经过广泛深入的实践检验，被人消化、吸收并成为个人的信念和判断取向之后才能成为知识。

②知识是一种流动性质的综合体，其中包括结构化的经验、价值以及经过文字化的信息。在组织中，知识不仅存在于文件与存储系统中，也蕴含在日常例行工作、过程、执行与规范中。知识来自信息，信息转变成知识的过程中，均需要人们亲自参与。知识包括"比较""结果""关联性"与"交谈"过程。

③经济合作与发展组织在年度报告《1996年科学、技术和展望》一书中提出"知识经济"，对知识的界定就是知道是什么（Know-What）、知道为什么（Know-Why）、知道怎么做（Know-How）、知道是谁（Know-Who）。这样的界定可以概括为"知识是4个W"。

④哈里斯将知识定义为：知识是文化脉络、经验以及信息的组合。其中，文化脉络为人们看待事情时的观念，会受到社会价值、信仰、天性以及性别等的影响；经验则是个人从前所获得的知识；信息则是在数据经过存储、分析以及解释后所产生的，因此信息具有实质内容与目标。

知识之所以在数据与信息之上，是因为它更接近行动并与决策相关。信息虽给出数据中一些有一定意义的东西，但其往往会在时间效用失效后价值开始衰减；只有人们通过归纳、演绎、比较等手段对信息进行挖掘，使其有价值的部分沉淀下来，并与人类知识体系相结合，这部分有价值的信息才能转变成知识。

1.1.4　智慧的概念

智慧（Wisdom）是知识层次中的最高一级，它同时也是人类区别于其他生物的重要特征。

①定义智慧时，科学家图灵1950年发表了题为《计算机能思考吗?》的论文，肯定机器是可以思考的。如果一台机器能够通过图灵实验，那它就是智慧的。图灵实验的本质就是让人在不接触对方的情况下，通过特殊方式与对方进行一系列问答，如果对方在相当长一段时间内无法通过这些问题判断对方是人还是机器，那就可以认为这台机器具有与人等同的智力，这个机器就是智慧的。

②智慧——知识选择的应对行动方案可能有多种，但选择哪个行动方案要靠智慧，而行动则又会产生新的智慧。

③安达信（Arthur Anderson）管理顾问公司认为智慧是以知识为根基，加上个人的运用能力、综合判断、创造力及实践能力来创造价值。

因此，智慧是人类基于已有的知识，针对物质世界运动过程中产生的问题，根据获得的信息进行分析、对比、演绎找出解决问题方案的能力。这种能力运用的结果是将信息的有价值部分挖掘出来并使之成为已有知识架构的一部分。

1.1.5　数据、信息、知识与智慧的关系

数据是客观事实的数字化、编码化、序列化和结构化，它是将客观事实记录下来、可以

鉴别的符号,这些符号不仅指数字,而且包括字符、文字、图形等。信息是数据在信息媒介上的映射,是经过加工的具有特定含义的数据,它对接收者的行为产生影响,对接收者的决策具有价值。通过原始观察及量度获得了数据,分析数据间的关系即获得了信息,在行动上应用信息产生了知识。智慧关心未来,它含有暗示及滞后影响的意思。

知识是从相关信息中过滤、提炼及加工而得到的有用资料。特殊背景语境下,知识将数据与信息、信息与信息在行动中的应用之间建立有意义的联系,它体现了信息的本质、原则和经验。此外,知识基于推理和分析,还可能产生新的知识。最后来看智慧,智慧是人类所表现出来的一种独有的能力,主要表现为收集、加工、应用、传播知识的能力,以及对事物发展的前瞻性看法,即在知识的基础上,通过经验、阅历、见识的积累而形成的对事物的深刻认识、远见,体现为一种卓越的判断力。

整体来看,知识的演进层次可以双向演进。从噪声中分拣出来数据,转换为信息,升级为知识,升华为智慧。这样一个过程,是信息的管理和分类过程,让信息从庞杂无序到分类有序,各取所需,这就是一个知识管理的过程。反过来,随着信息产生与传播手段的极大丰富,知识产生的过程其实也是一个不断衰退的过程,从智慧传播为知识,从知识普及为信息,从信息变为记录的数据。

1.2 系统与信息系统

世界上的任何事物都可以看作一个系统,系统是广泛存在的,大到浩瀚的宇宙,小至微观的原子都是系统,整个世界就是系统的集合。

1.2.1 系统的定义和内容

1)系统的定义

系统(System)是由处于一定环境中的相互联系和相互作用的若干组成部分结合而成,并为达到整体目的而存在的集合。它由若干个具有独立功能的元素组成,这些元素之间互相联系、互相制约,共同完成系统的总目标。

①系统是由若干要素(部分)组成的,这些要素可能是一些个体、元件、零件,也可能本身就是一个较小的系统,或称为子系统。

②系统具有一定的结构,一个系统是其要素组成的集合,这些要素相互联系、相互制约。系统内部各要素之间具有相对稳定的联系方式。

③系统具有一定的功能,功能是指系统与外部环境相互联系和相互作用中所表现出来的性质、能力和功效。信息系统的功能是进行信息收集、传递、储存、加工和使用,并辅助管理决策,帮助组织实现目标。

2)系统的结构

系统的结构是指系统各组成要素之间的相互联系、相互作用的方式,即各要素之间在时间或空间上的排列和组合的具体形式,没有无结构的系统,也没有离开系统的结构。无论是在宏观世界还是微观世界中,一切物质系统都以一定的结构形式存在,并且经常发生运动和变化。系统的结构具有稳定性、层次性、开放性和相对性等特点。从系统的构成部分来看,可以把系统分成 5 个基本要素,这些基本要素之间的关系如图 1-1 所示。

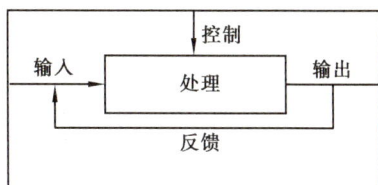

图 1-1　系统基本要素的转换形式示意图

由图 1-1 可以看出,系统结构一般由 5 个基本部分组成,分别是输入、输出、处理、反馈和控制。

①输入:系统外部环境向系统输入资源。

②输出:经过系统处理之后得到的结果。

③处理:按照一定的方式,对输入资源进行加工处理的过程。

④反馈:系统与环境的交流,系统从环境获取资源,进行处理后产生输出,对环境产生影响,环境将影响结果反馈给系统,系统判断与标准的差异,以确定系统的行为方式。

⑤控制:决定系统运行的过程,该过程是系统与系统环境进行交互的一个重要环节。

3) 系统的特点

虽然现实世界存在各种各样的系统,各系统的结构和功能各不相同,但是一般系统都具有集合性、整体性、相关性、层次性、适应性、目的性和动态性。

(1)集合性

集合性就是指在认识系统时,通常把具有某种属性的对象看作一个整体,这个整体就是一个集合,集合里的组成部分称为集合的元素或要素。系统的集合性表明,一个系统至少要由两个或更多的可以互相区别的要素组成。

(2)整体性

由于系统是由相互依赖的若干部分组成的,各要素之间存在着相互关联,并相互影响,构成一个整体,具有一定的功能。因此,系统中的每个要素要有自己的目标,同时还要服从整体性的要求,以追求整体最优。

(3)相关性

系统的组成部分虽然是相对独立的要素,具有各自的特点,同时必须具有一定的机制才能成为系统的组成部分,各要素既相互作用又相互联系,组成部分之间相互作用和影响,任何一个要素的变化都会对其他要素产生影响,因此具有一定的相关性。

(4)层次性

系统的每个元素本身又可看成一个系统,即要素还可以成为该系统的子系统,也拥有自己的组成要素,这种分解实质上是系统目标的分解和系统功能、任务的分解,而各子系统还可分解为更低一层的子系统。

(5)适应性

任何系统都存在于一定的环境之中,系统和该系统的环境之间通常都有资源的交换,外界环境的变化会引起系统的改变,同时还会引起系统内各要素相互关系和功能的变化,系统对环境还具有适应能力,它能够根据环境调整系统的结构和运行方式。

（6）目的性

任何系统的存在都具有一定的目的性，它决定着系统的基本作用，并通过系统的功能实现其存在的价值，而且系统的功能是通过子系统的功能来体现的，子系统的目标之间相互联系，有时也存在矛盾，其解决途径是在子目标之间权衡，以达到总目标。

（7）动态性

由于系统存在于一定的环境，因此系统内部与外界产生相互联系，而且系统还可以与其他系统组成更大的系统，随着环境或者其他具有相互影响系统的变化，系统本身也要产生变化，因此，系统的发展是一个具有方向性的动态过程。

1.2.2　信息系统的定义和内容

1）信息系统的定义

信息系统是一个人造系统，它由人、计算机硬件、软件和数据资源组成，目的是对信息进行收集、加工、存储、检索、传输等工作，以支持组织中各项活动的管理、调节和控制，从而实现组织的目标。

2）信息系统的特点

（1）信息系统是一种"人机系统"

信息系统无疑是一个由人建立起来的系统，目的在于对组织的活动进行决策，但这个系统建立以后，除了系统自身以外，还需要人的参与，需要人机互动，人机之间的协调程度较高，因而是一个"人机系统"。

（2）信息系统是一个动态系统

组织处于一定的环境中，需要从环境中获取资源，也需要向环境输出，组织的运作随着环境的变化而变化。当环境发生变化时，组织的目标也会有所变化，信息系统也应随之进行调整。近年来，随着信息技术的发展，信息系统出现了整合的趋势，信息共享已成为现实。

（3）信息系统是一个相对封闭的系统

信息系统输入的是有关组织运行环境的信息，而输出的则是帮助管理者制订决策、协调和控制的信息，输入输出都是通过特定的方式和途径进行的，因此，信息系统是一个相对封闭的系统。

信息系统是一个综合的系统，体现了对组织的全面综合管理，它可以为管理者提供广泛、全面的信息以协助决策制订、协调和控制。同时，信息系统还体现了现代管理思想与信息技术的综合，先进的技术与管理思想的结合才能保证完成组织的目标。

3）信息系统与管理

管理的任务在于通过有效地协调人、财、物等资源，以实现企业的战略目标，而要管理好这些资源，则需要依据这些资源运营状况的信息，每个管理部门要先收集反映各种资源的有效数据，并将这些数据加工成各种统计报表、图形或曲线，以便管理人员能够全面掌握企业现状，并根据这些信息做出正确决策，完成企业的使命。因此，从这个角度上讲，信息是企业管理极为重要的资源,管理工作的成败,在于能否做出有效的决策,而决策的正确程度则取决于信息的质和量。

任何组织都需要管理。一个组织的管理职能主要包括计划、组织、领导和控制四大方面,其中任何一方面都离不开信息系统的支持。下面分别讨论信息系统对计划职能、组织职能、领导职能和控制职能的支持。

(1)信息系统对计划职能的支持

计划职能是对组织未来资源的安排和部署,任何组织的活动都要有计划,管理的计划职能是为组织确定目标,并制订达到目标的行动方案和各种实施计划,使企业各项工作和活动都能按照预定目标进行,从而达到预期的目标。企业的计划管理还包括制订经营战略和行动方案,为组织提供适应环境变化的应对手段与措施,以确保企业的正常经营。

信息系统对计划的支持包括:支持建立适合企业的计划模型,支持计划编制过程中的反复试算,支持对计划数据的快速、准确存取,支持对未来计划的预测,支持对计划的调整和优化。

(2)信息系统对组织职能的支持

组织职能是指按计划对企业的活动及其生产要素进行的分派和组合,它是为达到某些特定目标,经由分工与合作及不同层次的权力和责任制度而构成的人的集合,组织职能对发挥集体力量、合理配置资源、提高劳动生产率具有重要作用。组织职能的具体内容包括:确定组织的管理层次、建立各级组织部门、配备部门工作人员、规定各岗位的职责和权利,并明确组织机构中各部门之间的相互关系、协调原则和方法。

信息技术不仅是企业组织机构运行的保证,还是对企业组织进行改革的有效技术基础,特别是随着计算机、网络技术的运用,促使企业组织的重新设计、企业工作的重新分工和企业职权的重新划分,使企业可以改变垂直的组织机构,建立扁平的组织机构,实现不同层级之间更快的联系,建立信息共享平台,从而进一步提高企业的管理水平。

(3)信息系统对领导职能的支持

领导职能是指管理者运用组织赋予的权力,组织、指挥、协调和监督下属人员,完成领导任务的职责和功能,它是通过指引、影响个人和组织按照计划去实现目标。领导是种行为过程,它通过组织所赋予的激励和约束等正式权利,也利用一些个人所拥有的权威、技术等非正式权利,对被领导者施加影响,带领下属员工完成企业所布置的任务。领导者在决策方面的职能还体现为对组织的战略、计划、预算、用人等重大问题作出决策。

信息技术对领导的支持主要体现在可以为领导提供技术支持,信息是领导职能的汇合点和神经中枢,它对内对外建立并维持一个信息网络,以便上下级之间能够沟通信息,及时处理矛盾和解决问题。由此可见,信息系统在支持领导职能方面具有重要作用。

(4)信息系统对控制职能的支持

控制职能是对管理业务进行纠偏和调整,以确保计划得以实现,一切计划管理都有控制问题,计划是为了控制,也是控制的开始。计划执行过程中需要不断检测和分析,通常是把实际的执行结果和计划的阶段目标相比较,发现实施过程中偏离计划所存在的问题。为了实现管理的控制职能,就应随时掌握反映管理运行动态的系统监测信息和调控所必要的反馈信息。

综上可见,信息系统对管理具有重要的辅助和支持作用,现代管理要依靠信息系统来实现其管理职能、管理思想和管理方法。

本章小结

本章介绍数据、信息和系统的概念及性质。信息是对数据进行加工后的结果;系统是由相互联系并相互制约的部件组成的,为实现特定目标的有机整体;信息系统是由人、计算机硬件、软件和数据资源组成,目的是对信息的采集、记录、加工、存储、传播、利用过程的各个环节,应用先进的信息技术及管理学的方法,提高企业的管理效率;信息系统对管理具有重要的辅助和支持作用,现代管理要依靠信息系统来实现其管理职能、管理思想和管理方法。

【复习思考题】

1.什么是数据、信息? 信息和数据有什么区别?

2.信息的特点是什么? 信息的层次性如何划分?

3.什么是系统? 说明系统的特点。

4.什么是信息系统? 说明信息系统的特点。

5.简述信息系统与管理的关系。

第2章 管理信息系统概论

【学习目标】
1. 了解管理信息系统的含义、特征及任务。
2. 掌握管理信息系统的组成与结构。
3. 熟悉管理信息系统的发展趋势。

【案例导入】

冷链物流仓储信息化管理系统方案建设

随着人们对生鲜食品需求量的增加,冷链产品的品质和安全引起了极大关注,同时也推动了冷链物流、冷链仓储管理系统等关联行业的发展,关于冷链领域新技术的开发和应用也逐渐进入公众视野,推广全程温度监控设备与冷链仓储管理系统,已成为涉及冷链产业创新升级的必然选择。

标领冷链仓储管理系统解决方案可帮助企业规范冷链作业各环节(图2-1),有效监控冷链物流全过程,提高冷链业务的管理水平和运营效率,降低供应链整体成本,提升资源使用效率,实现降本增效。目前已为众多冷链行业的知名企业提供服务,帮助客户建立高效先进的冷链供应链一体化管理系统,助力客户实现精细化管理,提升客户冷链物流数据化运营的核心竞争力。

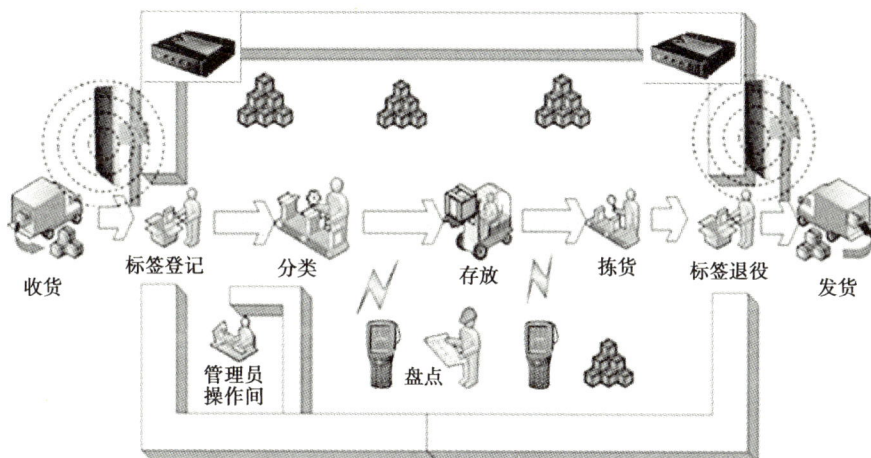

图2-1 标领冷链仓储管理系统流程图

①降低商品损耗率:系统提供专用的追溯码打印系统,在装箱后直接打印、粘贴,配送中心收货采用同样打印标签粘贴的模式。通过这种方式可以使配送拣货员明确知道拣货

的商品是由哪个供应商提供。送货到门店后，门店根据标签上架，做到先进先出，能够使商品损耗率下降23%。

②实现商品追溯：应用现代化信息技术手段和配备标准化的设备，为用户提供来源可查、去向可追、质量可控、责任可究的完整方案，使商家对冷链海鲜、食品、农产品都可以实现从"源头"到"销售"的全程溯源，提升产品的新鲜度以及经营者的安全保障能力。

③利于管理决策：通过冷链仓储管理系统，建立实时在线监控系统，提高了自动化程度和标准化水平。日常作业信息通过仓储管理系统连接到 ERP 系统中，通过 ERP 系统可以查询到生鲜产品的日常管理方式、产量、成熟期等信息，以便经营决策。

④异常情况报警：数据超限、外部停电、设备故障、电池低电量、通信故障等。报警采用先进的统一网关报警功能，只要接收方的手机通畅就可以收到报警短信，并且系统可设置多个报警短信接收人和多等级报警模式，提高报警接收成功的可能性，并记录报警历史。

资料来源：摘引自搜狐网

计算机技术产生以后，人们提出了建立管理信息系统的设想，但由于当时的技术落后，管理信息系统的开发效果并不明显。进入 20 世纪 80 年代以后，随着信息技术的迅速发展，管理信息系统也得到同步的发展，管理信息系统的概念逐步得到充实和完善。

2.1　管理信息系统概述

2.1.1　管理信息系统的含义

管理信息系统常称为 MIS（Management Information System），在信息时代成为企业管理的重要工具，也是企业管理现代化的重要标志。

管理信息系统的定义有很多种，研究者们从各自的角度出发给出了不同的定义，这里选取几个典型的代表（表 2-1）。

表 2-1　管理信息系统的定义

时间	学者	定义
1950 年	西蒙	以较低的成本得到及时准确的信息，做到较好的控制，主要用于会计工作
1970 年	沃尔特·T.肯尼万	以口头或书面的形式，在合适的时间向经理、职员以及外部人员提供过去的、现在的、未来的有关企业内部及其环境的信息，以帮助他们进行决策
1985 年	戈登·B.戴维斯	管理信息系统是一个利用计算机软硬件资源以及数据库的人机系统。它能提供信息支持企业或组织的运行、管理和决策功能

续表

时间	学者	定义
现在	普遍接受的观点	以人为主导,利用计算机硬件、软件、网络通信设备以及其他办公设备,进行信息的收集、传输、加工、存储、更新和维护,以企业战略竞优、提高效益和效率为目的,支持企业的高层决策、中层控制、基层运作的集成化人机系统

2.1.2　管理信息系统的特征

（1）人机系统

管理信息系统是一个将人的现代思维与管理能力和计算机强大处理存储能力融合为一体的协调、高效的人机系统。系统中执行管理命令,对企业的各种资源以及资金流、物流、信息流进行管理和控制的主体是人,计算机是一个辅助管理的工具,可以为人的管理活动指明方向。

（2）综合系统

管理信息系统是一个综合系统,涉及企业的管理、组织及技术等方面。从管理的角度来看,管理信息系统是企业管理者应对环境挑战的一种解决方案,管理者需要借助管理信息系统进行决策和完成业务操作。从企业组织的角度来看,管理信息系统是组织的组成部分或自然延伸,组织的营销、制造、财务、人力资源等都离不开管理信息系统的支持。从技术角度来看,管理信息系统实际上是企业组织的管理者为了解决面临的各种问题,而采用的一种集成了计算机硬件、软件技术的工具。

（3）面向管理决策的系统

管理信息系统从企业管理的总体出发,综合考虑保证各种职能部门共享数据,减少数据的冗余度,保证数据的兼容性和一致性。因此,具有集中统一规划的数据库及功能完善的数据库管理系统是 MIS 成熟的重要标志。管理信息系统处理的对象是企业生产经营全过程,通过反馈为企业管理者提供有用的信息。管理信息系统利用信息来分析企业的生产经营状况,利用各种模型对生产经营活动进行分析和预测,通过集中统一规划的中央数据库的运用实现系统中数据的一致性和共享性,控制可能影响企业目标实现的因素,以科学的方法最优地分配各种资源、合理地组织生产。

（4）综合性、交叉性和边缘性

研究者从计算机科学与技术、应用数学、管理理论、决策理论、运筹学等相关学科中抽取相应的理论,构成管理信息系统的理论基础,使其成为一门有鲜明特色的边缘性交叉学科。

2.1.3　管理信息系统的任务

管理信息系统的任务可归纳为下述几个方面。

（1）收集和传输企业内部数据

管理信息系统最基本的任务是收集和管理企业内部各个部门在生产和服务环节中所产生的数据，并对所掌握的数据进行加工、分析，再将数据用于对企业各生产和服务部门的管理。

（2）存储和管理数据并建立相应的数据库系统

数据是企业的宝贵资源。随着企业的发展，规模和经营都在扩展，并可能出现跨地区、跨国家的经营规模和分散的经营场地。因此，数据的存储方式将根据企业或组织的物理分布状态来设计，并建立起与此相适应的数据库系统。

（3）加工和整理数据

对数据加工和整理的方法与企业管理的方式和方法相关，不同的加工和整理方法，可能得到不同的结果。

（4）决策支持

建立管理信息系统的目的是有效地利用经过处理的数据，并在效率、效能和支持决策等方面有较大的改进。衡量管理信息系统成败的最重要标准就是能否在管理和决策中，最大限度地利用其所获得的数据。

2.2　管理信息系统的结构

管理信息系统的结构即组成系统的各部件之间的相互关系。

2.2.1　管理信息系统的组成

从概念上看，管理信息系统由四大部分组成，即信息源、信息处理器、信息用户和信息管理者，如图 2-2 所示。

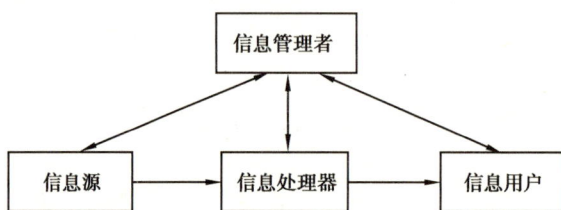

图 2-2　管理信息系统的组成

信息源是信息的产生地，包括组织内部和外界环境的信息，这些信息通过信息处理器的传输、加工和存储，为各类管理人员（即信息用户）提供信息服务，而整个的信息处理活动由信息管理者进行管理和控制，信息管理者与信息用户一起依据管理决策的需求收集信息，并负责进行数据的组织与管理、信息的加工、传输等信息系统的分析、设计与实现，同时在信息系统的正式运行过程中负责系统的运行与协调。

由此可见，信息用户是目标用户，信息系统的一切设计和实现都要围绕信息用户的需求而做。另外，信息管理者由于深谙信息系统的开发规律，则起到了一个明确需求、协调资源和分配资源的角色。

根据处理的内容及决策的层次来看,可以把管理信息系统看成一个金字塔式的结构,如图 2-3 所示。管理信息系统的结构又可以用子系统及它们之间的连接来描述,所以又有管理信息系统的纵向综合、横向综合以及纵横综合的概念。

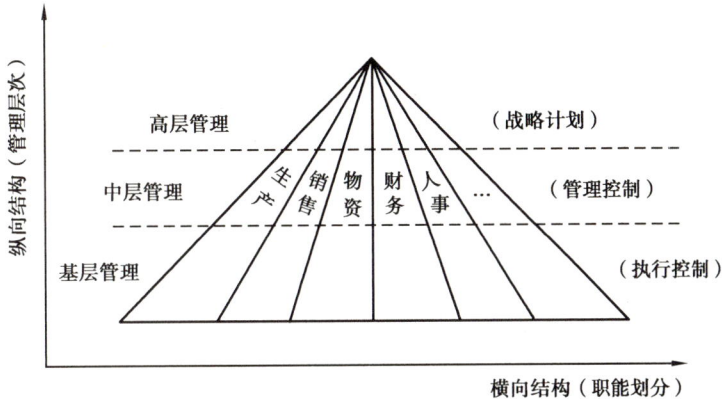

图 2-3　管理信息系统的金字塔结构

2.2.2 管理信息系统的结构

管理信息系统是企业信息系统的核心,它贯穿于企业管理的全过程,同时又覆盖了管理业务的各个层面,因而其结构也必然是一个包含各种子系统的广泛结构。

1) 管理信息系统的功能结构

管理信息系统的功能结构描述了管理信息系统的功能组成以及各子功能之间的联系。

从信息技术的角度来看,信息系统的功能无非是信息的输入、处理和输出等。因此,管理信息系统的功能结构从技术上可以表示为如图 2-4 所示的形式,在开发信息系统时必须考虑这些具体的功能实现。

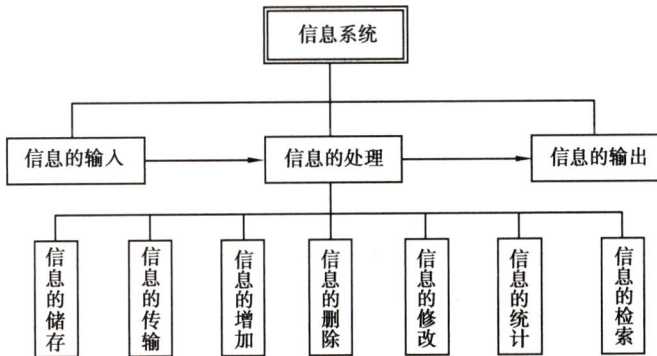

图 2-4　管理信息系统功能结构

从信息用户的角度来看,信息系统应该支持整个组织在不同层次上的各种功能。各种功能之间又有各种信息联系,构成一个有机的整体及系统的业务功能结构。例如,一个企业的内部管理系统可以是如图 2-5 所示的结构。企业的信息系统划分为 7 个子系统,除了完成各自的特定功能外,这 7 个子系统又有着大量的信息交换关系,其子系统之间的主要数据交换关系构成子系统之间的信息流,使得企业中的各类信息得到充分共享,从而为企业的生产、管理和决策活动提供支持。

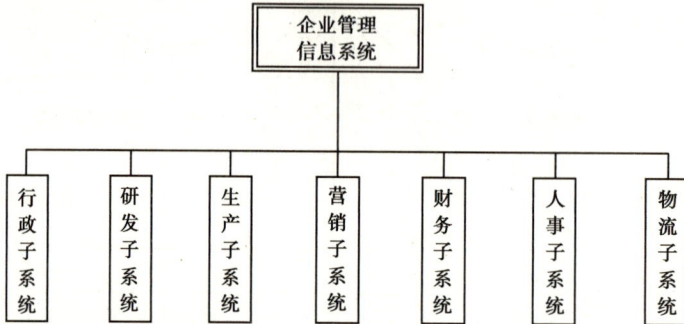

图 2-5　从业务角度看管理信息系统的功能结构

通过管理信息系统的功能结构可知,信息系统的实现不是一朝一夕的事,必须经过长期努力才能实现。因此,在信息系统的建设过程中必须首先进行总体规划,划分出子系统,规划出各子系统的功能及其相互之间的联系,然后逐步予以实现,其中特别要重视子系统之间的联系。只有这样才能实现信息的共享,发挥信息资源的重要作用。

2) 管理信息系统概念结构

管理信息系统的概念结构是按照对决策的支持、管理活动和组织的职能描述的,将关于这三方面的研究综合到管理信息系统的结构中,形成一个基本的概念框架。这个概念框架描述了现行的管理信息系统概念结构,如图 2-6 所示。

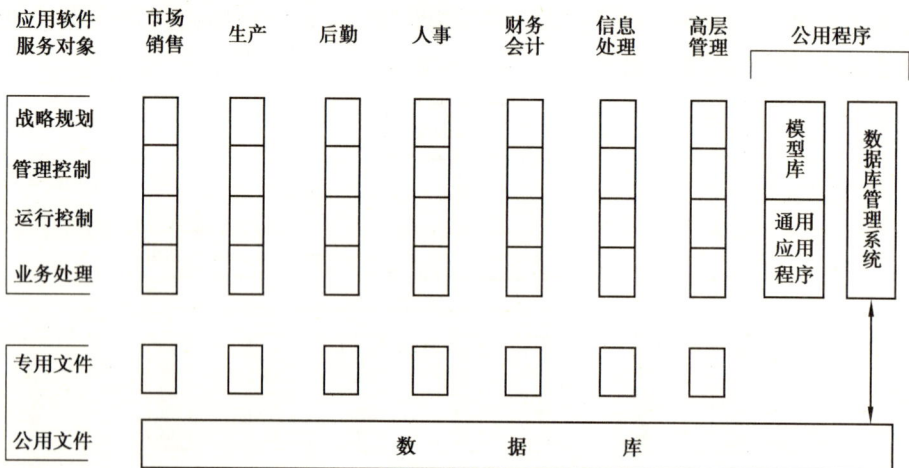

图 2-6　管理信息系统的概念结构

3）管理信息系统的软件结构

管理信息系统的软件结构可以反映管理信息系统结构的一般的、本质的特征。从基于组织职能的管理信息系统结构和管理信息系统的概念结构可知,在不同的组织活动层次和不同的职能子系统中所需要的信息、所处理的信息是不同的。

4）管理信息系统的物理结构

管理信息系统的物理结构是指管理信息系统在物理上,由计算机硬件系统、计算机软件系统、网络通信设备、人员、数据、各种制度组成。管理信息系统的物理结构如图 2-7 所示。

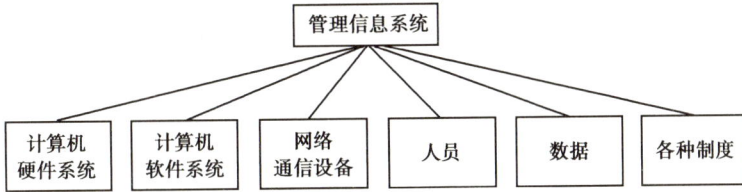

图 2-7　管理信息系统的物理结构

（1）计算机硬件系统

计算机硬件系统是指不包含软件的计算机系统,包括 CPU、内存、显卡、硬盘、声卡、电源、机箱及输入/输出设备。键盘是比较常用的输入设备,主流的输入设备还有模数/数模转换装置,例如大型超市使用的条码扫描设备。常用的输出设备有显示器、打印机等。

（2）计算机软件系统

计算机软件分为系统软件和应用软件。操作系统就是一种常用的系统软件,最主要的功能有进程管理、CPU 管理、内存管理。应用软件种类繁多,如 Office 工具、PDF 阅读器、杀毒软件等,这些软件一般不是系统自带的,而是需要用户根据需要自行安装。

（3）网络通信设备

系统之间并非孤立的,而是彼此相互联系的,网络通信设备可以把结点计算机连接在一起。常用的网络通信设备有集线器、交换机、路由器、网桥、网关等,网络通信介质有双绞线、同轴电缆、光缆、红外线等。

（4）人员

管理信息系统离不开人的参与,无论系统本身提供如何完善的功能,都离不开人的使用。底层的业务人员需要使用管理信息系统进行业务处理;中层的管理人员需要使用管理信息系统制订策略;高层管理者需要利用管理信息系统进行决策。

（5）数据

数据在现代管理中处于核心地位,也是系统输入的源泉,因此必须保证输入数据的正确性。

（6）各种制度

制度是企业正常运行的保证,无规矩不成方圆,在完善的制度下各级人员才能更好地配合,为实现企业的目标而共同努力。

2.3　管理信息系统的分类

管理信息系统可以从系统使用的技术手段、信息处理方式和信息服务对象3个方面进行分类。

管理信息系统的概念内涵广泛,可以从不同的角度分为很多类别。例如,依据系统的功能和服务对象的不同,可以将管理信息系统分为国家经济信息系统、企业管理信息系统、事务型管理信息系统、办公型管理信息系统、专业型管理信息系统;依据其服务范围可以分为组织内管理信息系统和组织间管理信息系统等。在企业中,管理信息系统的应用可以按照纵向管理层次和横向组织功能进行分类。

2.3.1　管理信息系统的层次分类

管理信息系统是为了完成企业的组织管理和业务运行的信息需求而设立的。由于信息具有用户依赖性,根据企业纵向管理层次对信息的需求不同,管理信息系统可以分为事务处理系统、知识管理系统、办公自动化、管理信息系统、决策支持系统、经理信息系统6种类型。

(1)事务处理系统

事务处理系统(Transaction Processing System,TPS)是组织内最基本和最常用的一种信息系统。每个企业都有大量重复性的信息处理工作需要完成,如以下几种企业活动:

①财务处每月都要进行工资结算。

②销售部每天都进行订单登记。

③材料进出仓库时,保管员要进行入库/出库登记。

④客户购买了商品,销售部要开具发票。

以上这些活动称为事务活动。事务是指组织的基本业务活动。事务处理系统是指负责记录、处理并报告组织中重复性的日常活动,记录和更新企业业务数据的信息系统。它是为组织作业层服务的基本信息系统,也是信息系统早期在组织中的应用形式。事务处理系统获取、处理和存储由事务产生或者与事务相关的数据,以及企业例行活动的各种文档。企业例行活动的各种文档事务处理系统是一种面向数据的系统,其输出的数据如果不进一步加工,则不一定会形成对管理有用的信息。事务处理系统的特点如下。

①事务处理系统支持的是每日的运作,面对的用户多,处理的事务重复性强,处理的数据量大。

②处理的数据详细,精度要求高,但是逻辑关系简单,规律性和结构化程度高。

③事务处理系统处理的信息多半来自企业内部的信息源。

④服务对象主要是组织的作业层。

事务处理系统的服务目标是实现事务处理的自动化,提高组织处理事务的工作效率和工作质量,提高客户的满意度。企业通常能够从中获得以下几个方面的收益。

①提高准确度。在人工的事务处理系统中,多由员工检查事务处理系统产生的文档

和报告。由于人难免犯错误,因此经常需要消耗时间、精力和资源来加以修正。而采用计算机技术的事务处理系统经过运行的检验,一般不会出错。

②提高处理速度,及时生成文档和报告。人工的事务处理系统要花几天的时间才能生成事务报告,而采用计算机技术的事务处理系统则能够在几秒钟内完成。

③提高劳动效率。需要大量人力才能完成的事务工作,采用事务处理系统后需要的人力减少,成本降低。

④改善服务水平。事务处理系统可以帮助企业记录、处理和跟踪许多细节信息,更好地满足客户对产品和服务的要求。

⑤提供辅助决策的数据。事务处理系统产生的数据不仅反映了组织的基本活动,也为制订企业战术和战略决策提供所需参考的原始资料。

（2）知识管理系统

随着信息时代的到来,企业中出现了专门的知识层。知识层员工由知识员工和数据员工组成,他们是信息和信息技术的使用者,负责帮助组织把知识运用到管理或经营中去。知识员工是指能够创造新知识和信息的人,如工程师、程序员、科学家等专业人员,以及高级经理、部门主管等从事管理创新的人员。

知识管理系统(Knowledge Management System, KMS)是收集、处理、分享一个组织的全部知识的信息系统,它利用软件系统或其他工具,对组织中大量的有价值的方案、策划、成果、经验等知识进行分类存储和管理,积累知识资产避免流失,促进知识的学习、共享、培训、再利用和创新,有效降低组织运营成本,强化其核心竞争力。KMS 是一种能利用专业领域的知识对来自企业内外部的信息进行高效处理的信息系统。

（3）办公自动化

知识层的另一部分工作人员是数据员工,如秘书等,一般只处理而不创造信息。其主要工作是使用、处理和传播信息。办公自动化(Office Automation, OA)是将现代化办公和计算机技术结合起来的一种新型的办公方式。它是基于工作流的概念,以计算机为中心,采用一系列现代化的办公设备和先进的通信技术,广泛、全面、迅速地收集、整理、加工、存储和使用信息,使企业内部人员方便、快捷地共享信息,高效地协同工作,改变过去复杂、低效的手工办公方式,为科学管理和决策服务,从而达到提高行政效率的目的。OA 的运行过程是将企业的行政文档进行存储、分类、检索,作为企业管理人员进行日程安排及企业人员行政沟通的一种先进的工具。

（4）管理信息系统

中层管理者在其工作中常常会遇到以下的问题。

①某类产品的市场占有率是多少？哪些商品畅销？

②企业本期收支情况与前一年的收支情况相比有何差异？

③本月订单的完成情况如何？

④当前企业员工年龄结构的分布情况如何？

借助管理信息系统(MIS)、中层管者可以轻松地得到答案,从而做出战术决策。狭义的管理信息系统是指那些能够从组织内部和外部收集数据,并对其进行加工处理,形成有用的信息,以预先设定的形式提供给以中层管理者为主的各级管理者使用的信息系统。在信息系统的应用体系结构中,狭义管理信息系统起着连接事务处理系统、决策支持系统和经理信息系统的作用。它通过对事务信息的汇总和分析,向管理者提供定期和预先设定的报告、报表和查询服务、支持管理者(以中层管理者为主)高效地组织、计划和控制企业的运行。

组织的战略目标是通过管理层的战术运作来实现的。管理信息系统的服务对象是组织的中层管理者。管理信息系统帮助中层管理者进行资源的分配、计划的制订和调整,使他们能够深入观察组织的日常运行状况,将现有运行结果与预定的目标进行对比,确定问题所在,寻找改善的途径和机会,从而有效地控制组织的运行。管理信息系统的有效运行能够对组织(企业)的成本、利润、客户服务、产品创新等方面产生积极的影响,帮助组织取得竞争优势。

(5)决策支持系统

组织运作过程中常常会遇到许多决策问题,下面所列为示例。

①企业采购原材料时应该选择哪家供应商?

②如何确定合理的库存量?

③如何选择最佳的运输路径?

④连锁门店选在什么位置比较合适?

人们常常把解决以上问题的过程称为决策过程。在管理活动中,管理者经常需要对以上问题做出决策。管理者虽然可以通过管理信息系统获得经过分类、比较、汇总和简单计算的信息,但这些信息对制订特殊问题决策的支持力度是不够的,以至于只能靠直觉、经验进行决策。为了满足解决复杂决策问题的要求,决策支持系统(Decision Support System, DSS)应运而生。决策支持系统的概念经过无数次扩充,成为一个融计算机技术、信息技术、人工智能、管理科学、决策科学、心理学、组织行为学等学科与技术于一体的技术集成系统。

决策支持系统与管理信息系统有很大的差别,主要表现在以下4个方面。

①管理信息系统面向组织的中层管理者,处理的是结构化决策;决策支持系统主要面向组织的高层和中层管理者。例如,结账管理信息系统从应收账款数据库中把过期未付的客户账单生成周报交给主管财务的经理,由其自行分析;而决策支持系统则通过"What-If"模型来决定这些未付的客户账单对现金流量、总收入、整体利润水平的影响,把模型分析的结果交给主管财务的经理。此外,决策支持系统也支持作业层的决策。例如,运输公司车辆优化调度决策支持系统、集装箱配载优化决策支持系统可以帮助调度员和配载工人决定车辆行驶路线和集装箱。

②管理信息系统提供的报表和信息大多用于控制组织整体的运行,决策支持系统则支持个人、群体或整个组织的问题解答。决策支持系统可以支持特定的管理者做出特定的决策,从而解决特定的问题。例如,车辆优化调度决策支持系统可以帮助调度员安排车辆并确定最佳运输路线。

③管理信息系统主要采用数据驱动的分析技术确定信息需求,完成例行事务的信息

分析;决策支持系统则根据决策问题确定并做出决策过程中要使用的分析模型和决策信息,主要采用模型驱动和人工智能等方法,使用图形输出。

④决策支持系统强调以交互方式允许终端用户控制数据、选择模型和对话。决策者针对同一个问题可以选取不同的模型,由此产生多个可供选择的行动方案。由此可见,决策支持系统的运行是由它的用户控制的。而管理信息系统主要是基于固定的信息需求,由系统开发人员按需求编程,用户最终获得的信息取决于这些程序的预定功能。

(6)经理信息系统

企业战略层由组织的高层管理者或资深管理者构成,他们负责确定组织的目标和发展方向,制订实现该目标的长远策略。经理信息系统(Executive Information System, EIS)也称主管信息系统,是服务于组织的高层管理者的一类特殊的信息系统。EIS能够使经理们得到更快更广泛的信息,能够迅速、方便、直观(用图形)地提供综合信息,并可以预警与控制"成功关键因素"遇到的问题。EIS还是一个"人际沟通系统",经理们可以通过网络下达命令,提出行动要求,与其他管理者讨论、协商,确定工作分配,进行工作控制和验收等。EIS主要提供高层决策者进行决策时需要的内外部信息的综合,通过一定的图形工具或分析工具将内外部信息以直观、清晰、综合的方式表现出来,便于高层决策者理解。

2.3.2 管理信息系统的功能分类

组织根据功能在横向上可以分为不同的部门来实现组织目标。管理信息系统为了满足各组织部门的信息需求,专门设计了相应的具有专门功能的管理信息系统。对最常见的制造企业来说,管理信息系统在组织横向上可以分为销售管理信息系统、生产管理信息系统、采购管理信息系统、财务管理信息系统、人力资源管理信息系统等。

(1)销售管理信息系统

销售管理信息系统通常包括产品的销售、推销及售后服务的全部活动,是一个用来辅助企业销售活动、销售管理和销售决策的工具。管理销售信息系统的主要功能有管理销售信息、控制销售活动、处理销售业务、确定销售方针、分析销售环境及效果、规划销售策略、制作报表、制订预算等。

(2)生产管理信息系统

生产管理信息系统的主要功能是满足组织生产部门的各项活动,包括产品的设计与制造、生产设备计划、生产工人录用与培训、质量控制等。通过生产管理信息系统,管理者能够随时了解生产情况、库存情况,自动生成生产配料单,跟踪整个生产过程,科学管理生产物料,同时还可以帮助企业管理者有效控制生产成本,及时了解产品产量及库存的业务细节,发现存在的问题,避免库存积压,做出快速的市场反应。

(3)采购管理信息系统

采购管理信息系统是综合采购申请、采购订货、进料检验、仓库收料、采购退货、购货发票处理、供应商管理、价格及供货信息管理、订单管理及质量检验管理等功能的管理系统,对采购物流和资金流的全部过程进行有效的双向控制和跟踪,实现完善的企业物资供应信息管理。

（4）财务管理信息系统

财务管理信息系统分为企业财务和决策两个层次。企业财务以总账系统为核心，包括总账、应收应付、现金管理、项目管理、工资管理和固定资产管理等模块，为企业的会计核算和财务管理工作提供了全面、详细的解决方案。决策功能是利用信息技术，结合财务管理方法、管理理论，以计算机及网络为工具，建立各种预测、决策、预算与控制及分析模型，如财务预算、营运资金管理和控制、投资决策分析、筹资决策分析、销售和利润预测与管理、成本计算和控制、财务分析等。

（5）人力资源管理信息系统

人力资源管理信息系统是管理信息系统在人力资源管理部门的应用。人力资源部门借助人力资源管理系统，可实施电子化人力资源管理，如招聘、培训、使用、考核、评价、激励、调整等。

2.4　管理信息系统的发展

2.4.1　管理信息系统发展三阶段

自从电子计算机问世以来，信息系统经历了由单机到网络，由低级到高级，由电子数据处理到管理信息系统，再到决策支持系统，由数据处理到智能处理的过程。我们可以把管理信息系统的发展分为 3 个阶段。

（1）电子数据处理系统阶段：20 世纪 50 年代至 70 年代初

1954 年，美国通用电气公司开始应用计算机处理商业数据，标志着最原始的电子数据处理系统（Electronic Data Processing Systems，EDPS）的诞生。从发展阶段来看，电子数据处理系统阶段可分为单项数据处理和综合数据处理两个阶段。

①单项数据处理阶段（20 世纪 50 年代中期至 60 年代中期）。这是电子数据处理系统的初级阶段，主要是用计算机部分地代替手工劳动，进行一些简单的单项数据处理工作，如计算工资、管理库存编制报表等。

②综合数据处理阶段（20 世纪 60 年代中期至 70 年代初）。这一时期的计算机技术有了很大发展，出现了大容量直接存取的外存储器。此外，一台计算机能够带动若干终端，可以对多个过程的有关业务数据进行综合处理。这时，各类信息报告系统应运而生。

（2）管理信息系统阶段：20 世纪 70 年代初至 80 年代初

20 世纪 70 年代初，随着数据库技术、网络技术和科学管理方法的发展，计算机在管理上的应用日益广泛，管理信息系统逐渐成熟起来。

管理信息系统最大的特点是高度集中，能将组织中的数据和信息集中起来，进行快速处理，统一使用。有一个中心数据库和计算机网络系统是管理信息系统的重要标志。管理信息系统的处理方式是在数据库和网络基础上进行分布式处理。计算机网络和通信技术的发展不仅能把组织内部的各级管理联结起来，而且能够克服地理界限，把分散在不同地区的计算机网互联，形成跨地区的各种业务信息系统和管理信息系统。

管理信息系统的另一特点是利用定量化的科学管理方法,通过预测、计划、优化、管理、调节和控制等手段来支持决策。

(3)决策支持系统阶段:20世纪80年代初至今

西方管理信息系统的发展遇到了很大的挫折。人们发现,耗费大量投资建立起来的计算机系统并没有像人们所期望的那样,大大提高企业管理工作的效率,给企业带来可观的收益。为此,国际上展开了管理信息系统失败原因的讨论,人们认为,早期管理信息系统的失败并非由于系统不能提供信息。实际上,管理信息系统能够提供大量报告,但经理很少去看,大部分被丢进废纸堆,原因是这些信息并非经理决策所需。决策支持系统不同于传统的管理信息系统。早期的管理信息系统主要是为管理者提供预定的报告,而决策支持系统则是在人和计算机交互的过程中帮助决策者探索可能的方案,为管理者提供决策所需的信息。

2.4.2　管理信息系统发展趋势

互联网络和信息技术的高速发展,改变了企业的经营管理模式、做事的方法,以及人们的生活方式。管理信息系统总的发展趋势是系统应用网络化、开发平台标准化、业务流程自动化、应用系统集成化和系统运行智能化等。

(1)系统应用网络化

企业对互联网络的依赖像其对电力和电话的依赖。管理信息系统的网络化趋势及其重要性是十分明显的。如今成功的企业都依赖于其全球运作的能力,网络的应用和发展使企业的经济活动可以突破国界而成为全球活动。依靠管理信息系统的网络化的企业可以建立世界性销售网点、跨国公司,可以跟踪订货、运货、结算,参与世界市场的竞争。管理信息系统依托互联网向外部发展,已经出现了电子商务、电子政务、供应链信息系统、虚拟企业、网上交易谈判支持系统等许多新的概念。

管理信息系统的网络化为企业营销方式的发展提供了新的机遇。这表现在:企业对目标市场的确定将更加注重对网上信息的分析和利用;可以依靠网络发布商品信息,树立企业形象;可以运用网络和传统相结合的方法开展市场调研,为正确决策创造有利条件,可以打破时空界限搜索货源,利用网络公开招标等采购方法创造更多的贸易机会。

管理信息系统的网络化密切了上下游企业之间、企业和客户之间的关系,为企业与企业、企业与客户之间提供了更广泛的商业交流机会,促使企业管理由面向内部资源的管理转变为面向整个供应链的管理。

(2)开发平台标准化

计算机技术发展到今天,那种封闭的专有系统已走向消亡。基于浏览器/服务器的体系结构,支持标准网络通信协议,支持标准的数据库访问,支持XML的异构系统互联;实现应用系统独立于硬件平台、操作系统和数据库;实现系统的开放性、集成性、可扩展性、互操作性,这些已成为应用系统必须遵守的标准。

(3)业务流程自动化

传统ERP是一个面向功能的事务处理系统,它为业务人员提供了丰富的业务处理功能。但是每个业务处理都不是孤立的,它一定与其他部门、其他人、其他事务有关,这就构成了一个业务流程。传统 ERP 对这个业务流程缺乏有效的控制和管理,许多流程是由人工离线完成。工作流管理技术的是解决业务过程集成的重要手段,它与 ERP 或其他管理信息系统的集成,将实现业务流程的管理、控制和过程自动化,使企业领导与业务系统集成,实现企业业务流程的重构,所以工作流管理技术受到了人们的高度重视并得到快速的发展。

（4）系统运行智能化

随着人工智能技术的发展,以及数据仓库、数据挖掘技术,特别是大数据技术在管理信息系统中的应用,管理信息系统必将向着智能化方向发展。智能化的管理信息系统具有思维模拟活动,它具有很高的自学习、自组织和进化性,并具有知识创新功能,可以解决非结构化事务,在决策中处于主导地位,是人们行动的向导;在体系上将是大规模分布式计算模式,以基于网络神经元构件的智能网为主。智能化一直是管理信息系统的目标,管理信息系统的发展将以主动性、自适应性、自组织性、柔性为特征,建立更有利、多样化的管理信息系统模型。

本章小结

本章主要阐述管理信息系统的基本概念及其功能和特点,以及管理信息系统的基本结构。管理信息系统的结构即组成系统的各部件之间的相互关系,比较典型的结构有 4种:功能结构、概念结构、物理结构、软件结构。除此之外,还介绍了管理信息系统的分类和管理信息的发展。管理信息系统的发展趋势向系统应用网络化、开放平台标准化、业务流程自动化和系统运行智能化发展。

【复习思考题】
1.管理信息系统的特征有哪些？
2.管理信息系统概念怎样理解？
3.什么是管理信息系统的功能结构？
4.管理信息系统的物理结构是什么？
5.作为一门学科,管理信息系统是什么时候出现的？背景是什么？

第3章 信息技术

【学习目标】

1.了解信息技术的定义与分类。

2.理解人工智能的起源、发展与应用。

3.了解物联网的定义、关键技术与应用。

4.理解大数据的定义、发展情况及应用。

5.了解云计算的定义、特点与应用。

【案例导入】

谷歌：用算法和大数据"干掉"语言学家

你能想象一个致力于打破语言障碍的项目小组里竟然没有一位语言学家吗？但谷歌就是这么做了，这家公司打算依靠算法和大数据最终"干掉"语言学家。

Google 是一家极度看重算法、充满工程师文化的公司，但或许你还是会为此而感到惊奇——他们认为翻译是一个数学和统计学方面的问题。最近，位于 Google 总部的 Google Translate 团队正迅速扩张，他们新招了数名德国计算机科学家，但却没有招收一名语言学家。

Google Translate 部门主管 Franz Josef Och 同样也是德国计算机科学家出身，他不但不精通语言学，甚至还不擅长语言学习。他认为，机器翻译的关键在对数学、统计和编程方面的擅长。

Google Translate 团队并不会去模仿人工翻译的方式，这就是他们没有去开发字典、定义语法结构和规则的原因。事实上，语法规则对目前的计算机来说仍然难以掌控。Google 更着重于以大数据和统计的方式入手，翻译系统会不断地调整翻译结果的相关性并自我学习如何处理数十亿的文字。通过这种方式，计算机最终能不断优化翻译结果。

以大数据方式做翻译的一个好处是，翻译系统会随着数据的积累而不断改善。Google Translate 在 2013 年就已经支持 71 种语言的互译，用户的使用次数已经达到 2 亿次。此外，索引全球网页的 Google 还能够依靠互联网上已经存在的翻译内容改善自己的翻译系统。

尽管如此，依赖算法的翻译系统仍然远远无法做到像人工翻译那么精准。句法、语调、歧义都是自动翻译软件很难处理的问题。Google Translate 的翻译结果仍然只能帮助人们对陌生语言进行大致上的理解，有时候得到的翻译结果很难让人通顺地阅读下来。

此外，Google Translate 在不同的语系之间的翻译结果质量也各不相同。例如，英语和西班牙语之间的互译翻译质量良好，英语和日语之间的互译不怎么样，英语和德语之间的互译则非常糟糕。

尽管如此，机器翻译有一个人工翻译难以做到的优势——它让更多的人接触到了更多的信息。试想一下如果你举着手机就可以与世界上任何语种的任何人交流，那会是多么棒的体验。

资料来源：摘引自钛媒体

信息技术是管理信息系统的基础，是管理信息系统实现的依托。管理信息系统是一个人机系统，而信息技术的发展影响着管理信息系统的发展和进步，并且对管理理念也起到促进作用。

3.1　信息技术概述

3.1.1　信息技术的定义

信息技术（Information Technology，IT）是主要用于管理和处理信息所采用的各种技术的总称，也常被称为信息和通信技术（Information and Communications Technology，ICT），主要包括传感技术、计算机技术和通信技术。

3.1.2　信息技术的分类

1）按生命周期分类

根据信息的生命周期，信息技术可分为信息获取技术、信息传递技术、信息存储技术、信息加工技术、信息标准化技术与信息安全技术，如图3-1所示。

（1）信息获取技术

能够对各种信息进行测量、感知和采集的技术，特别是直接获取重要信息的技术，主要包括搜索引擎技术、条码技术、WWW技术、二维码技术、无线射频识别技术，以及其他的传感技术、遥测技术和遥感技术等。

（2）信息传递技术

跨越空间共享信息的技术，又可分为不同类型，如单向传递与双向传递技术等，主要指计算机网络技术。

（3）信息存储技术

跨越时间保存信息的技术，如印刷技术、录音技术、录像技术、微缩技术、磁盘技术、光盘技术、数据库技术与数据仓库技术等。

（4）信息加工技术

对信息进行描述、分类、排序、转换、浓缩、扩充等技术，还包括大数据技术、数据挖掘技术等。

（5）信息标准化技术

使信息的获取、传递、存储、加工各环节有机衔接，促进信息交换和共享的技术，如信息著录标准、字符编码标准等。

```
                                                ┌──────────────┐
                                          ┌────▶│  搜索引擎技术  │
                                          │     ├──────────────┤
                                          ├────▶│   条码技术     │
                             ┌─────────┐  │     ├──────────────┤
                         ┌──▶│信息获取技术│──┼────▶│   WWW技术     │
                         │   └─────────┘  │     ├──────────────┤
                         │                ├────▶│   二维码技术   │
                         │                │     ├──────────────┤
                         │                └────▶│ 无线射频识别技术│
                         │                      └──────────────┘
                         │   ┌─────────┐        ┌──────────────┐
                         │   │信息传递技术│───┬───▶│   单向传递     │
                         ├──▶└─────────┘   │    ├──────────────┤
                         │                 └───▶│   双向传递     │
                         │                      └──────────────┘
                         │                      ┌──────────────┐
                         │                 ┌───▶│   印刷技术     │
                         │                 ├───▶│   录音技术     │
                         │                 ├───▶│   录像技术     │
                         │   ┌─────────┐   ├───▶│   微缩技术     │
                         ├──▶│信息存储技术│──┼───▶│   光盘技术     │
                         │   └─────────┘   ├───▶│   磁盘技术     │
                         │                 ├───▶│   数据库技术   │
                         │                 └───▶│  数据仓库技术  │
                         │                      └──────────────┘
              ┌──────┐   │                      ┌──────────────┐
              │生命周期│──┤                 ┌───▶│    描述       │
              └──────┘   │                 ├───▶│    分类       │
                 │       │                 ├───▶│    排序       │
                 │       │   ┌─────────┐   ├───▶│    转换       │
                 │       ├──▶│信息加工技术│──┼───▶│    浓缩       │
┌──────┐         │       │   └─────────┘   ├───▶│   大数据技术   │
│信息技术│─────────┤       │                 └───▶│  数据挖掘技术  │
└──────┘         │       │                      └──────────────┘
                 │       │   ┌──────────┐        ┌──────────────┐
                 │       ├──▶│信息标准化技术│──┬──▶│  信息著录标准  │
                 │       │   └──────────┘   └──▶│  字符编码标准  │
                 │       │                      └──────────────┘
                 │       │                      ┌──────────────┐
                 │       │                 ┌───▶│  身份认证技术  │
                 │       │                 ├───▶│   防火墙技术   │
                 │       │   ┌─────────┐   ├───▶│   虚拟专用网   │
                 │       └──▶│信息安全技术│──┼───▶│  访问控制技术  │
                 │           └─────────┘   ├───▶│  数据加密技术  │
                 │                         └───▶│  数字签名技术  │
                 │                              └──────────────┘
                 │       ┌──────┐              ┌──────────────┐
                 └──────▶│表现形式│─────┬───────▶│   硬技术      │
                         └──────┘      └───────▶│   软技术      │
                                               └──────────────┘
```

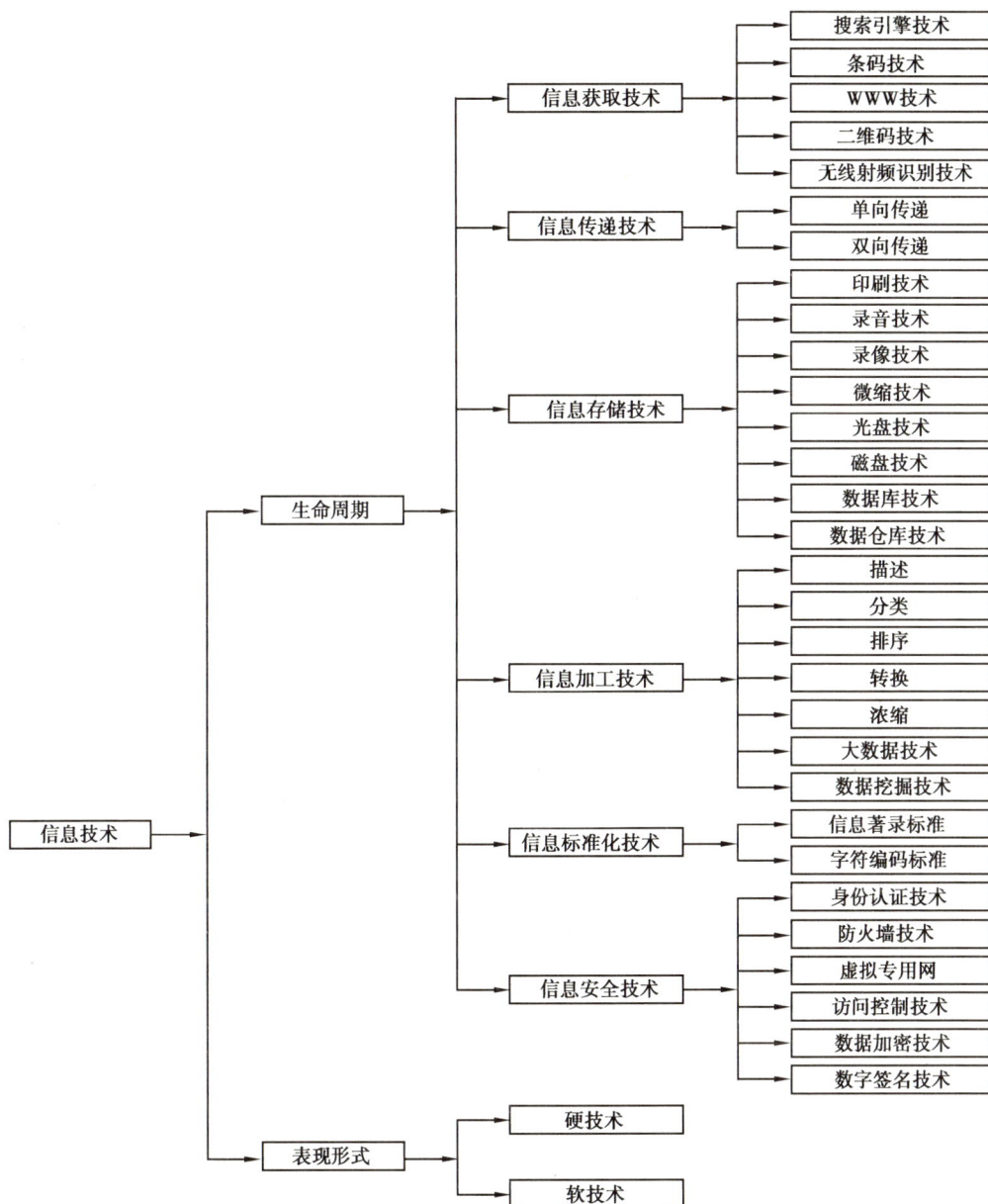

图 3-1 信息技术分类

（6）信息安全技术

目前,信息安全的防范和保护主要有以下几种技术:

①身份认证技术:身份认证是计算机系统的用户在进入系统或访问不同保护级别的系统资源时,系统确认该用户的身份是否真实、合法和唯一的过程,是各种安全措施可以发挥作用的前提。身份认证技术包括静态密码、动态密码(短信密码、电子口令牌)、指纹识别、虹膜识别等,被广泛应用于系统登录、门禁系统中。

②防火墙技术：在两个网络通信时执行的一种访问控制技术，它在内部网络与不安全的外部网络之间设置障碍，阻止外界对内部资源的非法访问，防止内部对外部的不安全访问。防火墙可以分为软件防火墙、硬件防火墙和芯片级防火墙3类，主要技术有包过滤技术、应用网关技术和代理服务技术。

③虚拟专用网：在公共数据网络上，通过采用数据加密技术和访问控制技术，实现两个或多个可信内部网之间的互联。VPN的构筑通常要求采用具有加密功能的路由器或防火墙，以实现数据在公共信道上的可信传递。

④访问控制技术：它是网络安全防范和保护的主要策略，其主要任务是保证网络资源不被非法使用，是保证网络安全最重要的核心策略之一。常见的访问控制技术有入网访问控制、网络权限控制、目录级控制以及属性控制等。

⑤数据加密技术：所谓数据加密技术是指将明文信息经过加密密钥及加密函数转换，变成无意义的密文，而接收方则将此密文经过解密函数、解密密钥还原成明文。数据加密技术是网络安全技术的基石，是数字签名技术的基础。

⑥数字签名技术：所谓"数字签名"就是通过某种密码运算生成一系列符号及代码组成电子密码进行签名，来代替书写签名或印章。对于这种电子式的签名还可进行技术验证，其验证的准确度是一般手工签名和图章的验证无法比拟的。"数字签名"是电子商务、电子政务中应用最普遍、技术最成熟、可操作性最强的一种电子签名方法。

通过"数字签名"，可以判断接收方收到的信息是否是原始发送的信息，即若信息被篡改，则相应的"数字签名"和接收方收到的数字签名二者会不一致。一般可通过"数字签名"技术保证数据的正确性和有效性。

2）按表现形式分类

按表现形式的不同，信息技术可分为硬技术与软技术。前者指各种信息设备如通信卫星、计算机硬件设备等。后者指有关信息获取与处理的各种方法，如数据统计分析技术、计算机软件技术等。

3.2　人工智能

人工智能是计算机科学的一个分支，它试图通过了解智能的实质，生产出一种能以与人类智能相似的方式做出反应的智能机器。人工智能研究的领域比较广泛，包括机器人、语言识别、图像识别以及自然语言处理等。

3.2.1　人工智能的定义

人工智能（Artificial Intelligence，AI）也称为机器智能，是指由人工制造的系统所表现出来的智能，可以概括为研究智能程序的一门科学。人工智能研究的主要目标在于用机器来模仿和执行人脑的某些智力功能，探究相关理论、研发相应技术，如判断、推理、识别、感知、理解、思考、规划、学习等思维活动。

人工智能并不是什么触不可及的东西,Windows 10 的 Cortana、百度的度秘、苹果的 Siri 等智能助理和智能聊天类应用,都属于人工智能的范畴,甚至一些简单的带有固定模式的资讯类新闻,也是由人工智能来完成的。

3.2.2　人工智能的发展

1956 年夏以麦卡锡、明斯基、罗彻斯特和香农为首的一批年轻科学家一起聚会,共同研究和探讨用机器模拟智能的一系列有关问题,并首次提出了"人工智能"这一术语,它标志着"人工智能"这门新兴学科的正式诞生。

人工智能自出现以来,经历了起步发展期、反思发展期、应用发展期、低迷发展期、稳步发展期和蓬勃发展期(图 3-2),如今人工智能正在快速发展,为生产力的发展提供变革的动力。

图 3-2　人工智能发展历程

3.2.3　人工智能的实际应用

(1)在线客服

在线客服是一种以网站为媒介的即时沟通通信技术,主要以聊天机器人的形式自动与消费者沟通,并及时解决消费者的一些问题。聊天机器人必须善于理解自然语言,懂得语言所传达的意义,因此,这项技术十分依赖自然语言处理技术,一旦这些机器人能够理解不同的语言表达方式所包含的实际目的,那么将在很大程度上代替人工客服。

(2)自动驾驶

自动驾驶是现在逐渐发展成熟的一项智能应用。自动驾驶一旦实现,将会有以下改变。

①汽车本身的形态会发生变化。自动驾驶的汽车不需要司机和方向盘,其形态设计

可能会发生较大的变化。

②未来的道路将发生改变。未来道路会按照自动驾驶汽车的要求重新进行设计,专用于自动驾驶的车道可能变得更窄,交通信号可以更容易被自动驾驶汽车识别。

③完全意义上的共享汽车将成为现实。大多数的汽车可以用共享经济的模式,随叫随到。因为不需要司机,这些车辆可以保证24小时随时待命,可以在任何时间、任何地点提供高质量的租用服务。

(3)智慧生活

目前的机器翻译水平,已经可以做到基本表达原文语意,不影响理解与沟通。但假以时日,不断提高翻译准确度的人工智能系统,很有可能像AlphaGo那样悄然越过业余译员和职业译员之间的技术鸿沟,一跃而成为翻译大师。

到那时,不只是手机可以与人进行智能对话,每个家庭里的每一件家用电器,都会拥有足够强大的对话功能,为人们提供更加方便的服务。

(4)智慧医疗

智慧医疗是专有医疗名词,通过打造健康档案区域医疗信息平台,利用先进的物联网技术,实现患者与医务人员、医疗机构、医疗设备之间的互动,从而逐步达到信息化。

大数据和基于大数据的人工智能,为医生辅助诊断疾病提供了支持。将来医疗行业将融入更多的人工智能、传感技术等高科技,使医疗服务走向真正意义的智能化。在人工智能的帮助下,同样数量的医生可以服务几倍、几十倍甚至更多的用户群体。

3.3 5G 与物联网

物联网(Internet of Things)起源于传媒领域,是信息科学技术产业的第三次革命。物联网将现实世界数字化,其应用范围十分广泛。下面将从物联网的定义、关键技术、应用及5G与物联网融合4个方面来介绍5G与物联网的相关知识。

3.3.1 物联网的定义

物联网是互联网、传统电信网等信息的承载体,它是让所有具有独立功能的普通物体实现互联互通的网络。简单来说,物联网就是把所有能行使独立功能的物品,通过信息传感设备与互联网连接起来,进行信息交换,以实现智能化识别和管理。

在物联网上,每个人都可以应用电子标签连接真实的物体。通过物联网可以用中心计算机对机器、设备、人员进行集中管理和控制,也可以对家庭设备、汽车进行遥控,以及搜索设备位置、防止物品被盗等,通过收集这些小的数据,最后聚集成大数据,从而实现物和物相连。

3.3.2 物联网的关键技术

目前,物联网的发展非常迅速,尤其在智慧城市、工业、交通以及安防等领域取得了突破性的进展。

(1)射频识别(RFID)技术

RFID 是一种通信技术,它同时融合了无线射频技术和嵌入式技术,在自动识别、物品物流管理方面的应用前景十分广阔。RFID 主要的表现形式是 RFID 标签,具有抗干扰性强、数据容量大、安全性高、识别速度快等优点,主要工作频率有低频、高频和超高频,但此技术还存在一些技术方面的难点,如选择最佳工作频率和机密性的保护等,尤其是超高频频段的技术还不够成熟,相关产品价格较高,稳定性不理想。

(2)传感器技术

传感器技术是计算机应用中的关键技术,通过传感器可以把模拟信号转换成数字信号供计算机处理。目前,传感器技术的技术难点主要是应对外部环境的影响,例如,当受到自然环境中温度等因素的影响时,传感器的零点漂移和灵敏度会发生变化。

(3)云计算技术

云计算技术是将一些相关网络技术和计算机发展融合在一起的产物,具备强大的计算和存储能力。常用的搜索功能就是一种对云计算技术的应用。

(4)无线网络技术

物体与物体"交流"需要高速、可进行大批量数据传输的无线网络,设备连接的速度和稳定性与无线网络的速度息息相关。目前所使用的网络大部分属于 4G,正在向 5G 迈进。但随着 5G 技术的开展,物联网的发展也将进入全面发展时期,进而取得更大的突破。

(5)人工智能技术

人工智能技术是研究、开发用于模拟、延伸和扩展人的智能的理论、方法、技术及应用系统的一门新的技术科学。人工智能与物联网有着十分密切的关联,物联网实现物物相连,人工智能让连接起来的物体进行自主学习,从而实现整体智能化。

3.3.3 物联网的应用

物联网由蓝图逐步变成了现实,目前很多场合都有物联网的影子。下面将对物联网的应用领域进行简单的介绍,包括物流、交通、安防、医疗、建筑、能源环保、家居、零售 8 个领域。

(1)智慧物流

智慧物流以物联网、人工智能、大数据等信息技术为支撑,在物流的运输、仓储、配送等各个环节实现系统感知、全面分析和处理等功能。其在物联网领域的应用主要体现在3 个方面,包括仓储、运输监测和快递终端,在运输监测方面,可以通过物联网技术实现对货物以及运输车辆的监测,包括货物车辆位置、状态以及货物温湿度、油耗及车速等的监测。

(2)智能交通

智能交通是物联网的一种重要体现形式,利用信息技术将人、车和路紧密地结合起来,改善交通运输环境、保障交通安全并提高资源利用率。智能交通在物联网技术的应用,包括智能公交车、智慧停车、共享单车、车联网、充电桩监测以及智能红绿灯等领域。

（3）智能安防

传统安防对人员的依赖性比较大,非常耗费人力,而智能安防能够通过设备实现智能判断。目前,智能安防最核心的部分是智能安防系统,该系统能够对拍摄的图像进行传输与存储,并对其进行分析与处理。一个完整的智能安防系统主要包括门禁、报警和监控三大部分,行业应用中主要以视频监控为主。

（4）智能医疗

在智能医疗领域,新技术的应用必须以人为中心。而物联网技术是数据获取的主要途径,能有效地帮助医院实现对人和物的智能化管理。对人的智能管理指的是通过传感器对人的生理状态（如心跳、血压等）进行监测,将获取的数据记录到电子健康文件中,方便个人或医生查阅;对物的智能化管理是指通过 RFID 对医疗设备、物品进行监控与管理,实现医疗设备、用品可视化,主要表现为数字化医院。

（5）智慧建筑

建筑是城市的基石,技术的进步促进了建筑的智能化发展,以物联网等新技术为主的智慧建筑也越来越受到人们的关注。当前的智慧建筑主要体现在节能方面,对设备进行感知、传输数据并实现远程监控,在节约能源的同时还减少了楼宇人员的维护工作。

（6）智慧能源环保

智慧能源环保属于智慧城市的一个部分,将物联网技术应用于传统的水、电、光能设备,并进行联网,如用智能水电表实现远程抄表。通过监测,不仅提升了能源的利用效率,而且还减少了能源的损耗。

（7）智能家居

智能家居指的是使用不同的方法和设备来提高人们的生活能力,使生活变得更舒适和高效。物联网应用于智能家居领域,能够对家居类产品的位置、状态、变化进行监测,分析其变化特征。智能家居行业的发展主要分为单品连接、物物联动和平台集成 3 个阶段。其发展的方向首先是连接智能家居单品,随后走向不同单品之间的联动,最后向智能家居系统平台发展。当前,各个智能家居类企业正处于从单品向物物联动的过渡阶段。

（8）智能零售

行业内将零售按照距离分为远场零售、中场零售、近场零售 3 种,三者分别以电商、超市和自动售货机为代表。物联网技术可以用于中场和近场零售,且主要应用于近场零售,通过将传统的便利店和售货机进行数字化升级和改造,打造无人零售模式。通过数据分析,充分运用门店内的客流和活动,为用户提供更好的服务。

3.3.4　5G 与物联网的融合

现在是移动互联网时代,移动互联网的演进历程是移动通信和互联网等技术汇聚、融合的过程,其中,不断演进的移动通信技术是其持续且快速发展的主要推手。至今,移动通信技术已经从 1G 时代发展到 5G 时代。

5G 与以往的移动通信技术相比,在通信和带宽能力方面达到了新的高度,就像 3G 支持图像,4G 支持视频一样,5G 是支持物联网的网络。也就是说,5G 是物联网的网络接入层,是实现物联网网络连接的一种方式,支持各种规模、速度以及前所未有复杂性的设备,能够满足物联网应用覆盖面广、高速稳定等需求。

随着5G的落地应用,未来物联网的发展将获得更为全面的支撑。以工业物联网为例,5G将在以下3个方面助力工业物联网的发展。

(1)拓展工业物联网的应用边界

5G在很大程度上考虑了物联网的需求,包括高速率(eMBB,10 Gbit/s)、低时延高可靠(uRLLC,1 ms)、低功耗大连接(mMTC)等特征。在5G的支持下,工业物联网的应用边界将得到拓展,促使物联网可以应用在更多的场景下。对于场景覆盖面较大的企业来说,5G带来的变化更为明显,如物流企业等。

(2)促进工业物联网的智能化

5G将在很大程度上促进工业物联网的智能化发展,涉及云计算、大数据等技术体系的部署,借助于5G的支撑,人工智能将在数据和算力两方面得到更为有效的保障。当然,智能化也是工业物联网最终的诉求之一。

(3)促进工业物联网的全面落地

5G对于促进工业物联网的落地应用也有非常积极的意义,一方面5G可以支撑更多的物联网设备,另一方面也能够保障这些设备之间安全可靠地通信。

3.4 大数据

用户在使用计算机时会发现,网页中经常会推荐一些曾经搜索或关注过的信息,如在天猫上关注了一双皮鞋,之后打开天猫的主页,在推荐购买区都会显示一些同类的商品。这就是大数据技术的一种应用,它将用户的使用习惯、搜索习惯记录到数据库中,应用独特的算法计算出用户可能感兴趣的内容,并将相同类目的内容推荐到用户眼前。

3.4.1 大数据的定义

数据是指存储在某种介质上包含信息的物理符号。在电子网络时代,随着人们生产数据的能力和数量的飞速提升,大数据应运而生。大数据是指无法在一定时间范围内用常规软件工具进行捕捉、管理、处理的数据集合。要想从大数据中获取有用的信息、就需要对其进行分析,这不仅需要采用集群的方法获取强大的数据分析能力,还需对面向大数据的新数据分析算法进行深入的研究。

大数据技术是指为了传送、存储、分析和应用大数据而采用的软件和硬件技术,也可将其看作面向数据的高性能计算系统。就技术层面而言,大数据必须依托分布式架构来对海量的数据进行分布式挖掘,利用云计算的分布式处理、分布式数据库、云存储和虚拟化技术,因此,大数据与云计算密不可分。

3.4.2 大数据的发展

在大数据行业的火热发展下,大数据的应用越来越广泛,国家相继出台的一系列政策更是加快了大数据产业的落地。大数据发展经历了 4 个阶段。

（1）出现阶段

1980 年，阿尔文·托夫勒著的《第三次浪潮》书中将"大数据"称为"第三次浪潮的华彩乐章"。1997 年，美国研究员迈克尔·考克斯和大卫·埃尔斯沃斯首次使用"大数据"这一术语来描述 20 世纪 90 年代的挑战。

"大数据"在云计算出现之后才凸显其真正的价值，2006 年提出云计算的概念，2007—2008 年随着社交网络的快速发展，"大数据"概念被注入了新的生机。2008 年 9 月《自然》杂志推出了名为"大数据"的封面专栏。

（2）热门阶段

2009 年，欧洲一些领先的研究型图书馆和科技信息研究机构建立了伙伴关系，致力于改善在互联网上获取科学数据的简易性。2010 年肯尼思·库克耶发表大数据专题报告《数据，无所不在的数据》。2011 年 6 月麦肯锡发布了关于"大数据"的报告，正式定义了大数据的概念，后逐渐受到各行各业关注；2011 年 11 月，我国工业和信息化部发布《物联网"十二五"发展规划》，将信息处理技术作为 4 项关键技术创新工程之一提出来，其中包括了海量数据存储、图像视频智能分析、数据挖掘，这些是大数据的重要组成部分。

（3）时代特征阶段

2012 年维克托·迈尔-舍恩伯格和肯尼思·库克耶所著的《大数据时代》一书，把大数据的影响划分为 3 个不同的层面来分析，分别是思维变革、商业变革和管理变革。"大数据"这一概念乘着互联网的浪潮在各行各业中逐渐占据举足轻重的地位。

（4）爆发期阶段

2015 年，党的十八届五中全会的"十三五"规划中将大数据列为国家级战略。2017 年，在政策、法规、技术、应用等多重因素的推动下，跨部门数据共享共用的格局基本形成。

3.4.3 大数据处理的基本流程

大数据处理的数据源类型多种多样，在不同的场合通常需要使用不同的处理方法。在处理大数据的过程中，通常包含数据抽取与集成、数据分析、数据解释与展现 3 个基本环节。

（1）数据抽取与集成

数据抽取和集成是大数据处理的第一步，从抽取的数据中提取关系和实体，经过关联和聚合等操作，按照统一定义的格式对数据进行存储。如基于物化或数据仓库技术方法的引擎（Materialization or ETL Engine）、基于联邦数据库或中间件方法的引擎（Federation Engine or Mediator）和基于数据流方法的引擎（Stream Engine）均是现有主流的数据抽取和集成方式。

（2）数据分析

数据分析是大数据处理的核心步骤，在决策支持、商业智能、推荐系统、预测系统中应用广泛。在从异构的数据源中获取了原始数据后，将数据导入一个集中的大型分布式数据库或分布式存储集群，进行一些基本的预处理工作，然后根据自己的需求对原始数据进行分析,如数据挖掘、机器学习、数据统计等。

(3)数据解释与展现

在完成数据的分析后,应该使用合适的、便于理解的展示方式将正确的数据处理结果展示给终端用户,可视化和人机交互是数据解释的主要技术。使用可视化技术,可以将处理的结果通过图形的方式直观地呈现给用户,而人机交互技术可以引导用户对数据进行逐步分析,使用户参与数据分析的过程,并深刻理解数据分析结果。

3.4.4 大数据的典型应用案例

(1)高能物理

高能物理是一个与大数据联系十分紧密的学科。科学家往往要从大量的数据中发现一些小概率的粒子事件,如比较典型的离线处理方式,由探测器组负责在实验时获取数据,而大型强子对撞机(Large Hadron Collider,LHC)实验每年采集的数据高达15 PB。高能物理中的数据不仅海量,且没有关联性,要从海量数据中提取有用的事件,就可使用并行计算技术对各个数据文件进行较为独立的分析处理。

(2)推荐系统

推荐系统可以通过电子商务网站向用户提供商品信息和建议,如商品推荐、新闻推荐、视频推荐等。而实现推荐过程则需要使用大数据,用户在访问网站时,网站会记录和分析用户的行为并建立模型,将该模型与数据库中的产品进行匹配后,才能完成推荐过程。为了实现这个推荐过程,需要存储海量的用户访问信息,并基于大量数据的分析,推荐出与用户行为相符合的内容。

(3)搜索引擎系统

搜索引擎是非常常见的大数据系统,为了有效地完成互联网上数量巨大的信息的收集、分类和处理工作,搜索引擎系统大多基于集群架构,搜索引擎的发展历程为大数据研究积累了宝贵经验。

3.5 云计算

在"互联网+"背景下,国内云计算市场迎来了快速发展期,呈现出巨大的发展潜力。同时,随着大数据、物联网、人工智能等新兴领域和传统行业的转型发展趋势的明朗,企业对云服务的需求日趋旺盛。

下面来了解云计算的定义与发展、云计算技术的特点,以及云计算的应用。

3.5.1 云计算的定义

云计算技术是硬件技术和网络技术发展到一定阶段出现的新的技术模型,是对实现云计算模式所需的所有技术的总称。分布式计算技术、虚拟化技术、网络技术、服务器技术、数据中心技术、云计算平台技术、分布式存储技术等都属于云计算技术的范畴,同时云计算技术也包括新出现的 Hadoop、HPCC、Storm、Spark 等技术。云计算技术意味着计算能力也可作为一种商品通过互联网进行流通。

云计算技术中主要包括 3 种角色，分别为资源的整合运营者、资源的使用者和终端客户。资源的整合运营者负责资源的整合输出，资源的使用者负责将资源转变为满足客户需求的应用，而终端客户则是资源的最终消费者。

云计算技术作为一项应用范围广、对产业影响深的技术，正逐步向信息产业等各种产业渗透，产业的结构模式、技术模式和产品销售模式等都会随着云计算技术发生深刻的改变，进而影响人们的工作和生活。

3.5.2 云计算的发展

2010 年开始，云计算作为一种新的技术趋势得到了快速的发展。云计算的崛起无疑会改变 IT 产业，也将深刻改变人们的工作方式和公司经营的方式。云计算的发展基本可以分为 4 个阶段。

（1）理论完善阶段

1984 年，Sun 公司的联合创始人约翰·盖奇提出"网络就是计算机"的名言，用于描述分布式计算技术带来的新世界，今天的"云计算"正在将这一理念变成现实；1997 年，南加州大学教授拉姆纳特·切拉帕提出"云计算"的第一个学术定义；1999 年，马克·安德森创建了响云（LoudCloud），它是第一个商业化的基础设施即服务（Infrastructure as a Service，IaaS）平台；1999 年 3 月，赛富时（Salesforce）成立，成为最早出现的云服务。

（2）准备阶段

IT 企业、电信运营商、互联网企业等纷纷推出云服务，云服务形成。2008 年 10 月，微软（Microsoft）公司发布其公共云计算平台——Windows Azure Platform，由此拉开了 Microsoft 的云计算大幕。2008 年 12 月，高德纳（Gartner）公司披露十大数据中心突破性技术，虚拟化和云计算上榜。

（3）成长阶段

云服务功能日趋完善，种类日趋多样，传统企业也开始通过自身能力扩展、收购等模式，投入云服务之中。2009 年 4 月，全球桌面到数据中心虚拟化解决方案的领导厂商威睿（VMware）公司推出业界首款云操作系统——VMware vSphere 4。2009 年 7 月，中国的企业云计算平台诞生。其后不久，中国移动云计算平台"大云"计划启动。2010 年 1 月，微软公司正式发布 Microsoft Azure 云平台服务。

（4）高速发展阶段

"云计算"行业市场通过深度竞争，逐渐形成主流平台产品和标准，其产品功能比较健全、市场格局相对稳定，云服务进入成熟阶段。2014 年，阿里云启动"云合"计划；2015 年，华为在北京正式对外宣布"企业云"战略；2016 年，腾讯云战略升级，并宣布"云出海"计划等。

3.5.3 云计算技术的特点

传统计算模式向云计算模式的转变如同单台发电模式向集中供电模式的转变,云计算是将计算任务分布在由大量计算机构成的资源池中,使用户能够按需获取算力、存储空间和信息服务。与传统的资源提供方式相比,云计算主要具有以下 8 个特点。

(1)超大规模

"云"具有超大的规模,谷歌云计算已经拥有上 100 万台服务器,亚马逊、IBM、微软等公司的"云"均拥有数十万台服务器。"云"能赋予用户前所未有的计算能力。

(2)高可扩展性

云计算是将资源高效地集约化使用。分散在不同计算机上的资源,其利用率非常低,通常会造成资源的极大浪费,而将资源集中起来后,资源的利用效率会大大提升。而资源的集中化和资源需求的不断提高,也对资源池的可扩张性提出了要求,因此云计算系统必须具备优秀的资源扩张能力,才能方便新资源的加入,以及有效地应对不断增长的资源需求。

(3)按需服务

对于用户而言,云计算系统最大的好处是可以适应用户对资源不断变化的需求,云计算系统按需向用户提供资源,用户只需为自己实际消费的资源量进行付费,而不必自己购买和维护大量固定的硬件资源。这不仅为用户节约了成本,还可促使应用软件的开发者创造出更多有趣和实用的应用。同时,按需服务让用户在服务选择上具有更大的空间,通过交纳不同的费用来获取不同层次的服务。

(4)虚拟化

云计算技术利用软件来实现硬件资源的虚拟化管理、调度及应用,支持用户在任意位置、使用各种终端获取应用服务。通过"云"这个庞大的资源池,用户可以方便地使用网络资源、计算资源、数据库资源、硬件资源、存储资源等,大大降低了维护成本,提高了资源的利用率。

(5)通用性

云计算不针对特定的应用,在"云"的支撑下可以构造出千变万化的应用,同一个"云"可以同时支撑不同的应用运行。

(6)高可靠性

在云计算技术中,用户数据存储在服务器端,应用程序在服务器端运行,计算由服务器端处理,数据被复制到多个服务器节点上,当某一个结点任务失败时,即可在该结点进行终止,再启动另一个程序或节点,保证应用和计算的正常进行。

(7)低成本

"云"的自动化、集中式管理使大量企业无须负担日益高昂的数据管理成本,"云"的通用性使资源的利用率较之传统系统大幅提升,因此用户可以充分享受"云"的低成本优势。

(8)潜在的危险性

云计算服务除了提供计算服务外,还会提供存储服务。对于选择云计算服务的政府机构、商业机构而言,就存在数据(信息)被泄漏的危险,因此这些政府机构、商业机构(特别是像银行这样持有敏感数据的商业机构)在选择云计算服务时一定要保持足够的警惕性。

3.5.4 云计算的应用

云计算有5个关键技术,分别是虚拟化技术、编程模式、海量数据分布存储技术、海量数据管理技术、云计算平台管理技术。随着云计算技术产品、解决方案的不断成熟,云计算技术的应用领域也在不断扩展,衍生出了云制造、教育云、环保云、物流云、云安全、云存储、云游戏、移动云计算等各种功能,对医药医疗领域、制造领域、金融与能源领域、电子政务领域、教育科研领域影响巨大,为电子邮箱、数据存储、虚拟办公等方面也提供了非常大的便利。下面介绍3种常用的云计算应用。

(1)云安全

云安全是云计算技术的重要分支,广泛应用于反病毒领域。

云安全融合了并行处理、网格计算、未知病毒行为判断等新兴技术和概念,理论上可以把病毒的传播范围控制在一定区域内,且整个云安全网络对病毒的上报和查杀速度非常快,在反病毒领域中意义重大。不过,云安全涉及的安全问题也非常广泛,对于最终用户而言,云安全技术在用户身份安全、共享业务安全和用户数据安全等方面的问题需要格外关注。

①用户身份安全:用户登录到云端使用应用与服务,系统在确保使用者身份合法之后才为其提供服务,如果非法用户取得了用户身份,则会对合法用户的数据和业务产生危害。

②共享业务安全:云计算通过虚拟化技术实现资源共享调用,可以提高资源的利用率,但同时共享也会带来安全问题,云计算不仅需要保证用户资源间的隔离,还要针对虚拟机、虚拟交换机、虚拟存储等虚拟对象提供安全保护策略。

③用户数据安全:数据安全问题包括数据丢失、泄露等,因此必须采取复制、存储加密等有效的保护措施,确保数据的安全。此外,账户、服务和通信劫持,不安全的应用程序接口,操作错误等问题也会对云安全造成隐患。

云安全系统的建立并非轻而易举,要想保证系统正常运行、不仅需要海量的客户端、专业的反病毒技术和经验、大量的资金和技术投入,还必须提供开放的系统,让大量合作伙伴加入。

(2)云存储

云存储是一种新兴的网络存储技术,可将储存资源放到“云”上供用户存取。云存储通过集群应用、网络技术或分布式文件系统等功能将网络中大量不同类型的存储设备集合起来协同工作,共同对外提供数据存储和业务访问功能。通过云存储,用户可以在任何时间、任何地点,将任何可联网的装置连接到“云”上存取数据。

在使用云存储功能时,用户只需要为实际使用的存储容量付费,不用额外安装物理存储设备,减少了IT和托管成本。同时,存储维护工作转移至服务提供商,在人力物力上也降低了成本。但云存储也反映了一些可能存在的问题,例如,如果用户在云存储中保存重要数据,则数据安全可能存在潜在隐患,其可靠性和可用性取决于广域网的可用性和服务提供商的预防措施等级。对于一些具有特定记录保留需求的用户,在选择云存储服务之前还需进一步了解和掌握云存储。

(3)云游戏

云游戏是一种以云计算技术为基础的在线游戏技术,云游戏模式中的所有游戏都在服务器端运行,并通过网络将渲染后的游戏画面压缩传送给用户。

云游戏技术主要包括云端完成游戏运行与画面渲染的云计算技术,以及玩家终端与云端间的流媒体传输技术。对于游戏运营商而言,只需花费服务器升级的成本,不需要不断投入巨额的新主机研发费用;对于游戏用户而言,用户的游戏终端无须拥有强大的图形运算与数据处理能力等,只需拥有流媒体播放能力与获取玩家输入指令并发送给云端服务器的能力。

本章小结

信息技术是主要用于管理和处理信息所采用的各种技术的总称;人工智能是计算机科学的一个分支,它试图通过了解智能的实质,生产出一种能以与人类智能相似的方式做出反应的智能机器;物联网是互联网、传统电信网等信息的承载体,它是让所有具有独立功能的普通物体实现互联互通的网络;大数据技术是指为了传送、存储、分析和应用大数据而采用的软件和硬件技术,也可将其看作面向数据的高性能计算系统;云计算相当于一个计算机资源共享池,它可以对企业数据、软件及服务进行统一存放和保管,而"特定的地方"就是云。

【复习思考题】
1.简述大数据的定义。
2.简述大数据处理的基本流程。
3.简述人工智能的应用。
4.简述云计算技术的特点。
5.简述物联网的应用。

第4章　计算机网络技术

【学习目标】

1.理解计算机网络的定义与功能。

2.了解计算机网络的分类。

3.了解网络的拓扑结构及常见种类。

4.熟悉常见的网络传输介质及特点。

【案例导入】

德国麦德龙集团

德国麦德龙集团(METRO)是德国最大的贸易和零售集团。全球所有的麦德龙现购自运商场均采用向ORACLE公司订制开发的"GMS客户管理和商品查询系统",由计算机对客户数据和商品销售情况及库存数据进行管理和控制,能根据历史资料自动预测销售、制订采购计划,产生订单,功能强大,在全球零售贸易集团中仅次于沃尔玛的决策支持系统,为开展全面的客户关系管理提供了强有力的信息支持。各个商场都设置了EDP电脑部门,负责对GMS系统进行日常维护。研究报表是各级管理阶层主要的日常工作内容之一。

由GMS系统生成的各种年度、季度、月度、周、日销售报表,包括库存报表、各时期销售总计报表、各时期分类销售统计报表、各年同期各类商品销售对比报表、各年同期分类客户数和账单数对比报表、各时区横向和纵向销售对比报表、修正报表、商品修改列表等,从多角度将数据整合成为有用的信息,是商场及总部预测需求、适应变化、为客户提供及时应变商品和服务的重要依据。

GMS客户管理系统界面包括客户单位编号、名称、地址、电话号码、传真号码、持卡人姓名、开卡日期、所属客户种类、购买各类商品金额的各年度统计、详细购买记录等情况。

GMS商品查询系统界面包括商品编号、商品描述、供应商编号、供应商描述、价格、到货日期、到货数量、总销售量、库存、增值税率、是否处在广告期、是否专卖商品、是否零售商品、是否限制商品、最小起订数量(重量、体积)、有效天数、所属销售部门、种类及订货建议等详尽信息。

客户的每次购买行为由POS扫描商品条码为驱动都自动记录在系统当中,库存等动态商品数据,相关购买信息自动生成,进入商品管理系统,同时生成客户购买信息,将金额、种类记入该客户的购买统计数据中。

由于GMS系统在商场各部门、各商场、各区域总部、国家总部及德国总部之间实时相连,且一般有英语及所在国语言两个版本,因此查看数据非常方便,更便于集团高层掌握与控制全局。

　　资料来源：摘引自聚优网

4.1　计算机网络的概念与分类

4.1.1　计算机网络的概念

　　1）计算机网络的定义

　　计算机网络是用传输介质把分布在不同地理位置的计算机和其他通信设备连接起来，实现数据通信和资源共享的分布式系统。计算机网络由计算机系统、通信设备、传输介质和网络软件构成。

　　2）计算机网络的功能

　　(1)数据通信

　　数据通信是计算机网络最基本和最重要的功能，实现联网计算机之间的各种信息传输，并将分散在不同地理位置的计算机联系起来，进行统一的调配、控制和管理。

　　(2)资源共享

　　资源共享可以是软件共享、数据共享和硬件共享。计算机网络中的资源互通有无，分工协作，从而极大地提高硬件资源、软件资源和数据资源的利用率。

　　(3)分布式处理

　　当计算机网络中的某个计算机系统负荷过重时，可以将其处理的某个复杂任务分配给网络中的其他计算机系统，从而利用空闲计算机资源以提高整个系统的利用率。

　　(4)提高可靠性

　　计算机网络中的各台计算机可以通过网络互为替代机，当其中一台计算机死机了，可以让另一台计算机来完成它的工作。

　　(5)负载均衡

　　将工作任务均衡地分配给计算机网络中的各台计算机。

4.1.2　计算机网络的分类

　　1）按网络覆盖的地理范围分类

　　计算机网络根据覆盖的地理范围与规模可以分为局域网（Local Area Network，LAN）、城域网（Metropolitan Area Network，MAN）、广域网（Wide Area Network，WAN）和国际互联网（Internet）4 种类型。

　　(1)局域网

　　局域网是将较小地理区域内的计算机或数据终端设备连接在一起的通信网络，局域网覆盖的地理范围比较小,一般为几米到 10 千米,主要用于实现短距离的资源共享。局域网可以由一个建筑物内或相邻建筑物内的几百台至上千台计算机组成,也可以小到连接一个房间内的几台计算机、打印机和其他设备。图 4-1 所示为一个简单的企业内部局域网。

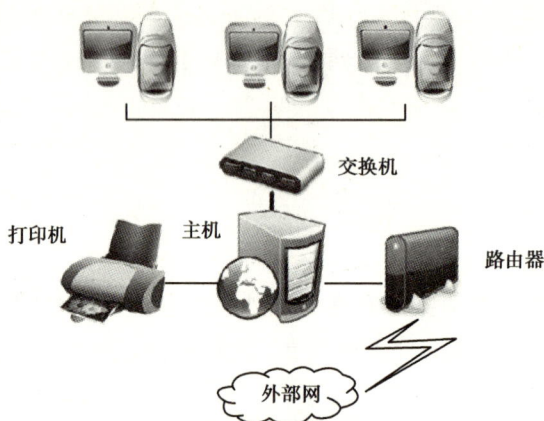

图 4-1　企业内部局域网

（2）城域网

城域网是一种大型的通信网络,它的覆盖范围介于局域网和广域网之间,一般为10~100 km。城域网的覆盖范围在一个城市内,它将位于一个城市内不同地点的多个计算机局域网连接起来实现资源共享。城域网所使用的通信设备和网络设备的功能要求比局域网高,以便有效地覆盖整个城市的地理范围。一般在一个大型城市中,城域网可以将多个学校、企事业单位、公司和医院的局域网连接起来共享资源。图 4-2 所示是某城区教育系统的城域网。

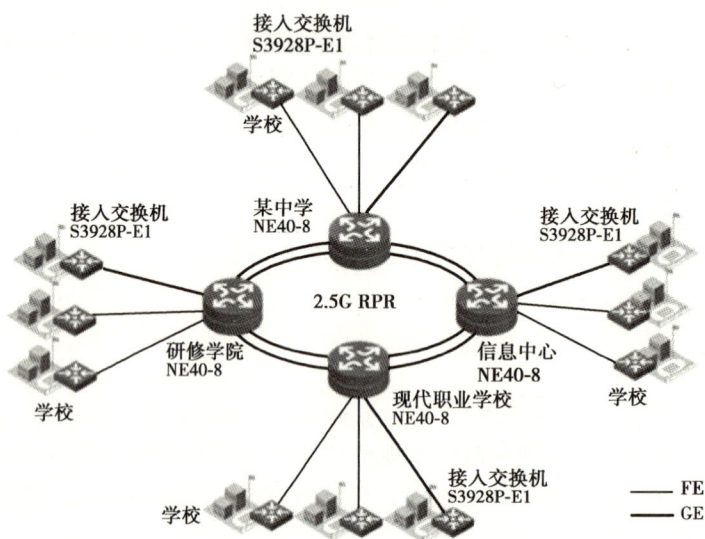

图 4-2　某城区教育系统城域网

（3）广域网

广域网在地域上可以跨越国界、洲界，甚至可以覆盖全球范围。目前，Internet 是最大的广域计算机网络，是一个横跨全球、公共商用的广域网络。除此之外，许多大型企业以及跨国公司和组织也建立了的内部使用的广域网络。广域网的物理结构如图 4-3 所示。

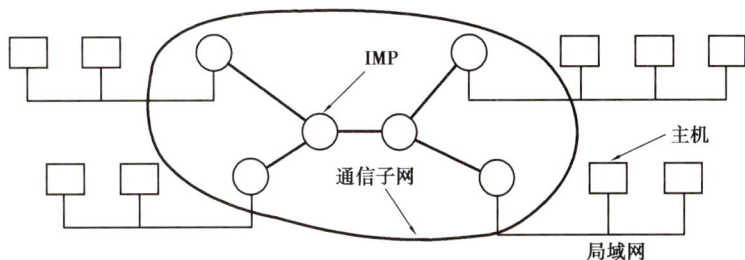

图 4-3　广域网的物理结构

（4）国际互联网

世界上有许多网络，而不同网络的物理结构、协议和所采用的标准各不相同。如果连接到不同网络的用户需要进行相互通信，就需要将这些不兼容的网络通过称为网关的机器设备连接起来，并由网关完成相应的转换功能。多个网络相互连接构成的集合称为互联网，其最常见形式是多个局域网通过广域网连接起来。

2）按服务方式分类

服务方式是指计算机网络中各台计算机之间的关系，按照这种方式可将计算机网络分为对等网和客户机/服务器网络两种形式，对等网的服务方式是点对点，客户机/服务器网络的服务方式是一点对多点。

（1）对等网

在对等网络中，计算机的数量通常不超过 20 台，所以对等网络相对比较简单。在对等网络中各台计算机有相同的功能，无主从之分，网上任意节点的计算机都可以作为网络服务器为其他计算机提供资源，也可以作为工作站共享其他服务器的资源；任意一台计算机均可同时作为服务器和工作站，也可只作为其中之一。同时，对等网除了共享文件，还可以共享打印机，对等网上的打印机可被网络上的任一节点使用，如同使用本地打印机一样，一个基础的对等网结构如图 4-4 所示。

图 4-4　对等网

（2）客户机/服务器网络

在计算机网络中，如果只有一台或者几台计算机作为服务器为网络上的用户提供共享资源,而其他的计算机仅作为客户机访问服务器中提供的各种资源,这样的网络就是客户机/服务器网络。服务器指专门提供服务的高性能计算机或专用设备;客户机指用户计算机。客户机/服务器网络的特点是安全性较高,计算机的权限、优先级易于控制,监控容易实现,网络管理能够规范化。服务器的性能和客户机的数量决定了此种网络的性能。客户机/服务器网络结构如图4-5所示。

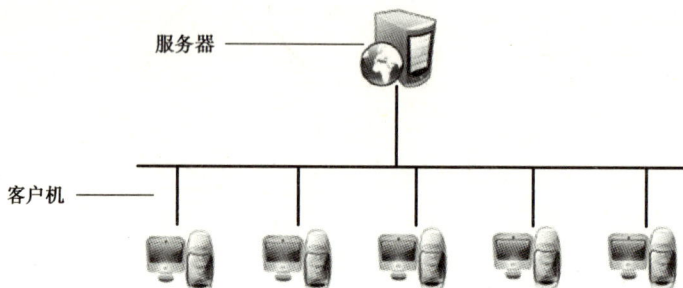

图4-5 客户机/服务器网络

3)按网络传输介质分类

网络传输介质是指在网络中传输信息的载体,常用的传输介质分为有线传输介质和无线传输介质两大类。

(1)有线网

有线传输介质是指在两个通信设备之间实现的物理连接部分,能将信号从一方传输到另一方,主要有同轴电缆、双绞线和光纤。有线网则是使用这些有线传输介质连接的网络。采用同轴电缆特点是经济实惠,但传输速率和抗干扰能力一般,传输距离较短;采用双绞线特点是价格便宜、安装方便,但易受干扰,传输速率较低,传输距离比同轴电缆短;采用光纤特点是传输距离长、传输速率高和抗干扰能力强。双绞线和同轴电缆传输电信号,光纤传输光信号。

(2)无线网

无线传输介质指周围的自由空间,利用无线电波在自由空间的传播可以实现多种无线通信。在自由空间传输的电磁波根据频谱可将其分为无线电波、微波、红外线和激光等,信息被加载在电磁波上进行传输。无线网即指采用空气中的电磁波作为载体来传输数据的网络。无线网的特点为联网费用较高、数据传输速率高、安装方便、传输距离长和抗干扰能力不强等。无线网包括无线电话、无线电视网、微波通信网和卫星通信网等。

4)按网络拓扑结构分类

网络拓扑结构是指网络中结点互相连接的方法和形式。常用的网络拓扑结构有总线形结构、环形结构、星形结构、树形结构、网状结构。

(1)总线形结构

总线形结构采用一条通信线路,即总线作为公共的传输通道,所有的节点都通过相应的接口直接连接在总线上,并通过总线进行数据传输,如图4-6所示。

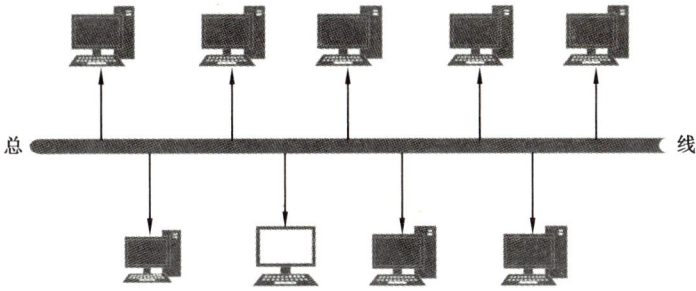

图 4-6　总线形结构

总线形网络使用广播式传输技术,总线上的所有节点都可以发送数据到总线上,数据沿总线传播。但是,由于所有节点共享同一条公共通道,所以在任何时候只允许一个节点发送数据。因此,连接在总线上的设备越多,网络发送和接收数据就越慢。

总线形网络具有结构简单灵活、扩展性好、共享能力强、可靠性高、网络响应快、易于安装、成本低等优点,但同时也有故障诊断、隔离困难且终端必须智能的缺点。

(2)环形结构

在环形结构中,各个工作站的地位相同,它们相互顺序连接,构成一个封闭的环,数据在环中可以是单向传送,也可以是双向传送。环形拓扑结构简单,传输延时确定,但是环中的每一个节点与节点之间的通信线路都会成为网络可靠性的瓶颈,环中的任意一个节点出现通信故障就会造成整个网络的瘫痪,如图 4-7 所示。环形结构分为单环结构和双环结构两种类型。令牌环形结构是单环结构的典型代表,光纤分布式数据接口是双环结构的典型代表。

在环形网络中,各工作站之间结构简单、关系平等,信息流在网络中沿环单向传送,延时固定,实时性较好;两个节点之间仅有唯一路径,简化了信息流在网络路径中的选择,但可扩充性相对较差,并且可靠性也差,任何线路或节点的故障,都有可能引起全网故障,故障检测也比较困难。

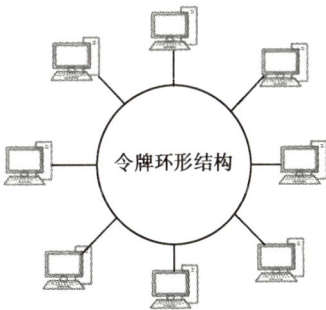

图 4-7　环形结构

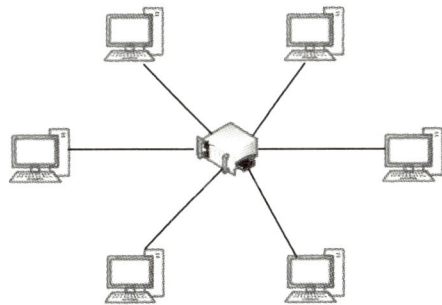

图 4-8　星形结构

(3)星形结构

星形结构网络中的每个节点都有一条点对点路径与中心交换设备(如交换机、集线器等)相连,如图 4-8 所示。星形网络中的一个节点若要向另一个节点发送数据,那么首先应将数据发送到中心交换设备,然后由中心交换设备将数据转发到目标节点。信息的传输都通过中心节点的存储转发技术来实现,并且只能通过中心节点与其他节点通信。星形网络是局域网中最常用的拓扑结构。

星形网络采用的传输介质通常是双绞线,其成本低,容易实现;每个连接只有一个设备,可靠性高,故障诊断比较容易;节点扩展时只需要从集线器或交换机等中心交换设备中拉一条线即可,移动也比较方便;同时,网络传输数据非常快。但这种结构的网络对中心节点的依赖性强,结构中的信息采用广播信息方式传送。这种方式是在任何一个节点发送信息,整个网络中的节点都可以收到,存在一定的安全隐患,但在局域网中使用影响不大。

(4)树形结构

树形结构是从总线形和星形结构演变而来。网络中的节点设备都连接到一个中心设备上,但并不是所有的节点都直接连接到中心设备,而是大多数的节点首先连接到一个次级设备,次级设备再与中心设备相连接,如图4-9所示。

树状结构有两种类型:一种是由总线形拓扑结构演变而来,由多条总线连接而成;另一种是由星形结构演变而来,各节点按一定的层次连接起来,形状像一棵倒置的树,故得名树形结构。在树形结构的顶端有一个中心点,它带有分支,每个分支还可以再有子分支。

树形结构网络易于扩展,故障易隔离,可靠性高;但电缆成本高,对根节点的依赖性大,一旦根节点出现故障,将导致全网不能工作。

(5)网状结构

在网状结构中,各个工作站连成一个网状结构、没有主机,也不分层次,通信功能分散在组成网络的各个工作站中,是一种分布式的控制结构,如图4-10所示。网状结构网络可靠性高,资源共享方便,但线路复杂,网络管理也较为困难,且成本较高,一般在广域网中才采用这种拓扑结构。

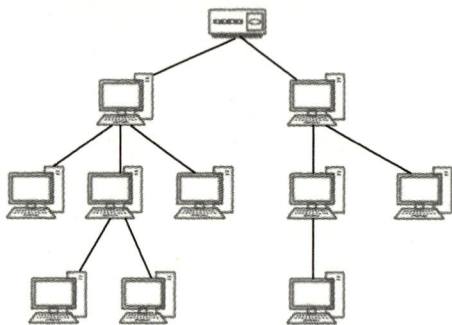

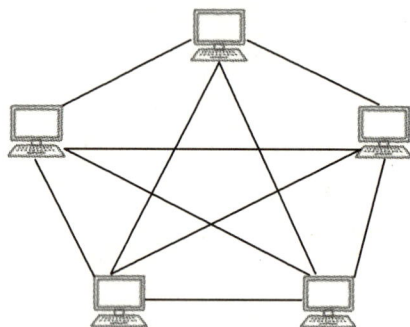

图 4-9　树形结构　　　　　　图 4-10　网状结构

4.1.3　计算机网络的协议

计算机网络协议是为在计算机网络中进行数据交换而建立的规则、标准或约定的统称。在计算机网络中,两个相互通信的实体可能处在不同的地理位置,其中的两个进程要相互通信,则需要通过交换信息来协调两个进程的动作达到同步,而信息的交换必须按照预先共同约定好的规则进行。

目前,大多数网络协议都采用分层体系结构。常见的网络协议有 TCP/IP 协议、IPX/SPX 协议、NetBEUI 协议等。TCP/IP 协议是这三大协议中最重要的一个,Internet 上的计算机使用的就是 TCP/IP 协议。作为互联网的基础协议,任何和互联网有关的操作都离不开 TCP/IP 协议。因此,这里主要介绍 TCP/IP 协议。

伴随着 Internet 在全世界的飞速发展,TCP/IP 的广泛应用对网络技术发展产生了重要的影响。TCP/IP 参考模型分为应用层、传输层、网络互连层和网络接口层 4 个层次。TCP/IP 参考模型和 OSI 参考模型的对比如图 4-11 所示。

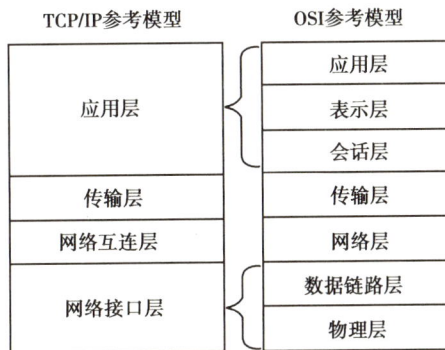

图 4-11 TCP/IP 参考模型和 OSI 参考模型的对比

在 TCP/IP 参考模型中,去掉了 OSI 参考模型中的会话层和表示层,将 OSI 参考模型中的数据链路层和物理层合并为网络接口层。下面分别介绍各层的主要特点和功能。

(1)网络接口层

网络接口层是 TCP/IP 参考模型中的最底层,负责网络层与硬件设备的联系。网络接口层实际上并不是因特网协议组中的一部分,但它是数据包从一个设备的网络层传输到另外一个设备的网络层的方法。这个过程可以在网卡的软件驱动程序中控制,也可以在专用芯片中控制。这将完成如添加报头准备发送、通过物理介质实际发送这样的数据链路功能。另一端,链路层将完成数据帧接收、去除报头并将接收到的数据包传到网络层。网络接口层与 OSI 参考模型中的物理层和数据链路层相对应。网络接口层是 TCP/IP 与各种 LAN 或 WAN 的接口。

(2)网络互连层

网络互连层是整个 TCP/IP 协议的核心,对应 OSI 参考模型的网络层,负责对独立传送的数据分组进行路由选择,以保证可以发送到目的主机。由于该层中使用的是 IP 协议,因此又称为 IP 层。网络互连层还拥有拥塞控制的功能。网络互连层的主要功能包括 3 点:处理互连的路径、流程与拥塞问题;处理来自传输层的分组发送请求;处理接收的数据包。

(3)传输层

在 TCP/IP 模型中,源端主机和目标端主机上的对等实体进行会话属于传输层的功能。传输层解决了传输控制协议(Transmission Control Protocol,TCP)和用户数据报协议

（User Datagram Protocol，UDP）两种服务质量不同的问题。TCP 协议是一个面向连接的、可靠的协议，它将一台主机发出的字节流无差错地发往互联网上的其他主机。TCP 协议还要处理端到端的流量控制。

（4）应用层

TCP/IP 模型中，应用层实现了 OSI 参考模型中应用层、会话层和表示层的功能。在应用层中，能够对不同的网络应用引入不同的应用层协议。其中，有基于 TCP 协议的应用层协议，如文件传输协议（File Transfer Protocol，FTP）和超文本传输协议（Hyper Text Transfer Protocol，HTTP）等，也有基于 UDP 协议的应用层协议。

4.2　网络通信技术基础

4.2.1　通信方式

通信就是信息的传递，是指由一地向另一地进行信息的传输与交换，其目的是传输消息。计算机数据通信指的是一个或多个计算机与多种输入/输出终端之间传送和接收数据。这种通信具有迅速、准确、可靠等特点，且不受时间、地点、空间、距离的限制，因而得到了飞速发展和广泛应用。数据通信按照信号传送方向与时间的关系、可以分为 3 种通信方式：单工通信、半双工通信、全双工通信。

（1）单工通信

在单工通信方式中，信号只能沿着一个方向传输，其中一方只能作为发送端用来发送信号，另一方只能作为接收端用来接收信号，任何时候都不能改变，即发送端不能接收，接收端不能发送。无线电广播及电视广播都是典型的单工通信的例子。

（2）半双工通信

在半双工通信方式中，通信的双方都具有发送和接收的功能，并具有双向传送信号的能力，但在任意时刻，信息都只能单向传输。通信的双方不能同时发送和接收信号，但可以交替发送和接收信号，它实际上是一种可切换方向的单工通信。对讲机就是典型的半双工通信的例子。

（3）全双工通信

在全双工通信方式中，信号可以同时双向传送，通信的双方必须都具有同时发送信号和接收信号的能力，并且需要两个信号分别用于传送两个方向，每一端在发送信号的同时也可以接收信号。平时使用的普通电话、手机就是典型的全双工通信的例子。

4.2.2　传输介质

1）有线传输介质

（1）双绞线

双绞线也称双扭线，是最古老但又是最常用的传输媒体。把两根互相绝缘的铜导线并排放在一起,然后用规则的方法绞合起来就构成了双绞线。绞合可减少对相邻导线的电磁干扰。使用双绞线最多的地方就是电话系统,几乎所有的电话都用双绞线连接到电话交换机,这段从用户电话机到交换机的双绞线称为用户线或用户环路。通常将一定数量的这种双绞线捆成电缆,在其外面包上护套。

为了提高双绞线抗电磁干扰的能力,可以在双绞线的外面再加上一层用金属丝编织成的屏蔽层,这就是屏蔽双绞线,简称为 STP(Shielded Twisted Pair)。它的价格比无屏蔽双绞线 UTP(Unshielded Twisted Pair)要贵一些,无屏蔽双绞线和屏蔽双绞线的示意图如图 4-12 所示。

（a）无屏蔽双绞线　　　　　　　（b）屏蔽双绞线

图 4-12　双绞线示意图

双绞线常见的有 3 类线、5 类线、超 5 类线和 6 类线等。

3 类线(CAT3):该类电缆的传输频率为 16 MHz,最高传输速率为 10 Mbit/s,主要应用于语音、10 Mbit/s 以太网(10BASE-T)和 4 Mbit/s 令牌环,最大网段长度为100 m,采用RJ形式的连接器,目前已淡出市场。

5 类线(CAT5):该类电缆增加了绕线密度,外套一种高质量的绝缘材料。线缆最高频率带宽为 100 MHz,最高传输速率为 100 Mbit/s,用于语音传输和最高传输速率为100 Mbit/s 的数据传输,主要用于 100BASE-T 和 1000BASE-T 网络,最大网段长为 100 m,采用 RJ 形式的连接器。这是最常用的以太网电缆。

超 5 类线(CAT5e):超 5 类线衰减小、串扰少,并且具有更高的衰减与串扰的比值(ACR)和信噪比(signal-to-noise ratio)、更小的时延误差,性能得到很大提高。超 5 类线主要用于千兆位以太网(1 000 Mbit/s)。

6 类线(CAT6):线缆最高频率带宽为 250 MHz,6 类线的传输性能远远高于超 5 类线,最适用于传输速率高于 1 Gbit/s 的应用,6 类线与 5 类线相比改善了串扰等性能。

(2)同轴电缆

同轴电缆(Coaxial Cable)是指有两个同心导体,而导体和屏蔽层又共用同一轴心的电缆。最常见的同轴电缆由绝缘材料隔离的铜线导体组成,在里层绝缘材料的外部是另一层环形导体及其绝缘体,然后整个电缆由聚氯乙烯材料的护套包住,如图 4-13 所示。

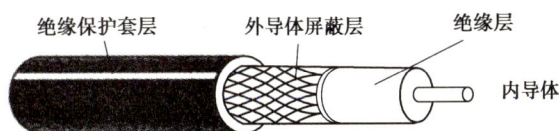

图 4-13　同轴电缆的结构

目前,常用的同轴电缆有两类:50 Ω 和 75 Ω 的同轴电缆。75 Ω 同轴电缆常用于 CATV 网,故称为 CATV 电缆,传输带宽可达 1 GHz,但常用 CATV 电缆的传输带宽为 750 MHz。50 Ω 同轴电缆主要用于基带信号传输,传输带宽为 1~20 MHz,总线型以太网就是使用 50 Ω 同轴电缆,在以太网中,50 Ω 细同轴电缆的最大传输距离为 185 m,粗同轴电缆可达 1 000 m。

特点:同轴电缆的优点是可以在相对长的无中继器的线路上支持高带宽通信,较多设备互联且通信容量大时可选。而其缺点也是显而易见的:一是体积大,要占用电缆管道的大量空间;二是不能承受缠结、压力和严重的弯曲,这些都会损坏电缆结构,阻止信号的传输;三是成本高。

(3)光纤

光纤通信就是利用光导纤维(以下简称为光纤)传递光脉冲来进行通信。有光脉冲相当于 1,而没有光脉冲相当于 0。由于可见光的频率非常高,约为 108 MHz 的量级,因此一个光纤通信系统的传输带宽远远大于目前其他各种传输媒体的带宽。

光纤是光纤通信的传输媒体。在发送端有光源,可以采用发光二极管或半导体激光器,它们在电脉冲的作用下能产生出光脉冲。在接收端利用光电二极管做成光检测器,在检测到光脉冲时可还原出电脉冲。

光纤通常由非常透明的石英玻璃拉成细丝,主要由纤芯和包层构成双层通信圆柱体。纤芯很细,其直径只有 8~100 μm(1 μm = 10^{-6} m)。光波正是通过纤芯进行传导的,包层较纤芯有较低的折射率。当光线从高折射率的媒体射向低折射率的媒体时,其折射角将大于入射角(图 4-14)。因此,如果入射角足够大,就会出现全反射,即光线碰到包层时就会折射回纤芯。这个过程不断重复,光也就沿着光纤传输下去。

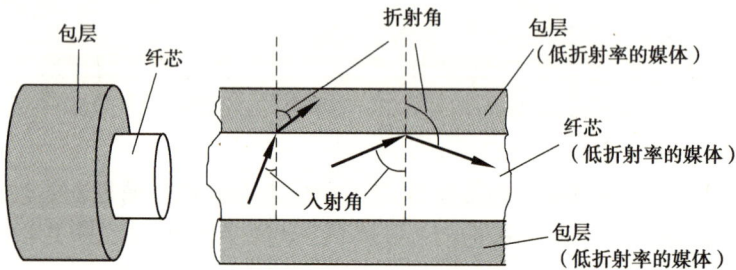

图 4-14 光线在光纤中的折射

图 4-15 画出了光波在纤芯中传播的示意图。现代的生产工艺可以制造出超低损耗的光纤,即做到光线在纤芯中传输数千米而基本上没有什么衰耗。这一点也是光纤通信得到飞速发展的最关键因素。

图 4-16 中只画了一条光线。实际上,只要从纤芯中射到纤芯表面的光线的入射角大于某个临界角度,就可产生全反射。因此,可以存在多条不同角度入射的光线在一条光纤中传输,这种光纤就称为多模光纤,如图 4-16(a)所示。光脉冲在多模光纤中传输时会逐渐展宽,造成失真,因此多模光纤只适合于近距离传输。若光纤的直径减小到只有一个光的波长,则光纤就像一根波导那样,它可使光线一直向前传播,而不会产生多次反射,这样

图 4-15　光波在纤芯中的传播

的光纤称为单模光纤,如图 4-16(b)所示。单模光纤的纤芯很细,其直径只有几个微米,制造起来成本较高。同时单模光纤的光源要使用昂贵的半导体激光器,而不能使用较便宜的发光二极管。但单模光纤的衰耗较小,在 100 Gbit/s 的高速率下可传输 100 km 而不必采用中继器。

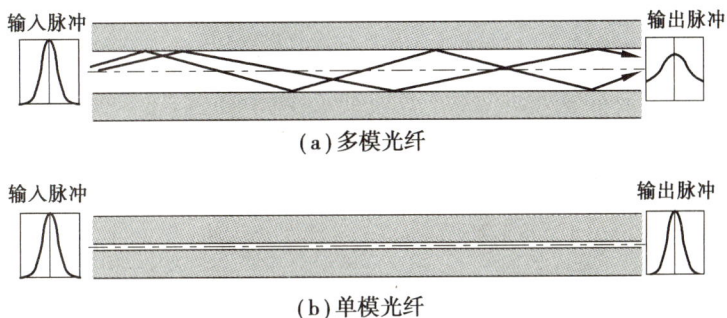

图 4-16　多模光纤和单模光纤的比较

在光纤通信中常用的 3 个波段的中心分别位于 850 nm,1 300 nm 和 1 550 nm。后两种情况的衰减都较小。850 nm 波段的衰减较大,但在此波段的其他特性均较好。所有这 3 个波段都具有 25 000~30 000 GHz 的带宽,可见光纤的通信容量非常大。

由于光纤非常细,连包层一起的直径也不到 0.2 mm,因此必须将光纤做成很结实的光缆。一根光缆少则只有一根光纤,多则可包括数十至数百根光纤,再加上加强芯和填充物就可以大大提高其机械强度。必要时还可放入远供电源线。最后加上包带层和外护套,就可以使抗拉强度达到几千克,完全可以满足工程施工的强度要求。

光纤不仅具有通信容量非常大的优点,而且还具有其他的一些特点:

①传输损耗小,中继距离长,远距离传输特别经济。

②抗雷电和电磁干扰性能好。这在有大电流脉冲干扰的环境下尤为重要。

③无串音干扰,保密性好,也不易被窃听或截取数据。

④体积小,质量轻。这在现有电缆管道已拥塞不堪的情况下特别有利。例如,1 km 长的 1000 对双绞线电缆约重 8 000 kg,而同样长度但容量大得多的一对两芯光缆仅重 100 kg。但要把两根光纤精确地连接起来,需要使用专用设备。

由于生产工艺的进步,光纤的价格不断降低,因此现在已经非常广泛地应用在计算机网络、电信网络和有线电视网络的主干网络中。因为它提供了很高的带宽,而且性价比很高,所以在高速局域网中也使用得很多。

最后要提一下,在导引型传输媒体中,还有一种是架空明线(铜线或铁线)。这是在20世纪初就已大量使用的方法——在电线杆上架设的互相绝缘的明线。架空明线安装简单,但通信质量差,受气候环境等影响较大。在许多国家现在都已停止了铺设架空明线。

2)无线传输介质

(1)微波

无线电微波通信在数据通信中占有重要地位,微波的频率范围为300 MHz~300 GHz(波长1 m~1 mm),但主要使用2~40 GHz的频率范围。微波在空间主要是直线传播,由于微波会穿透电离层而进入宇宙空间,因此它不像短波那样可以经电离层反射传播到地面上很远的地方,如图4-17所示。

图4-17 微波

优点:

①微波波段频率很高,其频段范围也很宽,因此其通信信道的容量很大。

②因为工业干扰和天电干扰的主要频谱成分比微波频率低得多,因而微波传输质量较高。

③与相同容量和长度的电缆载波通信比较,微波接力通信建设投资少,见效快,易于跨越山区、江河。

缺点:

①相邻站之间必须直视,常称为视距LOS(Line Of Sight),不能有障碍物。有时一个天线发射出的信号也会分成几条略有差别的路径到达接收天线,因而造成失真。

②微波的传播有时也会受到恶劣气候的影响。

③与电缆通信系统比较,微波通信的隐蔽性和保密性较差。

④对大量中继站的使用和维护要耗费较多的人力和物力。

(2)红外线

红外线通信是一种利用红外线传输信息的通信方式。可传输语言、文字、数据、图像等信息。传输角度有一定限制,且不能穿透坚实的物体。

特点：

红外通信技术适合于低成本、跨平台、点对点高速数据连接，尤其是嵌入式系统。其主要应用：设备互联、信息网关。设备互联后可完成不同设备内文件与信息的交换；信息网关负责连接信息终端和互联网。红外通信技术是在世界范围内被广泛使用的一种无线连接技术，被众多的硬件和软件平台所支持，短距离，点对点直线数据传输，保密性强。传输速率较高，4 Mbit/s，16 Mbit/s 速率的 FIR 技术已被广泛使用。红外线技术是限定使用空间的，红外线有一个非常好的应用是防窃听。

（3）卫星

卫星通信利用人造地球卫星作为中继站来转发无线电波，从而实现两个或多个通信站之间的通信，如图 4-18 所示。

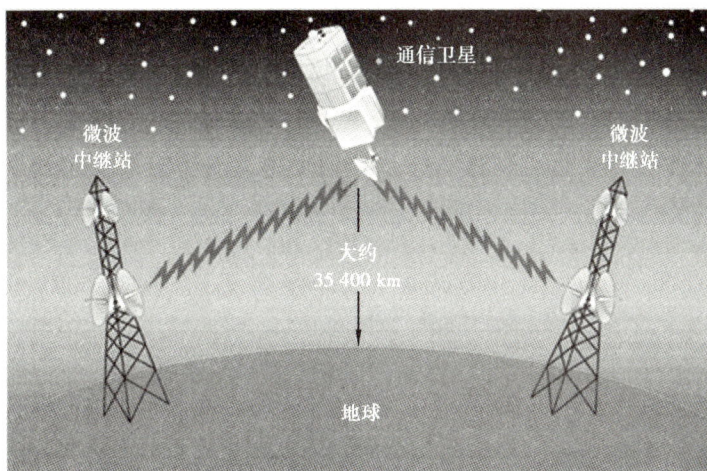

图 4-18　卫星

优点：

①通信距离远，且费用与通信距离无关。利用卫星，最大的通信距离达 18 100 km 左右。而且建站费用和运行费用不因通信站之间的距离远近、两通信站之间地面上的自然条件恶劣程度而变化。这在远距离通信时，比微波、光缆通信有明显的优势。

②广播方式工作，可以进行多址通信。通常，其他类型的通信手段只能实现点对点通信，而卫星是以广播方式进行工作的。在卫星天线波束覆盖的整个区域内的任何一点都可以设置通信站，这些通信站可共用一颗通信卫星来实现双边或多边通信，即进行多址通信。另外，一颗在轨卫星，相当于在一定区域内铺设了可以到达任何一点的无数条无形电路，提高了通信网络的高效率和灵活性。

③通信容量大，适用多种业务传输。卫星通信使用微波频段，可以使用的频带很宽。一般可达 500～800 MHz，甚至几千兆赫兹。

④可以自发自收。一般来说，发信端通信站同样可以接收到自己发出的信号，从而可以监视本站所发消息是否正确，并评价传输质量的优劣。

⑤无覆盖能力。利用卫星移动通信，可以不受地理环境、气候条件和时间的限制、建

立覆盖全球性的海、陆、空一体化通信系统。

⑥广域复杂网络拓扑构成能力。卫星通信的高功率密度与灵活的多点波束能力使得卫星通信具有宽广地域范围的点对点与多点对多点的复杂的网络拓扑构成能力。

⑦安全可靠性。事实证明,在面对抗震救灾或国际海底/光缆的故障时,卫星通信是一种无可比拟的重要通信手段。即使将来有较完善的自愈备份或路由迂回的陆地光缆及海底光缆网络,明智的网络规划者与设计师还是能够理解卫星通信作为传输介质在应急备份与信息高速公路混合网基本环节的重要性与必要性。

缺点:

①传输时延大:一般需要 500~800 ms 的时延。

②高纬度地区难以实现卫星通信。

③为了避免各卫星通信系统之间的相互干扰,同步轨道的星位是有一点限度的,不能无限。

④太空中的日食现象会中断和影响卫星通信。

⑤现阶段卫星发射的成功率为 90%,卫星的设计寿命一般为 8~10 年。

(4)激光通信

激光通信是一种利用激光传输信息的通信方式。激光是一种新型光源,具有亮度高、方向性强、单色性好等特征。按传输媒质的不同,可分为大气激光通信和光纤通信。大气激光通信是利用大气作为传输媒质的激光通信。

优点:

①通信容量大。在理论上,激光通信可同时传送 1 000 万路电视节目和 100 亿路电话信息。

②保密性强。激光不仅方向性强,而且可采用不可见光,因而不易被敌方所截获,保密性能好。

③结构轻便,设备经济。由于激光束发散角小,方向性好,激光通信所需的发射天线和接收天线都可做得很小,一般天线直径为几十厘米,质量不过几千克,而功能类似的微波天线,重量则以几吨、十几吨计。

缺点:

①通信距离限于视距(数千米至数十千米),易受气候影响,在恶劣气候条件下甚至会造成通信中断。大气中的氧、氮、二氧化碳、水蒸气等大气分子对光信号有吸收作用;大气分子密度的不均匀和悬浮在大气中的尘埃、烟、冰晶、盐粒子、微生物和微小水滴等对光信号有散射作用。云、雨、雾、雪等使激光受到严重衰减。地球表面的空气对流引起的大气湍流能对激光传输产生光束偏折、光束扩散、光束闪烁(光束截面内亮斑和暗斑的随机变化)和像抖动(光束会聚点的随机跳动)等影响。

②瞄准困难。激光束有极高的方向性,这给发射和接收点之间的瞄准带来不少困难。为保证发射和接收点之间瞄准,不仅对设备的稳定性和精度提出很高的要求,而且操作也复杂。

几种常用的传输介质优缺点比较见表4-1。

表 4-1　传输介质比较

传输介质	优点	缺点
双绞线	价格便宜	传输距离、速度受限
同轴电缆	支持高宽带通信	价格贵、不能承受压力
光纤	长距离通信、抗干扰	信号转换时会存在一定的数据丢失
微波	长距离电话通信、卫星通信、雷达通信	需要基站
红外线	短距离通信、安全性高	不灵活
激光	用于大气空间通信、保密性强	易受到天气影响
卫星	通信距离长、容量大	传输时延大

4.2.3　无线通信技术

（1）Wi-Fi 技术

Wi-Fi 是一种允许电子设备连接到无线局域网（WLAN）的技术，是无线局域网 IEE 802.11 系列标准。在这些标准中，第一个被广泛采用的是 802.11b，在不需要许可证的频带里，传输速度最高可达 11 Mbit/s，有效距离为 30～50 m。802.11g 标准在 2.4 GHz 频带上的传输速度最高可达 54 Mbit/s。802.11n 的传输速度可以超过 100 Mbit/s。如今的个人计算机和笔记本电脑都可以支持 Wi-Fi，就像 iPhone、iPad 和其他智能手机一样。在大多数 Wi-Fi 通信中，无线设备使用接入点与有线局域网进行通信。接入点是一个由无线电接收/发射器和连接有线网络、路由器或集线器的天线组成的盒子。Wi-Fi 从 1999 年有了标准组织到现在，已经过去 20 多年的时间。有数据表明，这 20 多年间，行业累计出货的Wi-Fi 设备数量达 300 亿台，正在使用的 Wi-Fi 设备达 130 亿台，每年新增的 Wi-Fi 设备达 40 亿台。更加值得注意的是，2018 年 Wi-Fi 对全球经济的贡献约为 1.96 万亿美元，预计到 2023 年，这一数据将上升到 3.47 万亿美元，可以说，Wi-Fi 已经发展成为千家万户耳熟能详的无线局域网络连接技术，甚至能够被视为高科技时代最成功的故事。

如今最受欢迎的 Wi-Fi 是高速无线互联网服务。在这种情形下，接入点插入一个网络连接，就可能连接有线电视服务或 DSL 电话服务。在无线接入点信号范围内的计算机，通过无线连接接入互联网。不同的企业都在使用 Wi-Fi 网络，以提供低成本的无线局域网和互联网接入。在酒店、高铁、候车室、图书馆、咖啡厅和大学校园里均有 Wi-Fi 热点，提供移动接入互联网功能。然而，Wi-Fi 网络也遇到了一些挑战。其中一个就是 Wi-Fi 的安全问题，即无线网络很容易受到入侵者的攻击。Wi-Fi 网络的另一个缺点是容易受到附近相同频谱的系统操作的干扰，如无线手机、微波炉或其他无线局域网。

（2）5G 技术

5G 就是第五代通信技术，主要特点是波长为毫米级、超宽带、超高速度、超低延时。

1G 实现了模拟语音通信,大哥大没有屏幕只能打电话;2G 实现了语音通信数字化,功能机有了小屏幕可以发短信;3G 实现了语音以外图片等的多媒体通信,屏幕变大可以看图片;4G 实现了局域高速上网,大屏智能机可以看短视频,但城市信号好,乡镇信号差。从 1G 到 4G 都是着眼于人与人之间更方便快捷的通信,而 5G 将实现随时、随地的万物互联,让人类敢于期待与地球上的万物通过直播的方式无时差同步参与其中。

5G 以更快的传输速度、超低的时延、更低功耗及海量连接开启万物互联新时代,催生和推动各行各业的数字化发展;在交通、能源、制造、教育、医疗、消费、休闲娱乐等行业带来新的参与者,促进传统商业模式演进,甚至是颠覆性地重塑,实现巨大的经济价值。

"4G 改变生活,5G 改变社会。"作为当前最先进的通信技术,5G 具备大带宽、低时延、高可靠、广连接、泛在网等特点,同时其特有的网络切片技术可以实现端到端 SLA 保障、业务隔离性和运营独立性,契合了千行百业数字化、智能化转型需求,市场潜力巨大。5G 技术在城市管理、民生服务、产业经济等方面的行业应用也日渐成熟。

5G 和 Wi-Fi 6 更像是两兄弟,是一种并存关系而非竞争关系。两者的应用场景不一样,在不同的领域发挥着不可替代的作用。5G 是公网,而 Wi-Fi 6 是企业自建网,是内部的局域网,两者会相互补充。Wi-Fi 6 可以满足对小区域、高带宽的要求,5G 则面向大区域连接。5G 更重要的价值在于对"物"的服务上,它所具备的高速率、大容量、低功耗、低时延等特性,将提供更为强大的实时运算能力,为未来智能化生活提供基础的网络支持。相较于目前市场上 5G 强势的主导地位,未来,家庭、体育场馆和其他公共场所等用户密集场景下的超高清视频应用,以及智慧家庭、智慧城市等物联网应用,都将是 Wi-Fi 的主战场。

（3）射频识别

射频识别是一种非接触式的自动识别技术,它是传统条形码技术的继承者,又称为"电子标签"。射频识别系统主要由电子标签、天线、阅读器、控制软件组成。

射频识别系统为供应链追踪商品的活动提供了强大的技术支持。射频识别系统使用一种内嵌微型芯片的电子标签,这种标签包含商品及其位置的数据信息,可以在很短的距离内发送无线电信号到读卡器中,然后阅读器将数据通过网络传送到一台计算机上进行处理。与条形码技术不同,射频识别信号不需要在视线范围内就可以被读取。

射频识别信号是带有信息的电子程序,能唯一地界定产品及相关的其他信息,如产品的位置,它是在何时何地被制造出来的,或者在生产中的状态如何。读卡器可以发射从 1 英寸(约合 2.54 cm)到 100 英尺(约合 30.5 m)范围内的无线电波。当射频识别信号在读卡器的范围内时,电子标签被激活,并开始发送数据。读卡器捕获这些数据,对它们进行解码,并通过有线或无线网络将其发送回主机以做进一步处理。电子标签和天线有不同的形状与尺寸。

阅读器单元由一个天线和无线电发射器组成,带有解码功能,被嵌入在固定或便携的设备上。阅读器根据其输出功率、使用的无线电频率和周围的环境条件在规定的范围内发出无线电波。当一个电子标签进入阅读器的通信范围内时,这个标签就会被激活并且开始发送数据。然后,阅读器捕捉到这些数据,对数据进行解码,并将其经有线或无线网络发送到一台主机上,供其处理,如图 4-19 所示。

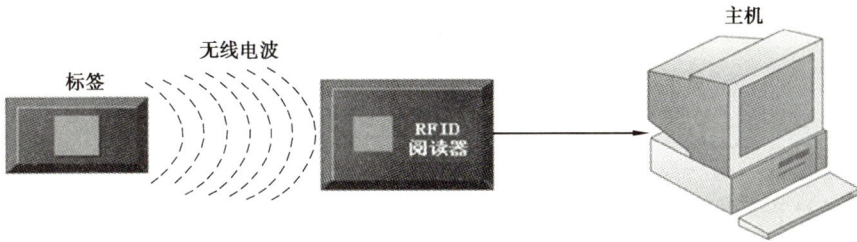

图 4-19 射频识别系统工作原理

本章小结

信息技术是主要用于管理和处理信息所采用的各种技术的总称;计算机网络是计算机技术与通信技术相结合的产物,是利用传输介质、网络连接设备实现自主式计算机互连,按照网络协议进行通信,实现资源共享并为用户提供各种应用服务的系统。网络拓扑结构是指网络中结点计算机的连接方式。常用的网络拓扑结构有总线形结构、环形结构、星形结构、树形结构、网状结构等。

【复习思考题】

1.什么是计算机网络?计算机网络的构成有哪些?

2.什么是网络的拓扑结构?常见的网络拓扑结构有哪几种?

3.常用的通信介质有哪些?

4.简述计算机网络的分类。

5.简述无线通信技术。

第 5 章　数据库技术

【学习目标】
1.了解数据管理工作的内容及变迁。
2.理解数据库的定义和特征。
3.理解数据库系统的优点。
4.掌握关系模型及数据库的规范化处理方法。
5.了解数据仓库的定义与特点。
6.了解数据挖掘的概念与过程。

随着科学技术和社会生产力的发展,对数据处理技术提出了新的更高要求。数据库技术就是适应这个要求于 20 世纪 60 年代中期出现的。经过数十年发展,数据库技术日趋成熟并得到了空前的普及。

5.1　数据管理

5.1.1　数据管理及内容

在数据处理中,最基本的工作是数据管理(Data Management,DB)工作。数据管理是其他数据处理的核心和基础。具体地讲,数据管理工作应包括以下 3 项内容。

(1)组织和保存数据

数据管理工作要将收集到的数据合理地分类组织,将其存储在物理载体上,使数据能够长期地被保存。

(2)数据维护

数据管理工作要根据需要随时进行插入新数据、修改原数据和删除失效数据的操作。

(3)数据查询和数据统计

数据管理工作要提供数据查询和数据统计功能,以便快速得到需要的正确数据,满足各种使用要求。

5.1.2　数据管理的变迁

计算机在数据管理方面经历了由低级到高级的发展过程。它随着计算机硬件、软件技术和计算机应用范围的发展而不断发展。多年来,数据管理经历了人工管理、文件系统、数据库系统、高级数据库系统以及新兴数据管理等 5 个发展阶段。

1）人工管理阶段

20世纪50年代中期以前，计算机主要用于科学计算。从硬件看，外存只有磁带、卡片、纸带等，没有磁盘等直接存取设备。从软件看，没有操作系统，没有数据管理软件，软件只有汇编语言（用户也用机器指令编码）。数据由计算或处理它的程序自行携带。数据处理的方式基本上是批处理。数据和应用程序之间的关系如图5-1所示。

图 5-1　人工管理数据与程序的关系

这一时期数据管理的特点：

（1）数据不能长期保存

任务完成后，数据随着应用程序从内存一起释放。在20世纪50年代中期之前，计算机一般在关于信息的研究机构里才能拥有，当时由于存储设备（纸带、磁带）的容量空间有限，都是在做实验的时候暂存实验数据，做完实验就把数据结果打在纸带上或者磁带上带走，所以一般不需要将数据长期保存。

（2）应用程序管理数据

数据并不是由专门的应用软件来管理，而是由使用数据的应用程序自行管理。作为程序员，在编写软件时既要设计程序逻辑结构，又要设计物理结构以及数据的存取方式。

（3）数据不共享

数据是面向应用的，一组数据只能对应一个程序，一个程序中的数据无法被其他程序利用，使得程序与程序之间存在大量的重复数据，称为数据冗余。

（4）数据不独立

数据是对应某一应用程序的，数据由应用程序自行管理。应用程序中不仅要规定数据的逻辑结构，还要阐明数据在存储器上的存储地址。当数据改变时，应用程序也要随之改变。人工管理阶段数据的存储过程如图5-2所示。

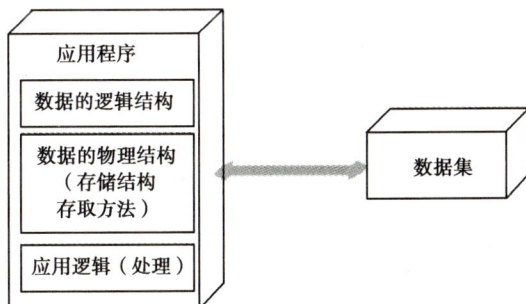

图 5-2　人工管理阶段数据的存储过程

2) 文件系统阶段

20 世纪 50 年代末至 60 年代中后期,计算机开始大量地用于管理中的数据处理工作。此时,计算机的存储设备也不再是磁带和卡片了,硬件方面有了磁盘、磁鼓等直接存储设备,软件方面出现了高级语言和操作系统,操作系统中有了专门的数据管理软件。

文件系统一般由 3 部分组成:与文件管理有关的软件、被管理的文件以及实施文件管理所需的数据结构。文件系统阶段存储数据就是以文件的形式来存储,由操作系统统一管理。文件系统阶段也是数据库发展的初级阶段,这一阶段数据和应用程序之间的关系如图 5-3 所示。

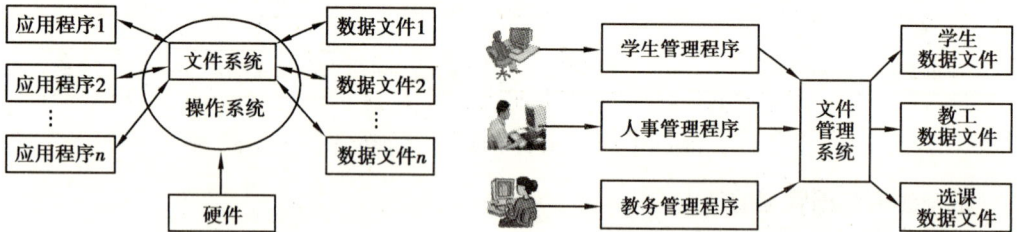

图 5-3　文件系统中程序和数据的关系

这一时期数据管理的特点:

(1)数据可长期保存

数据以数据文件的形式长期保存在外存储器上被多次存取,数据文件按名访问,按记录存取。数据文件形式多样化,包括索引文件、链接文件、直接存取文件、倒排文件等。

(2)程序与数据有了一定的独立性

程序与数据分开存储,有了程序文件与数据文件的区别,应用程序按文件名就可访问数据文件,不必关心数据在存储器上的位置、输入/输出方式等。数据的逻辑结构与存储(物理)结构由文件系统进行转换,数据在存储上的改变不一定反映在程序上。文件系统阶段数据的存储过程如图 5-4 所示。

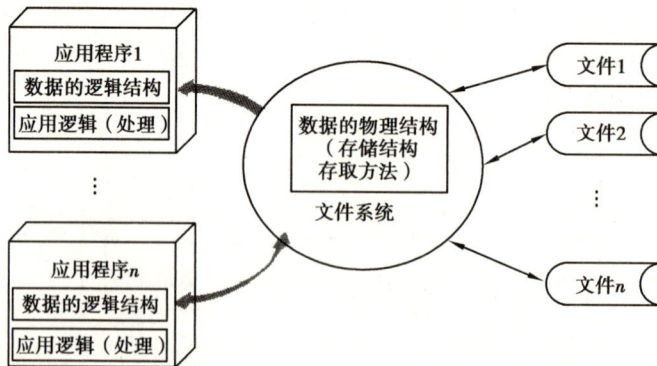

图 5-4　文件系统阶段数据的存储过程

（3）通过文件系统提供存取方法

支持对文件的基本操作（增加、删除、修改、查询等），用户程序不必考虑物理细节。数据的存取基本上以记录为单位。

（4）数据的独立性低

由于应用程序对数据的访问基于特定的结构和存取方法，当数据的逻辑结构发生改变时，必须修改相应的应用程序。

（5）数据的共享性差

存在数据冗余及数据的不一致。一个数据文件对应一个或几个用户程序，还是面向应用的，具有一定的共享性；但是文件系统中的数据文件基本是为了满足特定业务领域或某部门的专门需要而设计的，大多数情况下，一个应用程序对应一个数据文件，当不同的应用程序处理的数据包含相同的数据项时，通常是建立各自的数据文件，从而产生大量的数据冗余。当一个数据文件的数据项被更新，而其他数据文件中相同的数据项没有被更新时，将造成数据的不一致。

3）数据库系统阶段

20世纪60年代后期以来，计算机管理的对象规模越来越大，应用范围又越来越广泛，数据量急剧增长，同时多种应用、多种语言互相覆盖地共享数据集合的要求越来越强烈，数据库技术便应运而生，出现了统一管理数据的专门软件系统——数据库管理系统。

数据库技术的主要目的是有效地管理和存取大量的数据资源，包括提高数据的共享性，使多个用户能够同时访问数据库中的数据；减小数据的冗余度，以提高数据的一致性和完整性；提供应用程序与数据的独立性，从而减少应用程序的开发和维护代价。

为数据库的建立、使用和维护而配置的软件称为数据库管理系统（Database Mangement System，DBMS）。在计算机软件体系中，数据库管理系统建立在操作系统之上，程序员可以用它来设计数据库（Database，DB）。数据和应用程序之间的关系如图5-5所示。

图5-5 数据库系统中数据与程序的关系

用数据库系统来管理数据比文件系统具有明显的优点，从文件系统到数据库系统，标志着数据库管理技术的飞跃。此阶段的特点是：

（1）数据结构化

数据库中的数据是有结构的，这种结构由数据库管理系统所支持的数据模型表现出来。数据库系统不仅可以表示事物内部各数据项之间的联系，而且可以表示事物与事物之间的联系，从而反映出现实世界事物之间的联系。因此，任何数据库管理系统都支持一种抽象的数据模型。数据结构是数据库的主要特征之一,也是数据库系统与文件系统的本质区别。

(2)数据共享性高、冗余少且容易扩充

数据共享是指多个用户可以同时存取数据库数据而互不影响。数据库系统从整体角度看待和描述数据,数据不再面向某个应用而是面向整个系统,因此数据可以被多个用户、多个应用共享使用,容易增加新的应用,所以数据的共享性高且容易扩充。数据共享可以大大减少数据冗余,节约存储空间,数据共享还能够避免数据之间的不相容性与不一致性。

(3)具有较高的数据独立性

数据独立是指数据与应用程序之间彼此独立,它们之间不存在相互依赖的关系,应用程序不必随数据存储结构的改变而改变。在数据库系统中,数据库管理系统提供映像功能,实现了应用程序对数据的总体逻辑结构、物理存储结构之间较高的独立性。用户只以简单的逻辑结构来操作数据,无须考虑数据在存储器上的物理位置与结构。数据库系统中数据的存储过程如图5-6所示。

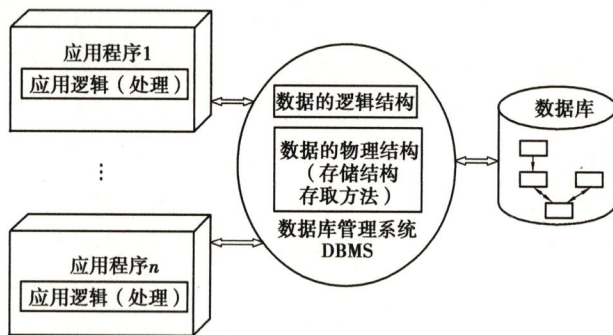

图 5-6　数据库系统中数据的存储过程

(4)实现了统一的数据控制功能

数据由 DBMS 统一管理和控制。数据库系统提供了各种控制功能,保证了数据的并发控制、安全性、完整性及可恢复性。数据库作为多个用户和应用程序的共享资源,允许多个用户同时访问。并发控制可以防止多用户访问数据时而产生的数据不一致性。安全性可以防止非法用户存取数据。完整性可以保证数据的正确性和有效性。可恢复性是系统出现故障时,将数据恢复到最近某个时刻的正确状态。

4)高级数据库系统管理阶段

20 世纪 70 年代,层次、网状、关系三大数据库系统奠定了数据库技术的概念、原理和方法。从 20 世纪 80 年代以来,数据库技术在商业领域的巨大成功刺激了其他领域对数据库技术需求的迅速增长,随着计算机技术和应用的不断发展,数据处理的规模也迅速扩大,在常规数据库系统技术应用的基础上,又出现了一些新的数据处理方式——高级数据库技术。主要有并行数据库系统、分布式数据库系统、面向对象数据库系统、数据仓库、多媒体数据库、智能型知识数据库等。

（1）并行数据库系统

并行数据库系统（Parallel Database System，PDS）是在并行机上运行的具有并行处理能力的数据库系统，是数据库技术与并行计算技术结合的产物。并行数据库系统利用并行计算机技术使数个、数十、甚至成百上千台计算机协同工作，实现并行数据管理和并行查询功能，提供一个高性能、高可靠性、高扩展性的数据库管理系统，能够快速查询大数据量并处理大量的事务。并行数据库的目标是通过多个处理结点并行执行数据库任务，以提高整个数据库系统的性能和可用性，如图 5-7 所示。

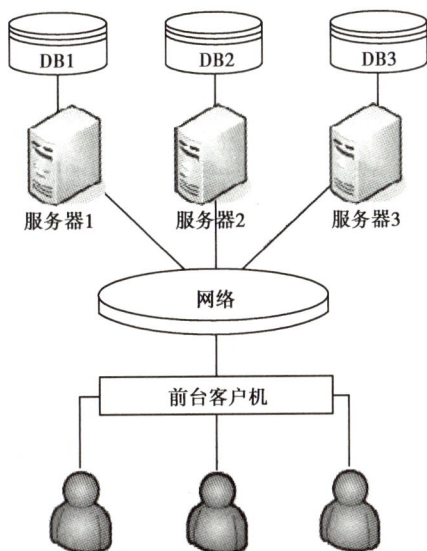

图 5-7 并行数据库系统

从硬件结构来看，根据处理机与磁盘及内存的相互关系可以将并行计算机分为 3 种基本的架构，即共享内存（Shared-Memory，SM）、共享磁盘（Shared-Disk，SD）、无共享（Shared-Nothing，SN），如图 5-8 所示。

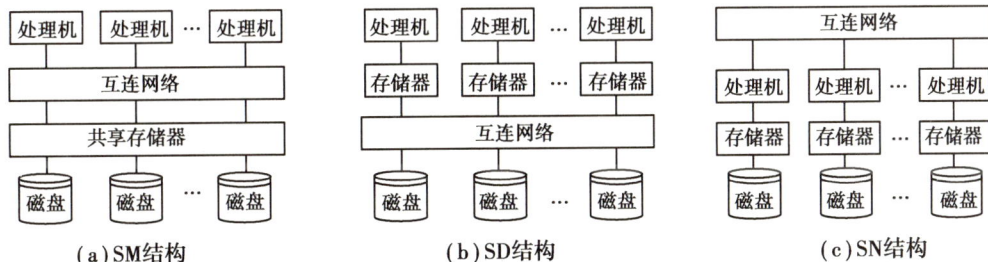

图 5-8 并行数据库系统硬件结构

共享内存 SM 结构，又可称为完全共享型（Share Everything），由多个处理机、一个共享内存和多个磁盘存储器构成。如 IBM/370、VAX 是其代表。

共享磁盘 SD 结构，由多个具有独立内存的处理机和多个磁盘构成，每个处理机都可以读写任何磁盘，多个处理机和磁盘存储器由高速通信网络连接。每个处理机有自己的私有内存,但能访问所有磁盘。如 IBM 的 Sysplex 和早期的 VAX 簇是其代表。

无共享资源 SN 结构,由多个处理节点构成,每个处理节点具有自己独立的处理机、内存和磁盘存储器,多个处理机节点由高速通信网络连接。SN 结构中所有磁盘和内存分散给各处理机,每个处理机只能直接访问其私有内存和磁盘,各自都是一个独立的整体,处理机之间由一公共互连网络连接,Teradata 的 DBC/1012、Tandem 的 Nonstop SQL 是典型代表。

并行数据库系统的特点如下:

①高性能。并行数据库系统通过将数据库管理技术与并行处理技术有机结合,发挥多处理机结构的优势,从而提供比相应的大型机系统要高得多的性能价格比和可用性。例如,通过将数据库在多个磁盘上分布存储,利用多个处理机对磁盘数据进行并行处理,从而解决磁盘"I/O"瓶颈问题。通过开发查询间并行性(不同查询并行执行)、查询内并行性(同一查询内的操作并行执行)以及操作内并行性(子操作并行执行)大大提高查询效率。

②高可用性。并行数据库系统可通过数据复制来增强数据库的可用性。这样,当一个磁盘损坏时,该盘上的数据在其他磁盘上的副本仍可供使用,且无须额外开销(与基于日志的恢复不同)。数据复制还应与数据划分技术相结合以保证当磁盘损坏时系统仍能并行访问数据。

③可扩充性。数据库系统的可扩充性指系统通过增加处理和存储能力而平滑地扩展性能的能力。理想情况下,并行数据库系统应具有两个方面的可扩充性优势:线性伸缩和线性加速。

(2)分布式数据库系统

集中式数据库系统是将数据集中在一个数据库中,数据在逻辑上和物理上都是集中存储的,所有的用户在存取和访问数据时,都要访问这个数据库。例如,一个银行储蓄系统,如果系统的数据存放在一个集中式数据库中,则所有储户在存款和取款时都要访问这个数据库。这种方式访问方便,但通信量大、速度慢。

分布式数据库系统(Distributed Database System,DDBS)是将多个集中式的数据库通过网络连接起来,使各个结点的计算机可以利用网络通信功能访问其他结点上的数据库资源,使各个数据库系统的数据实现高度共享。

分布式数据库系统是在 20 世纪 70 年代后期开始使用的,由于网络技术的发展为数据库提供了良好的运行环境,使数据库系统从集中式发展到分布式,从主机/终端系统发展到客户机/服务器系统结构。在网络环境中,分布式数据库在逻辑上是一个集中式数据库系统,实际上数据是存储在计算机网络的各个结点上。每个结点的用户并不需要了解他所访问的数据究竟在什么地方,就如同使用集中式数据库一样,因为在网络上的每个结点都有自己的数据库管理系统,都具有独立处理本地事务的能力,而且这些物理上分布的数据库又是共享的资源。分布式数据库特别适合地理位置分散的部门和组织机构,如铁路民航订票系统、银行业务系统等。允许各个部门将其常用的数据存储在本地,实施就地存放本地使用,从而提高响应速度,降低通信费用。

分布式数据库系统如图 5-9 所示。DDBS 包含分布式数据库管理系统(DDBMS)和分布式数据库(DDB)。在分布式数据库系统中,一个应用程序可以对数据库进行透明操作,数据库中的数据分别在不同的局部数据库中存储、由不同的 DBMS 进行管理、在不同的机器上运行、由不同的操作系统支持、被不同的通信网络连接在一起。基本思想是将原来集中式数据库中的数据分散存储到多个通过网络连接的数据存储节点上,以获取更大的存储容量和更高的并发访问量。

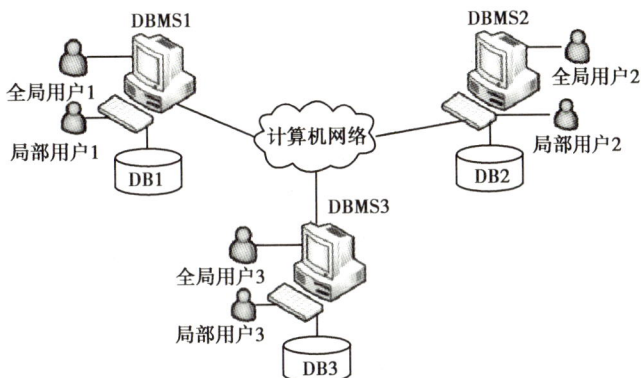

图 5-9　分布式数据库系统

分布式数据库系统与集中式数据库系统相比具有可扩展性,通过增加适当的数据冗余,在不同的场地存储同一数据的多个副本,从而提高系统的可靠性。其原因是:

①提高系统的可靠性及可用性。当某一场地出现故障时,系统可以对另一场地上的相同副本进行操作,不会因一处故障而造成整个系统的瘫痪。

②提高系统性能。系统可以根据距离选择离用户最近的数据副本进行操作,减少通信代价,改善整个系统的性能。

分布式数据库系统的特点如下:

①独立透明性。数据独立性是数据库方法追求的主要目标之一,分布透明性指用户不必关心数据的逻辑分区,不必关心数据物理位置分布的细节,也不必关心重复副本(冗余数据)的一致性问题,同时也不必关心局部场地上数据库支持哪种数据模型。分布透明性的优点是很明显的,有了分布透明性,用户的应用程序书写起来就如同数据没有分布一样,当数据从一个场地移到另一个场地时不必改写应用程序。当增加某些数据的重复副本时也不必改写应用程序。数据分布的信息由系统存储在数据字典中。用户对非本地数据的访问请求由系统根据数据字典予以解释、转换、传送。

②复制透明性。用户不用关心数据库在网络中各个节点的复制情况,被复制的数据的更新都由系统自动完成。在分布式数据库系统中,可以把一个场地的数据复制到其他场地存放,应用程序可以使用复制到本地的数据在本地完成分布式操作,避免通过网络传输数据,提高了系统的运行和查询效率。但是对于复制数据的更新操作,需要涉及对所有复制数据的更新。

③易于扩展性。在大多数网络环境中,单个数据库服务器最终会不满足使用。如果服务器软件支持透明的水平扩展,那么就可以增加多个服务器来进一步分布数据和分担处理任务。当一个单位规模扩大要增加新的部门时,如银行系统增加新的分行,工厂增加新的科室、车间,分布式数据库系统的结构为扩展系统的处理能力提供了较好的途径:在

分布式数据库系统中增加一个新的结点,这样做比在集中式系统中扩大系统规模要方便、灵活、经济得多。

（3）面向对象数据库系统

面向对象方法是一种认识、描述事物的方法论,它起源于程序设计语言。面向对象程序设计是 20 世纪 80 年代引入计算机领域的一种新的程序设计技术和类型,它的发展十分迅猛,影响涉及计算机科学及其应用的各个领域。

面向对象数据库系统(Object Oriented Database System,OODBS)是面向对象的程序设计技术与数据库技术相结合的产物,面向对象数据库系统的主要特点是具有面向对象技术的封装性和继承性,提高了软件的可重用性。OODBS 支持定义和操作 OODB,应满足两个标准:首先它是数据库系统,其次它也是面向对象系统。第一个标准即作为数据库系统应具备的能力(持久性、事务管理、并发控制、恢复、查询、版本管理、完整性、安全性)。第二个标准就是要求面向对象数据库充分支持完整的面向对象(Object Oriented,OO)概念和控制机制。

面向对象程序语言操纵的是对象,所以面向对象数据库的一个优势是面向对象语言。程序员在做程序时,可直接以对象的形式存储数据。对象数据模型有以下特点:①使用对象数据模型将客观世界按语义组织成由各个相互关联的对象单元组成的复杂系统。对象可以定义为对象的属性和对象的行为描述,对象间的关系分为直接和间接关系。②语义上相似的对象被组织成类,类是对象的集合,对象只是类的一个实例,通过创建类的实例实现对象的访问和操作。③对象数据模型具有"封装""继承""多态"等基本概念。方法实现类似于关系数据库中的存储过程,但存储过程并不和特定对象相关联,方法实现是类的一部分。实际应用中,面向对象数据库可以实现一些带有复杂数据描述的应用系统,如时态和空间事务、多媒体数据管理等。

5）新兴数据管理阶段

（1）NoSQL 数据库

NoSQL 泛指非关系型的数据库。随着互联网 Web 2.0 网站的兴起,传统的关系数据库在处理 Web 2.0 网站,特别是超大规模和高并发的 SNS 类型的 Web 2.0 纯动态网站已经显得力不从心,出现了很多难以克服的问题,而非关系型的数据库则由于其本身的特点得到了非常迅速的发展。NoSQL 数据库的产生就是为了解决大规模数据集合多重数据种类带来的挑战,特别是大数据应用难题。NoSQL 数据库改变了关系数据库中以元组和关系为单位进行数据建模的方法,开始支持数据对象的多样性和复杂性。

与关系数据库相比,NoSQL 数据库高度关注数据高并发读写和海量数据的存储,在架构和模型方面做了简化,且在扩展性和并发等方面进行了增强。

NoSQL 有如下优点:

①易扩展。NoSQL 数据库种类繁多,但是一个共同的特点都是去掉关系数据库的关系型特性。数据之间无关系,这样就非常容易扩展。无形之间也在架构的层面上带来了可扩展的能力。

②大数据量,高性能。NoSQL 数据库都具有非常高的读写性能,尤其在大数据量下,

同样表现优秀。这得益于它的无关系性,数据库的结构简单。

③灵活的数据模型。NoSQL无须事先为要存储的数据建立字段,随时可以存储自定义的数据格式。而在关系数据库里,增删字段是一件非常麻烦的事情。如果是非常大数据量的表,增加字段简直就是一个噩梦。这点在大数据量的Web 2.0时代尤其明显。

④高可用。NoSQL在不太影响性能的情况下就可以方便地实现高可用的架构。比如Cassandra、HBase模型,通过复制模型也能实现高可用。

虽然NoSQL数据库有很多,但其采用的主要数据模型只有4种,分别是键值存储模型、列存储模型、文档模型和图存储模型。

①键值存储模型数据库。这一类数据库主要会使用到一个哈希表,这个表中有一个特定的键和一个指针指向特定的数据。Key-Value模型对于IT系统来说的优势在于简单、易部署。但是如果数据库管理员只对部分值进行查询或更新的时候,Key-Value就显得效率低下了。

②列存储模型数据库。这部分数据库通常是用来应对分布式存储的海量数据。键仍然存在,但是它们的特点是指向了多个列,这些列是由列家族来安排的。

③文档模型数据库。该类型的数据模型是版本化的文档,半结构化的文档以特定的格式存储,比如JSON。文档型数据库可以看作是键值数据库的升级版,允许之间嵌套键值,在处理网页等复杂数据时,文档模型数据库比传统键值数据库的查询效率更高。

④图存储模型数据库。图形结构的数据库同其他行列以及刚性结构的SQL数据库不同,它是使用灵活的图形模型,并且能够扩展到多个服务器上。NoSQL数据库没有标准的查询语言(SQL),因此进行数据库查询需要制定数据模型。许多NoSQL数据库都有REST式的数据接口或者查询API。

当前主流的NoSQL数据库见表5-1。

表 5-1 当前主流的 NoSQL 数据库

数据库因素	BigTable	Cassandra	Redis	MongoDB
设计理念	海量存储和处理	简单、有效的扩展	高并发	全面
数据模型	列存储模型	列存储模型	Key-Value 模型	文档模型
体系结构	单服务器技术	P2P 结构	Master-Slave 结构	Master-Slave 结构
特色	支撑海量数据	采用 Dynamo 和 P2P,能够通过简单添加新的节点来扩展集群	List/Set 的处理,逻辑简单,纯内存操作	全面
不足	不适应低时延应用	Dynamo 机制受到质疑	分布式方面支持受限	在性能和扩展方面优势不明显

(2)云数据库

云数据库是指被优化或部署到一个虚拟计算环境中的数据库,可以实现按需付费、按需扩展、高可用性以及存储整合等优势。根据数据库类型一般分为关系型数据库和非关系型数据库。

云数据库是专业、高性能、高可靠的云数据库服务。云数据库不仅提供 Web 界面进行配置、操作数据库实例，还提供可靠的数据备份和恢复、完备的安全管理、完善的监控、轻松扩展等功能支持。相对于用户自建数据库，云数据库具有更经济、更专业、更高效、更可靠、简单易用等特点，使用户能更专注于核心业务。

将数据库部署到云可以通过 Web 网络连接的业务进程，支持和确保云中的业务应用程序作为软件即服务署的一部分。另外，将企业数据库部署到云还可以实现存储整合。比如，一个有多个部门的大公司肯定也有多个数据库，可以把这些数据库在云环境中整合成一个数据库管理系统。

目前主要有如下 3 种形式的云计算：

IaaS（Infrastructure-as-a-Service，基础设施即服务）。消费者通过互联网可以从完善的计算机基础设施获得服务，例如硬件服务器租用。

SaaS（Software-as-a-Service，软件即服务）。它是一种通过互联网提供软件的模式，用户无须购买软件，而是向提供商租用基于 Web 的软件，来管理企业经营活动。

PaaS（Platform-as-a-Service，平台即服务）。PaaS 实际上是指将软件研发的平台作为一种服务，以 SaaS 的模式提交给用户。

典型的云数据库产品见表 5-2。

表 5-2　典型的云数据库产品

序号	组织	产品
1	亚马逊（Amazon）	SimpleDB、Dynamo
2	谷歌（Google）	BigTable、FusionTable、GoogleBase、Google Cloud SQL
3	微软（Microsoft）	Microsoft SQL Azure
4	甲骨文（Oracle）	Oracle Cloud
5	10gen	MongoDB
6	脸书（Facebook）	Cassandra
7	EnerpnseDB	Postgres Plus Cloud Database
8	Apache	HBase、CouchDB、Redis
9	Hypertable	Hypertable
10	Yahoo	PNUTS

5.2　数据库系统

5.2.1　数据库的定义和特征

数据库是被存储起来的数据及数据间逻辑关系的集合体,它通过数据库管理系统对其进行建立、存取和维护,并为用户提供有效服务。数据库管理方式克服了数据文件管理方式的弊端,它具有如下一些主要特征。

(1)数据独立性

数据独立是指数据的存取独立于使用它的程序。文件系统的一个重要缺点是数据的存取方式与应用程序密切相关。当数据需要扩充或减少时,必须相应地修改程序,造成时间和人力的极大浪费。而在数据库方式下,各应用程序一般不再与具体物理存储器上的某一数据文件相对应,它们各自对应于一个逻辑数据文件。这些逻辑数据文件通过数据库管理系统软件同存储器上的实际存储数据建立联系,从而使数据与应用程序相对独立,提高了数据库应用程序的稳定性。数据库中的数据在进行了增、删、修改等处理后,一般无须改动应用程序,从而提高整个数据库应用系统的工作效率。

(2)最小的数据冗余

数据冗余是指数据被重复存储。在文件管理方式下,数据文件是通过各自的应用程序建立的,不同用户即使有许多数据是相同的,也只能各自存储自己所需要的数据。因此造成存储的数据大量重复,这样既浪费了大量的存储空间,也使数据的修改变得十分困难。

(3)实现数据共享

数据库中的数据既允许不同的用户使用,也允许多个用户同时存取数据而互不影响。目前在许多计算机网络中建立的数据库系统,允许多个用户按照各自的权限使用同一数据库中的数据,实现了数据资源的多用户共享,提高了数据的利用率。

(4)数据的安全性

数据的安全性是指采取相应的措施防止非法存取及恶意破坏数据,以保证数据的完整性和正确性。在数据库中,对用户是否属于非法或越权使用数据设有严格的检查措施。规定了使用数据的规程,从而保证了数据的可靠性、完整性和正确性。

(5)便于用户使用

数据库管理系统设计了最接近用户的编程语言,使编程工作大为简化和容易进行;设计了丰富的数据统计功能,使操作更加简单。在数据库管理系统的支持下,计算机能够从繁杂的数据中以极快的速度向用户提供所需的信息,为用户的经营决策、业务处理、资料分析等工作提供极大方便。

5.2.2　数据库管理系统

数据库管理系统是统一管理数据库的一种软件(属系统软件),它负责如下工作。

（1）数据模式定义

数据库管理系统负责为数据库构成统一数据框架，这种框架称为数据模式，而这种功能称为数据组织。

（2）数据操纵

数据库管理系统为用户定位与查找数据提供方便，它一般提供数据查询、插入、修改以及删除的功能。此外，它自身还具有一定的运算、转换及统计的能力。它还可以有一定的过程调用能力。

（3）数据控制

数据库管理系统负责数据语法、语义的正确性保护，称为数据完整性控制。数据库管理系统还负责数据访问正确性保护，称为安全性控制。此外，数据库管理系统还负责数据动态正确性保护，它们分别称为并发控制与故障恢复。

（4）数据交换

数据库管理系统为不同环境用户使用数据提供接口，称为数据交换。

（5）数据的扩展功能

为使数据管理更好地为数据处理服务，在数据管理中增加了一些对数据处理的延伸服务，这就是数据的扩展功能。它包括人机交互扩展功能、嵌入式扩展功能、自含式扩展功能，调用层接口以及 Web 数据库、XML 数据库等扩展功能。

（6）数据服务

数据库管理系统提供对数据库中数据的多种服务功能，称为数据服务（Data Service）。

（7）数据字典

数据字典（Data Dictionary）是一组特殊的数据服务，它是信息服务的一种。它是一组关于数据的数据，又称为元数据，它存放数据库管理系统中的数据模式结构、数据完整性规则、安全性要求等数据。

为完成以上 7 个功能，数据库管理系统一般提供统一的数据语言（Data Language）。目前常用的语言是 SQL 语言，它原来是一种非过程性的第四代语言，经过不断的发展，它已扩展成为一种具有多种形式的语言。SQL 语言是一种国际的标准语言，几乎所有数据库管理系统产品都采用此种语言，在数据库领域中它具有绝对的影响与地位。

5.2.3　数据库管理系统支持的数据模型

在数据处理中，数据描述涉及许多范畴。数据从现实世界到计算机数据库里的具体表示要经历 3 个阶段，即现实世界、信息世界和计算机世界的数据描述。这 3 个阶段的关系如图 5-10 所示。

1）现实世界

现实世界是指客观存在的世界中的事实及其联系。在这一阶段要对现实世界的信息进行收集、分类，并抽象成信息世界的描述形式，然后再将其描述转换成计算机世界中的数据描述。

```
┌──────────────┐
│   现实世界    │
└──────────────┘
        │   对信息进行分类、收集和抽象
        ↓
┌──────────────┐
│   信息世界    │
│ （实体–联系法）│
└──────────────┘
        │   对信息进行加工、转换
        ↓
┌──────────────────────┐
│      数据世界          │
│ （DBMS支持的数据模型）  │
└──────────────────────┘
```

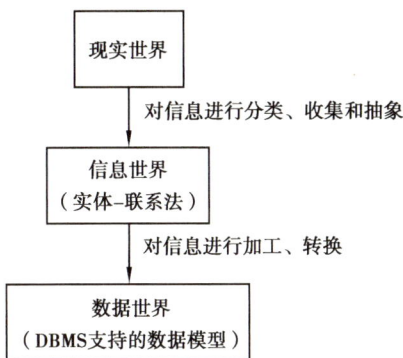

图 5-10　数据处理 3 个阶段的关系

2）信息世界

信息世界是现实世界在人们头脑中的反映，是对客观事物及其联系的一种抽象描述，一般采用实体–联系方法（Entity-Relationship Approach，简称 E-R 方法）表示。在数据库设计中，这一阶段又称为概念设计阶段，常用概念如下。

（1）实体

实体是客观存在且可相互区别的事物。实体可以是具体的人、事、物，也可以是抽象的概念或联系，例如一个学生、一个教师、一所学校、一门课、一次会议、一堂课、一场球赛等。这里从建立信息结构的角度出发，强调实体是被认识的客观事物，未被认识的客观事物就不可能找出它的特征，也就无法建立起相应的信息结构。

（2）实体集

性质相同的同类实体的集合称为实体集，如教师、学生、课程等。研究实体集的共性是信息世界的基本任务之一。

（3）属性

实体的某一特征称为属性。每个实体都有许多特征，以区别于其他实体。如一本书的主要特征是书名、作者名、出版社名、出版年月和定价等；一次会议的主要特征是会议名称、会议时间、会议地点、参加对象及参加人数等。特征是在对客观事物进行深入分析的基础上归纳出来的。属性也称为"型"，实体集中实体具有相同的性质，即指的是具有相同的属性（或相同的型）。

（4）元组

实体的每个属性都有一个确定值，称为属性的值。当某实体有多个属性时，则它们的值就构成一组值，称为元组。实体在信息世界中就是通过元组来表示的。属性的取值有一定的范围，这个范围称为属性域（或值域）。如描述人的年龄属性，可定在 $1\sim200$ 的整数范围内；若对于某个人的年龄值，可能取值为 50。

（5）码

唯一标识实体的属性集称为码，例如学号是学生实体的码。

（6）联系

实体间的"联系"反映了现实世界中客观事物之间的关联。这种联系是复杂的、多种多样的，但归纳起来可分为3类：即一对一、一对多和多对多。

①一对一联系（1∶1）。如果对于实体集 A 中的每一个实体，实体集 B 中至多有一个（也可以没有）实体与之联系，反之亦然，则称实体集 A 与实体集 B 具有一对一联系，记为1∶1。

例如，学校中，一个班级只有一个正班长，而一个班长只在一个班级中任职，则班级与班长之间具有一对一联系。

②一对多联系（1∶n）。如果对于实体集 A 中的每一个实体，实体集 B 中有 n 个实体（n>0）与之联系，反之，对于实体集 B 中的每一个实体，实体集 A 中至多只有一个实体与之联系，则称实体集 A 与实体集 B 有一对多联系，记为1∶n。

例如，一个班级中有若干名学生，而每个学生只在一个班级中学习，则班级与学生之间具有一对多联系。

③多对多联系（m∶n）。如果对于实体集 A 中的每一个实体，实体集 B 中有 n 个实体（n>0）与之联系，反之对于实体集 B 中的每一个实体，实体集 A 中也有 m 个实体（m>0）与之联系，则称实体集 A 与实体集 B 具有多对多联系，记为 m∶n。

例如，一门课程同时有若干个学生选修，而一个学生可以同时选修多门课程，则课程与学生之间具有多对多联系，如图 5-11 所示。

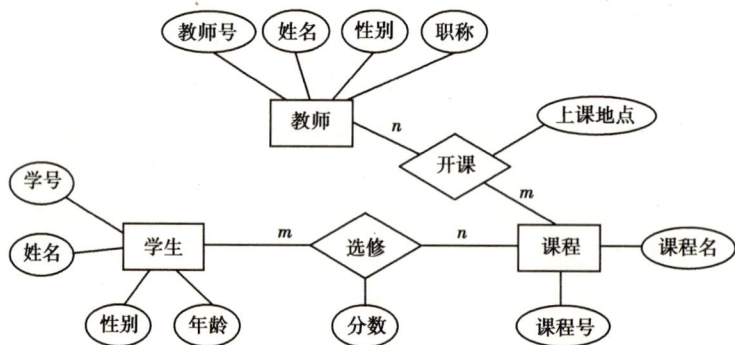

图 5-11　E-R 图

3）计算机世界

这一阶段的数据处理是在信息世界对客观事物的描述基础上做进一步抽象，使用的方法为数据模型的方法，这一阶段的数据处理在数据库的设计过程中也称为逻辑设计。与信息世界常用概念对应，在计算机世界中涉及的基本概念如下。

（1）字段

对应于信息世界中的属性，用于标记实体属性的命名单位称为字段，或数据项。字段是数据库中可以命名的最小逻辑数据单位。例如，学生关系有学号、姓名、年龄、性别等字段。

（2）记录

字段的有序集合称为记录。一般用每一个记录对应描述一个实体,因此记录又定义为能够完整地描述一个实体的字段集。例如,对应某个教师的属性有姓名、年龄、性别、职称等。

（3）文件

同一类型记录的集合称为文件。文件是用来描述实体集的。例如,所有学生记录组成一个学生文件。

（4）关键字

能够唯一标识文件中每个记录的字段或字段集,称为关键字或主码。如在学生实体中的学号可以作为关键字,因为每个学生只有唯一的一个学号。

4）3 种数据关系的模型

数据模型是数据库系统中用于提供信息表示和操作手段的形式构架。目前,数据库管理系统通常采用的数据模型有 3 种基本类型,即层次模型、网状模型和关系模型。

（1）层次模型

层次模型是层次式数据库所采用的数据模型,它是以树结构作为基本结构,通过树结构及树结构之间的逻辑关系来表示数据间联系的一种模型,它反映了现实世界中实体之间的一对多关系。其数据间的逻辑关系如图 5-12 所示,这个体系是满足下列条件的基本层次关系的集合:①有且仅有一个最高级的结点,叫作根;②除根之外,所有结点都与一个且仅与一个比它高级的结点(父结点)相连接。

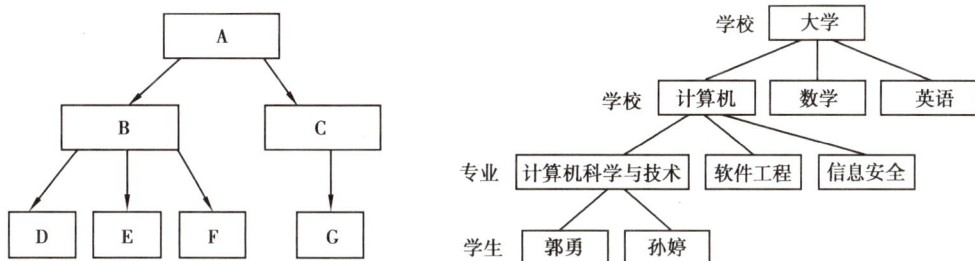

图 5-12　层次模型

在层次结构中,树的结点是实体,树枝表示实体间的关系。向上没有联系,该结点就是上面所说的根结点;还有若干结点向下没有任何关系,把这些结点称为叶;其余结点称为中间结点。中间结点向上只与一个结点相关系,而向下可与多个结点相关系。习惯上,把上一层的结点称为“父”结点,而把下一层的结点称为“子”结点。从子结点到父结点的映像是唯一的,通过父结点可以找到其全部子结点,这也是层次式结构中存取结点的一个基本方法。

层次式数据模型是数据处理中发展较早和技术上比较成熟的一种数据结构。对于现实生活中反映具有层次关系的实体或需要区分主目和细目的文件,都可以采用这种模型来表示。层次模型的主要缺点是处理个别记录效率较低,尤其是处理最底层的个别记录。

另外,数据库文件的维护较麻烦,尤其是当经常大量地执行增、删记录的操作时,需要对数据进行整理,更新数据库文件。

(2)网状模型

用网状结构表示实体及其之间联系的模型称为网状模型。网中的每一个结点代表一个实体集。网状模型是一种比层次模型更普遍性的结构,它突破了层次模型的两个限制:允许多个结点没有父结点,允许结点有多于一个的父结点。图 5-13 给出了网状模型的示例。

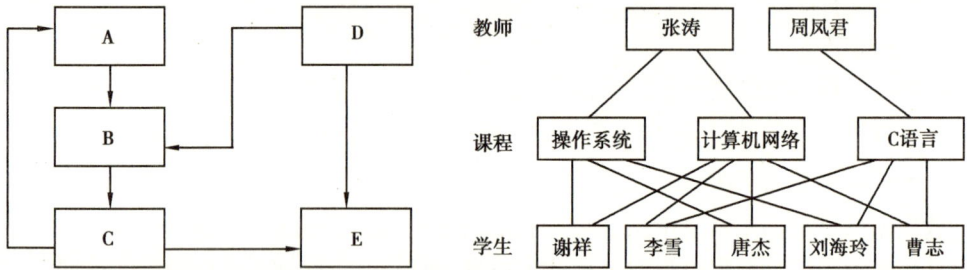

图 5-13　网状模型示例

支持网状数据模型的 DBMS 称为网状数据库管理系统,在这种系统中建立的数据库称为网状数据库。网状结构可以直接表示多对多联系,这也是网状模型的主要优点。

(3)关系模型

关系式数据模型可以理解为一张二维表。关系模型的结构如表 5-3 所示,表格中的每一行代表一个实体,称为记录;每一列代表实体的一个属性,称为字段。实体的多方面特性可用多个数据项(字段值)表示。这样的二维表格也称作一个"关系"。关系具有如下性质:

表 5-3　关系表

学号	姓名	性别	年龄	班级	
02080101	张武	男	20	信管 1 班	
……	……	……	……	……	

①关系中的列是同性质的,称为属性或字段。用字段名来区分不同的属性。

②关系中不能出现相同的记录,记录的顺序无限制。

③每个关系都有一个关键字,它能唯一地标识关系中的一个记录。

④关系中列的顺序不重要。

5)E-R 图的画法

P. P. Chen 于 1976 年提出实体—联系方法,E-R 图法提供了表示实体集、属性和联系的方法。在 E-R 图中:

实体:用矩形框表示。通常是现实世界中客观存在的可以相互区分的事物,例如一个学生、一台计算机等;也可以是抽象的概念,例如一场比赛、一门课程等。实体集是具有相同属性的实体集合。例如学校所有学生具有相同的属性,因此,学生的集合可以定义为一个实体集。

属性:用椭圆框表示。描述对象的某个特性,例如学生实体可用学号、姓名、性别、出生日期等属性来描述;课程实体可用课程号、课程名、学分等属性来描述。

联系:用菱形框表示。实体间的相互关系,它反映客观事物间相互依存的状态。

E-R 图模型的表示方法如图 5-14 所示。

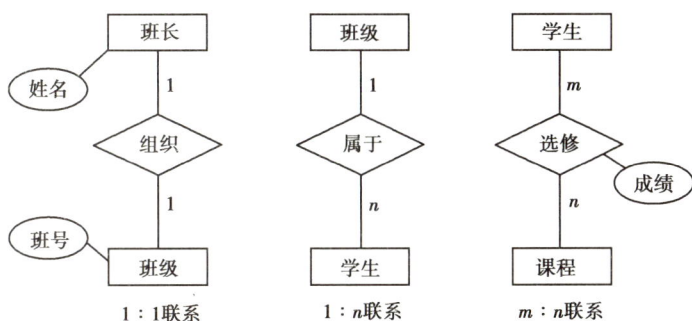

图 5-14 E-R 图模型表示方法

运用 E-R 图可以方便地进行概念模型设计。概念模型设计是对实体的抽象过程,具体步骤如下:

第一步:根据各个局部应用设计出局部 E-R 图。

第二步:综合各局部 E-R 图得到初步 E-R 图,在综合过程中主要的工作是消除冲突。

第三步:对初步 E-R 图消除冗余,得到基本 E-R 图。

以教学管理系统为例。经需求分析后,可确定如下实体:

- 学生:学号、姓名、性别、出生日期、地址……
- 课程:课程号、课程名称、学时、学分……
- 班级:班级号、班级名称、入学时间……
- 专业:专业号、专业名称、专业类型……
- 教师:教师号、姓名、性别、出生日期、职称……
- 系:系名称、系地址、电话……

以上各实体间的联系如下:

一个学生可选修多门课,一门课可被多个学生选修;

- 一个学生只属于一个班,一个班有多个学生;
- 一个班只属于一个专业,一个专业拥有多个班;
- 一个教师可讲授多门课,一门课可由多个教师讲授;
- 一个系有多个教师,一个教师只属于一个系。

可分为 3 个局部 E-R 图。分别是学生学籍、学生选课、教师任课。

第一步,局部 E-R 模型设计。

学生学籍局部 E-R 图如图 5-15 所示。

学生选课局部 E-R 图如图 5-16 所示。

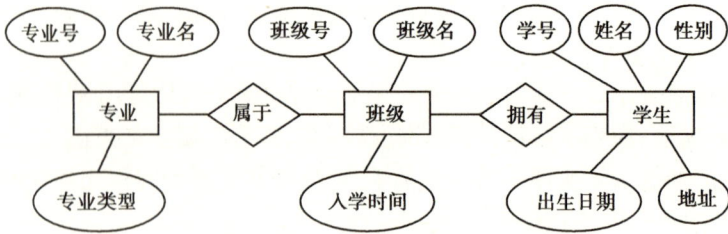

图 5-15　学生学籍局部 E-R 图

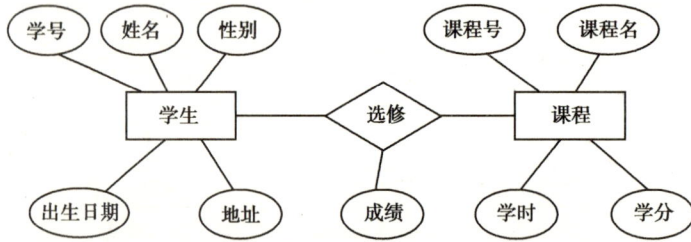

图 5-16　学生选课局部 E-R 图

教师任课局部 E-R 图如图 5-17 所示。

图 5-17　教师任课局部 E-R 图

第二步,合并成 E-R 模型图,如图 5-18 所示。

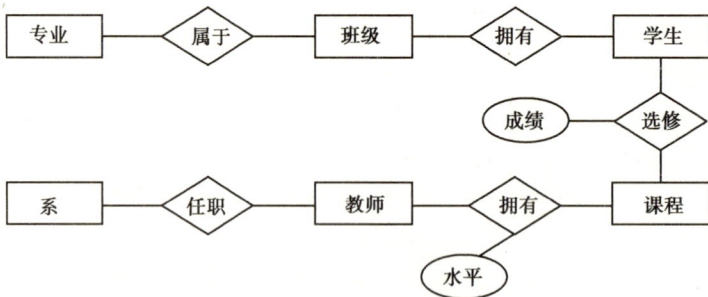

图 5-18　合并成 E-R 模型图

6)关系规范化理论

关系规范化理论研究关系模式中各属性之间的依赖关系及其对关系模式性能的影响,探讨关系模式应具备的性质和设计方法。它给人们提供了判别关系模式优劣的标准,在数据库设计工作中要经过规范化处理,根据具体的应用需求将每一个关系规范成第一范式化、第二范式化、第三范式化的形式。

(1)第一规范化形式

第一规范化形式是指关系中的每一个属性都是不可分的数据项,简称 1NF 或第一范式。基本情况见表5-4。

表 5-4　基本情况表

学号	姓名	性别	政治面貌	籍贯	学习情况		
					课程名称	成绩	学分

从表5-4中可以看出数据项"学习情况"又包含了3个数据项:"课程名称""成绩"和"学分"。如果将"学习情况"看成一个数据项的话,就不符合第一范式形式。可将"学习情况""成绩"和"学分"看作是独立的数据项见表5-5,则该关系表符合第一范式要求。

表 5-5　第一范式表

学号	姓名	性别	政治面貌	籍贯	课程名称	成绩	学分
001	李向	男	团员	湖北武汉	高等数学	83	5
001	李向	男	团员	湖北武汉	英语	92	4

但是,如果用这种关系表描述一个学生的基本情况,可能产生以下问题:第一,有关姓名、性别、政治面貌、籍贯等数据元素的值要被重复存储,由此产生了大量的数据冗余。第二,当某人的基本信息需要改变时,如李向的"政治面貌"要由"团员"改为"党员",那么有关他的所有记录都要进行修改,假如他的第一条记录被修改而第二条记录没有得到修改,则产生了数据修改的不一致,在数据处理时就会产生错误。第三,在数据存储中关键字是不能为空,当某学员刚入学没有学任何课程时,该学生的记录就无法输入到数据库中,这种现象称为插入异常。第四,当某学生的记录输入到数据库中时,如果该生因病取消了所选的所有课程,为此需要将该生的相关课程名称予以删除,由于关键字不能为空,在删除这些信息的同时有关这个学生的基本信息也将被删除,这种现象称为删除异常。因此,需要将其进一步规范化处理。

(2)第二规范化形式

第二规范化形式首先满足第一范式,且所有非主属性完全函数依赖于其主属性,简称2NF 或第二范式。

对于表5-5所示的关系表,关键字是"学号"和"课程名称",非关键字"成绩"和"学分"完全函数依赖于关键字,而"姓名""性别""政治面貌"和"籍贯"则只依赖于学号,与关键字是部分依赖的关系,不满足第二范式。

为了消除部分函数依赖，假设考虑到所有学员的所选课程只有"高等数学"和"英语"，可将原关系表写成表5-6所示的关系表。在表5-6中，关键字是"学号"，非关键字都依赖于"学号"，所以表5-6满足第二范式。

表5-6　第二范式表

学号	姓名	性别	政治面貌	籍贯	课程名称1	成绩1	学分1	课程名称2	成绩2	学分2
001	李向	男	团员	湖北武汉	高等数学	83	5	英语	92	4

如果有的学生选了3门或3门以上的课程，这种表达形式就不能够满足要求。为此就必须调查所有学生的选课情况，得到全体学生所选课程的总数 n，然后建立3个数据元素，一般来说，不同的学生在其读书期间所选的课程可能是不同的，因此带来了大量的数据冗余，并且增加了处理的复杂程度，影响处理速度。由此可见，一些关系虽然满足了第二范式的要求，但仍不是一种良好的结构，还需要进一步进行规范处理。

（3）第三规范化形式

第三规范化形式应满足第二范式，且它的任何一个非主属性都不传递函数依赖于任何主属性，简称为3NF或第三范式。

在表5-6所示的关系中，"学号"为关键字，"课程名称1"依赖于关键字"学号"；而"成绩1"依赖于"课程名称1"，即"成绩1"传递依赖于关键字"学号"，所以，表5-6所示的关系表不满足第三范式。

为消除这种传递关系，可将表5-6分解成如表5-7所示的两个关系表。在表5-7（a）中，关键字为"学号"，其他非关键字都不传递依赖于关键字，所以满足第三范式。在表5-7（b）中，关键字为"学号"和"课程名称"，其他非关键字都不传递依赖于关键字，所以满足第三范式。

表5-7（a）　第三范式表（一）

学号	姓名	性别	政治面貌	籍贯
001	李向	男	团员	湖北武汉

表5-7（b）　第三范式表（二）

学号	课程名称	成绩	学分
001	高等数学	85	5
001	英语	90	4

这样分解后的两个关系模式都满足了第三范式的要求,完全消除了操作异常的问题。关系规范化的目的就是要消除关系中的操作异常问题。在模式分解时,往往通过投影的方式进行分解,通过连接可将分解后的关系恢复成原样,这样的分解才能既消除了问题,又不损失信息。目前,规范理论已提出了五级范式。在实际应用中,关系模式分解到3NF已足够了。

5.3 SQL

结构化查询语言(Sturctured Query Language,SQL)是关系数据库的标准语言,所有的关系数据库管理系统都支持SQL。SQL包含数据查询、数据定义、数据操纵和数据控制等功能。其中查询是SQL语言的重要组成部分。

5.3.1 SQL的产生和发展

在1970年代初,由IBM公司San Jose,California研究实验室的埃德加·科德发表将数据组成表格的应用原则(Codd's Relational Algebra)。

1974年,同一实验室的D.D.Chamberlin和R.F. Boyce对Codd's Relational Algebra在研制关系数据库管理系统System R中,研制出一套规范语言——SEQUEL(Structured English Query Language),并在1976年11月的IBM Journal of R&D上公布新版本的SQL(称为SEQUEL/2)。1980年改名为SQL。

1979年ORACLE公司首先提供商用的SQL,IBM公司在DB2和SQL/DS数据库系统中也实现了SQL。

1986年10月,美国ANSI采用SQL作为关系数据库管理系统的标准语言(ANSI X3. 135—1986),后为国际标准化组织(ISO)采纳为国际标准。

1989年,美国ANSI采纳在ANSI X3.135—1989报告中定义的关系数据库管理系统的SQL标准语言,称为ANSI SQL 89,该标准替代ANSI X3.135—1986版本。

1990年,我国也颁布了《信息处理系统数据库语言SQL》,将其定为中国国家标准。

1998年4月,ISO提出了具有完整性特征的SQL,并将其定为国际标准,推荐它为标准关系数据库语言。

2016年12月14日,ISO/IEC发布了最新版本的数据库语言SQL标准(ISO/IEC 9075:2016)。从此,它替代了之前的ISO/IEC 9075:2011版本。SQL标准发展历程具体见表5-8。但是目前没有一个数据库系统能够支持SQL标准的所有概念和特性。大部分数据库能够支持SQL/92标准中的大部分功能以及SQL99、SQL2003中部分新概念;同时,许多软件厂商对SQL命令集进行了不同程度的扩充和修改,又可以支持标准以外的一些功能特性。

表 5-8 SQL 标准

标准	大致页数	发布日期
SQL/86	—	1986 年
SQL/89(FIPS 127-1)	120 页	1989 年
SQL/92	622 页	1989 年
SQL99(SQL 3)	1700 页	1989 年
SQL2003	3600 页	2003 年
SQL2008	3777 页	2006 年
SQL2011	2456 页	2010 年
SQL2016	4348 页	2016 年

5.3.2 SQL 语言特点

（1）综合统一，一体化语言

SQL 是集数据定义语言（DDL），数据操纵语言（DML），数据控制语言（DCL）功能于一体。可以独立完成数据库生命周期中的全部活动。它可以完成以下功能：

①定义和修改、删除关系模式，定义和删除视图，插入数据，建立数据库。

②对数据库中的数据进行查询和更新。

③数据库安全性、完整性控制，以及事务控制。

④对数据库进行重构和维护。

⑤嵌入式 SQL 和动态 SQL 定义。

（2）高度非过程化

非关系数据模型的数据操纵语言"面向过程"，必须指定存取路径。而 SQL 只要提出"做什么"，无须了解存取路径。存取路径的选择以及 SQL 的操作过程由系统自动完成。

例如：

SELECT book_name,price

from books

where price<=80

order by price；

该语句含义是从 books 表中选择价格在 80 元以内的图书，并按照价格的升序排列；只需要输入 SQL 语句，而不必告诉计算机如何存储数据、查找步骤、如何排序等操作，它是一种高度非过程化的语言。

（3）语言简洁，易学易用

SQL 包括数据定义语言 DDL、数据管理语言 DML 和数据控制语言 DCL。

DDL 用来建立数据库、数据库对象和定义其列，语句有 CREATE TABLE、DROP TABLE 等。

DML 语言用来查询、插入、删除和修改数据库中的数据；语句有 SELECT、INSERT、UPDATE、DELETE 等。其中数据查询是核心，单独拿出来进行讲解。

DCL 语言用来控制存取许可、存取权限等，语句有 GRANT、REVOKE 等。

SQL 功能极强，完成核心功能只用了 9 个动词，具体见表 5-9。

表 5-9　SQL 命令动词

SQL 功能	动词
数据查询	SELECT
数据定义	CREATE，DROP，ALTER
数据操纵	INSERT，UPDATE，DELETE
数据控制	GRANT，REVOKE

（4）统一的语法格式，不同的工作方式

SQL 是独立的语言能够独立地用于联机交互的使用方式；SQL 又是嵌入式语言，SQL 能够嵌入高级语言（例如 C，C++，Java）程序中，供程序员设计程序时使用。

（5）视图数据结构

在用户眼中，基本表和视图都是关系，存储文件对用户是透明的；SQL 操作的两个基本数据结构对象是表和视图，如图 5-19 所示。

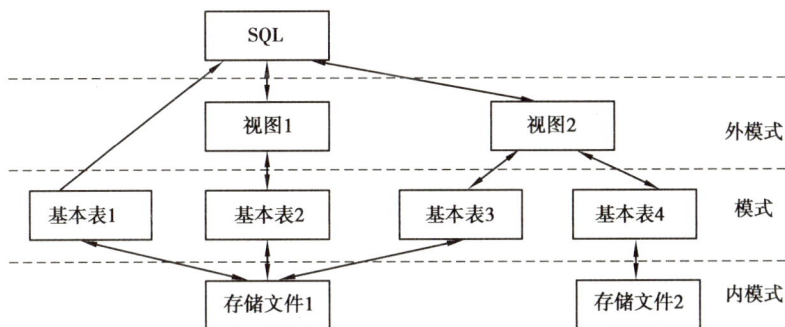

图 5-19　SQL 支持关系数据库三级模式结构

5.3.3　SQL Server 2019 数据库种类及文件

（1）数据库的存储结构

数据库的存储结构包括两种：数据库的逻辑结构和物理结构。

①数据库的逻辑结构。表示数据库中各数据之间的逻辑关系，数据库由多个用户界面及可视对象构成，主要包括数据库对象，如数据表、视图、约束、规则、默认和索引等。

②数据库的物理结构。数据库中数据的存储方式和方法(存储路径及索引方式),主要描述数据存储的实际位置,对应一系列的物理文件,一个数据库及由一个或多个文件组成。

(2)数据库对象

SQL Server 的数据库对象包括表(table)、视图(view)、索引(index)、存储过程(stored procedure)、触发器(trigger)等。

①表:表是包含数据库中所有数据的数据库对象,由行和列构成,它是最重要的数据库对象。例如,对于学生成绩管理系统,学生信息、课程信息和成绩信息应分别存放在学生表、课程表和成绩表中。

②视图:视图是由一个表或多个表导出的表,又称为虚拟表。例如,因为成绩中仅仅包含学号和课程号,通过成绩表不能直接看出学生姓名、课程名称等信息,所以,就可以定义一个学生课程成绩视图,将学生表、课程表与成绩表关联起来,生成一个包含学号、姓名、课程号、课程名和成绩的虚表,打开这个表就能看到这些字段在一起的一个表的信息。

③索引:加快数据检索速度并可以保证数据唯一性的数据结构。例如,在学生表中,对学号字段进行索引,这样按学号进行查找对应学生信息记录时很快就可进行定位。学号字段可指定为"主键"。

④存储过程:为完成特定功能的 T-SQL 语句集合,编译后存放于服务器端的数据库中。例如,在学生数据库中,编写若干条 T-SQL 语句计算总学分作为存储过程,可以汇总成绩表相应学生的总学分,然后放到学生表相应的学生总学分字段中。学号作为输入参数,计算制订学生的总学分;输入参数为空,则计算所有学生的总学分。

⑤触发器:它是一种特殊的存储过程,当某个规定的事件发生时,该存储过程自动执行。触发器基于一个表的操作(插入、修改和删除)创建,编写若干条 T-SQL 语句,当该操作发生时,这些 T-SQL 语句被执行,返回真或者假。返回假时,当前表的操作不能被执行。例如,可在成绩表中创建插入触发器,实现成绩表中不能插入学生表没有的学生。

⑥约束:约束用于保障数据的一致性与完整性。具有代表性的约束就是主键和外键。主键约束当前表记录的主键字段值唯一性,外键约束当前表记录与其他表的关系。例如,在成绩表中,学号作为外键与学生表中学号(主键)建立关联,以使成绩表的成绩记录对应学生表的学生记录。

⑦默认值:默认值是在用户插入新表记录前,系统设置字段的初始值。例如,在学生表,设置性别字段默认值为男,这样在增加记录时只需对女学生修改性别字段内容。

⑧用户和角色:用户是指对数据库有存取权限的使用者;角色是一个用户组,给角色分配操作权限,该角色对应组的用户都具有该操作权限。

⑨规则:规则用来限制表字段的数据范围。例如,在学生表中,出生时间字段通过采用规则设置为当前日期前的 16~65 年。

⑩类型:用户可以根据需要在给定的系统类型之上定义自己的数据类型。例如,可以定义系统的逻辑类型为性别类型,这样用户在定义性别有关的数据类型时可以采用性别

类型。

⑪函数:用户可以根据需要将若干个 T-SQL 语句或者系统函数进行组合实现特定功能,定义成自己的函数。然后,在需要该功能处调用此函数。

(3)数据库文件

SQL Server 采用操作系统文件来存放数据库,常用的数据库文件主要有 3 种,包括主数据文件、次要数据文件和事务日志文件。

①主数据文件。数据库的起点,指向数据库中文件的其他部分,记录数据库所拥有的文件指针。每个数据库有且只有一个主数据文件,默认扩展名为.mdf。

②次要数据文件。也称为辅助数据文件,包含除主数据文件外的所有数据文件。有些数据库可能无次要数据文件,而有些数据库可能有多个,不是数据库必需的文件,默认扩展名是.ndf。

③事务日志文件。简称日志文件,是包含用于恢复数据库所需的所有操作日志信息的文件。每个数据库必须至少有一个日志文件,默认扩展名是.ldf。

使用这些扩展名有助于标识文件的用途,但 SQL Server 不强制使用.mdf、.ndf 和.ldf 作为文件扩展名。一个数据库文件组织的案例如图 5-20 所示。

MyDB_primary
c:\Program Files\Microsoft SQL Server\MSSQL\Data\MyData1.mdf
主要数据文件

MyDB_secondary1
c:\Program Files\Microsoft SQL Server\MSSQL\Data\MyData2.ndf
次要数据文件

MyDB_secondary2
c:\Program Files\Microsoft SQL Server\MSSQL\Data\MyData3.ndf
次要数据文件

MyDB_log1
c:\Program Files\Microsoft SQL Server\MSSQL\Data\MyLog4.ldf
日志文件

MyDB_log2
c:\Program Files\Microsoft SQL Server\MSSQL\Data\MyLog5.ldf
日志文件

图 5-20 数据库文件组织案例

(4)数据库文件组

为了便于管理和分配数据,SQL Server 将多个数据库文件组成一个组。主要包括以下 3 类。

①主文件组。包含主数据文件和未指明组的其他文件。如在创建数据库时,未指定其他数据文件所属的文件组。数据库的所有系统表都被分配到(包含在)主文件组中。当主文件组的存储空间用完之后,将无法向系统表中添加新的目录信息,一个数据库有一个主文件组。

②次文件组。也称用户自定义文件组,是用户首次创建或修改数据库时自定义的,其目的在于数据分配,以提高数据表的读写效率。

③默认文件组。各数据库都有一个被指定的默认文件组。若在数据库中创建对象时没指定其所属的文件组,则将被分配给默认文件组。

数据库文件和文件组遵循的规则:一个文件或文件组只能被一个数据库使用;一个文件只能属于一个文件组;日志文件不能属于任何文件组。

注意:为了提高使用效率,使用数据文件和文件组时应注意以下几点。

①在创建数据库时,需要考虑数据文件可能会出现自动增长的情况,应当设置上限,以免占满磁盘。

②主文件组可以容纳各系统表。当容量不足时,后更新的数据可能无法添加到系统表中,数据库也可能无法进行追加或修改等操作。

③建议将频繁查询或频繁修改的文件分放在不同的文件组中。

④将索引、大型的文本文件、图像文件放到专门的文件组中。

5.3.4　SQL Server 数据库种类和特点

数据库对象是指数据库中的数据在逻辑上被组成一系列对象(数据库的组成部分),当一个用户连接到数据库后,所看到的是逻辑对象,而不是物理的数据库文件。如在"对象资源管理器"中可以查看的(数据)表、索引、视图等。

SQL Server 2019 数据库对象的类型如图 5-21 所示。

数据库是存放各种对象(表、视图、约束、规则、索引等)的逻辑实体。逻辑上表现(界面中看到的)为数据库对象,物理上表现为数据库文件(主数据文件、次要数据文件或事务日志文件)。

1)逻辑数据库

在 SQL Server 实例中,数据库被分为三大类:系统数据库、用户数据库和示例数据库。

(1)系统数据库

系统数据库是指随着安装程序一起安装,用于协助 SQL Server 2019 系统共同完成管理操作的数据库,它们是 SQL Server 2019 运行的基础。它存放 SQL Server 2019 的系统级信息,例如系统配置、数据库属性、登录账号、数据库文件、数据库备份、警报、作业等信息。通过系统信息来管理和控制整个数据库服务器系统。用户数据库是用户创建的,存放用户数据和对象的数据库。在安装了 SQL Server 2019 以后,系统会自动创建 5 个系统数据库,分别是 master、model、msdb、resource 及 tempdb。master 数据库记录 SQL Server 实例的所有系统级信息。其中 master、model、msdb、tempdb 数据库是可见的,当启动 SQL Server Management Studio 后,它们将出现在"对象资源管理器"的树结构中,如图 5-22 所示。

图 5-21　SQL Server 2019 数据库对象的类型　　　　图 5-22　系统数据库

当然,若系统数据库遭到破坏,SQL Server 2019 将不能正常启动。SQL Server 2019 在安装时将创建 5 个系统数据库:master 数据库、msdb 数据库、model 数据库、tempdb 数据库和 resource 数据库。这些数据库各司其职、各种数据库的作用见表 5-10。

表 5-10　SQL Server 2019 的系统数据库

系统数据库	功能说明
master 数据库	记录 SQL Server 实例的所有系统级信息
msdb 数据库	用于 SQL Server 代理计划警报和作业
model 数据库	用于 SQL Server 实例上创建的所有数据库的模板
tempdb 数据库	一个工作空间,用于保存临时对象或中间结果集
resource 数据库	原系统有:一个只读数据库,包含 SQL Server 的系统对象

①master 数据库。记录 SQL Server 系统的所有系统级信息。这包括实例范围的元数据（如登录账户）、端点、链接服务器和系统配置设置。在 SQL Server 中，系统对象不再存储在 master 数据库中，而是存储在 resource 数据库中。此外，master 数据库还记录了所有其他数据库的存在、数据库文件的位置以及 SQL Server 的初始化信息。因此，如果 SQL Server master 数据库不可用，则无法启动。

②msdb 数据库。代理使用 msdb 数据库来计划警报和作业，SQL Server Management Slmlio、Service Broker 和数据库邮件等其他功能也要使用该数据库。

例如，SQL Server 在 msdb 中的表中自动保留一份完整的联机备份和还原历史记录。这份信息包括执行备份一方的名称、备份时间和用来存储备份的设备或文件。SQL Server Management Studio 使用这些信息来提出计划，还原数据库和应用任何事务日志备份。msdb 数据库将会记录有关所有数据库备份事件，即使它们是由自定义应用程序或第三方工具创建的。例如，如果使用调用 SQL Server 管理对象（SMO）的 Microsoft Visual Basic 应用程序执行备份操作，则事件将记录在 msdb 系统表、Microsoft Windows 应用程序日志和 SQL Server 错误日志中。为了保护存储在 msdb 中的信息，建议将 msdh 事务日志放在容错存储区中。

③model 数据库。用于在 SQL Server 实例上创建的所有数据库的模板。因为 SQL Server 每次启动时都会创建 tempdb 数据库，所以 model 数据库必须始终存在于 SQL Server 系统中。model 数据库的全部内容（包括数据库选项）都会被复制到新的数据库中；启动期间，也可使用 model 数据库的某些设置创建新的 tempdb。

④tempdb 数据库。tempdb 数据库是一个全局资源，可供连接到 SQL Server 实例或 SQL 数据库的所有用户使用。tempdb 用于保留：

a.显式创建的临时用户对象。例如，全局或局部临时表及索引、临时存储过程、表变量、表值函数返回的表或游标。

b.由数据库引擎创建的内部对象。其中包括用于储存假脱机、游标、排序和临时大型对象（LOB）存储的中间结果的工作表；用于哈希连接或哈希聚合操作的工作文件；用于创建或重新生成索引等操作（如果指定了 SORT_IN_TEMPDB）的中间排序结果，或者某些 GROUP BY、ORDER BY 或 UNION 查询的中间排序结果。

c.版本存储区，即数据页的集合，它包含支持使用行版本控制功能所需的数据行。

tempdb 中的操作是最小日志记录操作，以便回滚事务。每次启动时都会重新创建 tempdb 数据库，从而在系统启动时总是具有一个干净的数据库副本。在断开连接时会自动删除临时表和存储过程，并且在系统关闭后没有活动连接。因此 tempdb 中不会有什么内容从一个 SQL Server 会话保存到另一个会话。不允许对 tempdb 数据库进行备份和还原操作。

⑤resource 数据库。resource 数据库为只读数据库，它包含了 SQL Server 中的所有系统对象。SQL Server 系统对象（如 sys.objects）在物理上保留在 resource 数据库中，但在逻辑上却显示在每个数据库的 sys 架构中。resource 数据库不包含用户数据或用户元数据。

resource 数据库的物理文件名为 mssqlsystemresource.mdf 和 mssqlsystemresource.ldf。

这些文件位于〈drive〉:\Program Files\Microsoft SQL Server\MSSQL<version>.<instance_name>\ VISSQL\ Binn\ ,不应移动。每个 SQL Server 实例都具有一个(也是唯一的一个)关联的 mssqlsystemre source.mdf 文件,并且实例间不共享此文件。

(2)用户数据库

用户数据库指由用户建立并使用的数据库,用于存储用户使用的数据信息。用户数据库由用户建立,且由永久存储表和索引等数据库对象的磁盘空间构成,空间被分配在操作系统文件上。系统数据库与用户数据库结构如图 5-23 所示。用户数据库和系统数据库一样,也被创分成许多逻辑页,通过指定数据库 ID、文件 ID 和页号,可引用任何一页。当扩大文件时,新空间被追加到文件末尾。

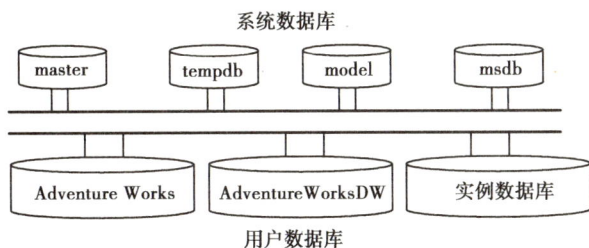

图 5-23　系统数据库与用户数据库结构

图 5-24　用户数据库

用户数据库和系统数据库在结构上是相同的。例如,创建的学生管理数据库,如图 5-24 所示。

(3)示例数据库

示例数据库是一种实用的学习数据库的范例,SQL Server 2019 安装时,默认情况下不会自动安装,需要单独下载、安装和设置。

2)数据库逻辑组件

数据库(空间)的存储(安排),实际上按物理方式在磁盘上以多个文件方式实现的。用户使用数据库时主要调用的是逻辑组件,如图 5-25 所示。

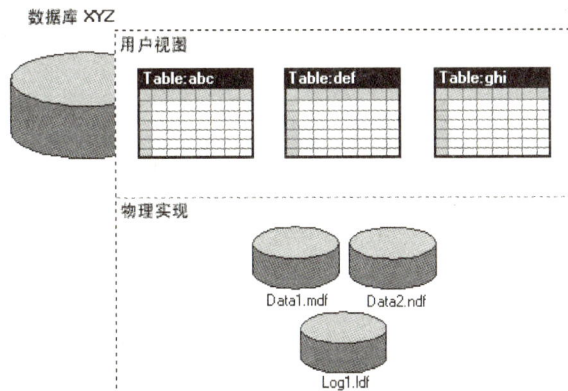

图 5-25　用数据库时使用的逻辑组件

5.4　数据仓库和数据挖掘

5.4.1　数据仓库

数据库是由存储在计算机中的数据组成的,目的是便于检索和使用;数据仓库是在信息系统数据库资源的基础上,出于决策的需求而从大量积累的数据资源中进一步挖掘信息产生的,它为用户提供改进的数据资源,使用户能以比较直观的方式操作和使用数据。

数据仓库是一种特殊的数据库,根据数据仓库研究的先驱 W.H.Inmon 在 *Building the Data Warehcme* 中定义,数据仓库是一个面向主题的、集成的、相对稳定的、反映历史变化的数据集合,用于支持管理决策。数据仓库与数据库相比,具有以下特点:

(1)多维性

在关系数据模型中,信息是用一系列的二维表表示的,而数据仓库却不同,大多数的数据仓库是多维的,一般一家企业的数据仓库是包含多个业务数据库的多维数据库。

(2)支持决策而非事务处理

大多数的数据库是面向业务的,而数据仓库是支持决策的。数据仓库支持的是联机分析处理 OLAP(On-Line Analytical Processing),而非联机事务处理 OLTP(On-line Transaction Processing)。OLTP 是传统的关系型数据库的主要应用,主要是基本的、日常的事务处理。联机分析处理(OLAP)系统是数据仓库系统最主要的应用,专门设计用于支持复杂的分析操作,侧重对决策人员和高层管理人员的决策支持,可以根据分析人员的要求快速、灵活地进行大数据量的复杂查询处理,并且以一种直观易懂的形式将查询结果提供给决策人员,以便他们准确掌握企业(公司)的经营状况,了解对象的需求,制订正确的方案。由于数据仓库支持 OLAP,可以比数据库更好地支持商务智能。

数据仓库从组织的系统中筛选现在与历史的数据,并与外部的数据结合形成中央数据库,供管理者进行分析与决策使用。企业除了可以建立企业整体数据仓库来服务全体组织,也可以发展一种较小的、分布式的数据仓库,称为数据集市(Data Mart),它是数据仓库的子集。数据集市中存放已汇总或特定的数据,这些数据被存储在单独的数据库中,通常关注单一的主题,供特定的使用者使用,例如公司可以开发营销与业务数据集市来进行客户关系管理,同样,企业也可以建立财务数据集市获得重要的财务信息。

5.4.2　数据挖掘

在数据仓库的应用中,用户要对大量的数据进行分析,从中提取数据中隐含的某些事物的发展规律和事物之间的联系,这时需要用到一些统计、建模、分析的技术与工具。数据挖掘就是新兴的一种从大量数据中提取有用信息以支持管理决策的技术,它代表了决策支持解决方案的发展趋势。

1）数据挖掘的概念

数据挖掘，也可以称为数据库中的知识发现，是从大量数据中提取出可信、新颖、有效并能被人理解的模式的高级处理技术。数据挖掘的重要性就来源于数据仓库中巨大的数据量。数据仓库组合许多不同来源的信息，创建一个具有比任何单个数据源拥有更多列或属性的数据实例。尽管这会增加数据挖掘工具的精确度，但是也会使得人们很难对海量信息进行排序并寻找其中的趋势。因为数据仓库中信息太多，从而无法完全利用每一条信息。所有这些因素，都促使人们对数据仓库使用数据挖掘工具。

数据挖掘技术从一开始就是面向应用的。它不仅是面向特定数据库的简单检索、查询、调用，而且要对这些数据进行统计、分析、综合和推理，以指导实际问题的求解，发现事物间的相互关联，甚至利用已有的数据对未来的活动进行预测。数据挖掘的结果可以增加收入、降低费用，甚至二者兼而有之。为了实现数据挖掘，现在已经开发出许多软件工具，并且形成了若干产品。

2）数据挖掘的过程

数据挖掘一般需要经历：数据准备、数据开采、结果表达和解释。

（1）数据准备

数据准备是数据挖掘中的一个重要步骤，数据准备是否做好将直接影响到数据挖掘的效率、准确度以及最终模式的有效性。这一阶段又可以进一步分为数据集成、数据选择和数据预处理。

①数据集成。数据集成是将多个文件或多个数据库运行环境中的异构数据进行合并处理，解决语义的模糊性。该部分主要涉及数据的选择、数据的冲突问题以及不一致数据的处理问题。

②数据选择。数据选择的目的是选择出需要分析的数据集合，缩小处理的范围，提高数据挖掘的质量。

③数据预处理。该阶段的目的是将数据转换成适合于数据挖掘的形式，并进行一些必要的数据约简。

（2）数据开采

数据开采是采取某些特定的数据挖掘算法（如关联、聚类、回归等算法）用于挖掘数据库中的模式。它是整个数据挖掘过程中最重要也是最关键的一步。

（3）结果表达和解释

根据最终用户的目的对提取的信息进行分析，把最有价值的信息区分出来，通过决策支持工具交给决策者。这一步骤的任务主要是一般通过可视化方法将挖掘的结果表达出来，同时还要对信息进行过滤处理。如果结果不能令决策者满意，则要回到以前的某个步骤重新进行数据挖掘的某些过程。

通过对数据挖掘过程的了解，不难看出以下几点：数据挖掘仅仅是整个挖掘过程中一个重要的步骤，要受到整个过程其他步骤的作用和影响；数据挖掘质量的好坏不但取决于所选用的数据挖掘技术，而且还取决于所挖掘数据的质量和数量，如果挖掘中使用了错误的数据或不适当的数据,或者对数据进行了错误的转换,其结果不会成功;整个数据挖掘过程是个不断反馈的过程,比如,用户在挖掘的过程中发现选择的数据不符合期望,或者使用某种挖掘算法产生的结果不符合用户的期望,这时就要重复先前的过程,甚至重新开始。

本章小结

　　企业的信息系统离不开数据库的支持,数据管理经历了多个阶段的发展,目前应用最广泛的数据库是关系数据库。数据库简单地讲就是存放数据的仓库,具体地说,数据库是以一定的组织方式存储在一起的相关数据的集合,要求数据具有最小的冗余度、最大的独立性和共享性及较高的数据安全性;在数据库系统中支持的数据模型主要有 3 种:层次模型、网状模型和关系模型;关系模型是使用最广的数据模型,用二维表的形式表示实体及其之间的联系;数据仓库是支持管理决策过程的、面向主题的、集成的、时变的、相对稳定的数据集合。

【复习思考题】
1.简述数据库的概念。
2.数据管理经历了哪几个发展阶段?
3.简述 E-R 图的绘制步骤。
4.简述数据挖掘的概念。
5.什么是数据仓库?

第6章　管理信息系统的战略规划

【学习目标】

1.理解和掌握管理信息系统战略规划的概念、作用和任务。

2.理解和掌握关键成功因素法的特点与步骤。

3.了解战略目标集转化法的基本思路和步骤。

4.理解和掌握企业系统规划法的基本思想、原则与作用。

5.理解可行性研究的定义、内容,并能撰写可行性研究报告。

【案例导入】

BG 公司管理信息系统的规划

BG 变压器制造有限公司(简称 BG 公司)的杨总经理上任后发现,BG 公司的信息处理工作大部分依靠手工完成,效率低,易出错。即使有个别业务,如生产经营日报的汇总打印使用了计算机,对生产管理也没有实质性的帮助。杨总经理与公司高层管理者们经过商量,决定拨出专项经费,建立 BG 公司管理信息系统。

协调能力较强的副总经理李凯被任命为 BG 公司管理信息系统开发负责人。他接手后的第一项工作就是组建信息中心,并亲自担任信息中心主任;还任命懂技术、讲原则、熟悉业务的张巍为副主任。此外,从公司内部选拔了 6 位熟悉计算机软件和硬件的年轻人加入信息中心。

随后,李凯和张巍拜访了××大学信息管理研究所的王教授,并委托××大学专家成立咨询小组,负责信息化的咨询工作。李凯还邀请咨询小组为公司中高层管理者开办企业信息化系列讲座,旨在增强他们对信息化的理解,为管理信息系统的开发奠定基础。之后,王教授带领咨询小组对 BG 公司进行调研,了解当前的行业特点,以及公司的战略定位、业务情况和所面临的问题;还与公司各部门的管理者和业务骨干进行面谈,摸清公司的核心业务、核心流程、数据资源,为进一步了解公司管理信息系统的需求范围和内容打下了基础。

几周后,根据收集的资料,并借鉴同行业企业的经验,王教授带领咨询小组从公司的总体战略出发,明确了信息化的建设目标,列出了管理信息系统的功能需求和信息需求,并应用一些方法和工具对管理信息系统的各项功能进行了整理和分析,得到管理信息系统的总体功能结构,并据此进行了初步的经费估算,规划了人力分配和开发进度。最后经杨总经理同意,将管理信息系统开发分为两个阶段。第一个阶段开发采购管理、销售管理、生产计划管理、生产调度、财务管理及总经理综合信息服务 6 个子系统。最终,咨询小组提交了《BG 公司管理信息系统可行性分析报告》。

BG 公司随后组织了一次研讨会。在研讨会上,王教授代表咨询小组向 BG 公司的各级管理者和外聘专家对管理信息系统的规划方案做了详细的报告。公司各级管理者和外聘专家确认了报告的内容,并对报告中的一些问题提出了修改意见与建议。

BG 公司与咨询小组就信息系统开发经费与开发周期进行了谈判,双方同意以 220 万元经费及一年半的时间完成该系统的第一阶段的工程,并签署了合作协议。随后由××大学专家和 BG 公司信息中心的工作人员组成联合项目组,进入管理信息系统的第二阶段——系统分析阶段。

资料来源:摘引自刘仲英.管理信息系统.高等教育出版社.2020.

规划,一般指对较长时期的活动进行的总体的、全面的计划。管理信息系统的建设是一项耗资大、时间长、技术复杂且涉及面广的系统工程,如果没有事前科学合理的规划,很可能会导致失败。系统规划是管理信息系统建设成功的关键之一,所以在正式开发之前,必须认真地制订有充分依据的管理信息系统战略规划。

6.1 管理信息系统战略规划概述

战略规划应该站在企业组织的战略层次,根据企业所处的内外部环境、结合自身的潜力、具备的条件以及组织进一步发展的需要,确定组织在一定时期内所需开发的各类信息系统,采用"自顶向下"的方式,逐步达到建立企业管理信息系统的目标。

6.1.1 管理信息系统战略规划的概念和作用

MIS 战略规划是关于企业管理信息系统长远发展的计划,它规划企业信息系统的发展目标、方向、规模和发展进程等,是企业整体战略规划的重要组成部分。它服务于企业的整体战略规划,目的是保持信息系统功能体系和经营战略的一致性。MIS 战略规划是企业战略规划的重要组成部分。现有的信息系统可以为企业制订或者调整企业战略规划提供各种必要的信息支持。因此,MIS 战略规划应当与企业战略规划有机地配合,与企业的发展战略保持一致。

MIS 战略规划的作用:

①明确管理信息系统发展的目标、任务、方法、步骤和原则,从而指导管理信息系统的建设工作。MIS 战略规划明确规定了系统开发的目标、任务、方法和步骤,系统开发人员和管理人员要共同遵守规划规定的内容,可以说信息系统规划是指导信息系统建设的纲领性文件。

②通过规划可以合理利用信息资源,使得信息被全企业所共享,可节省管理信息系统投资。由于企业或组织内外的信息源很多,其内外之间都有大量的信息需要交换和共享,收集、存储、加工和利用这些信息以满足各种不同层次的需要,必须有来自高层的、统一的、全局的规划,才能实现信息的共享。

③通过制订规划,找出企业存在的问题,有利于改善企业的管理模式,特别是根据新

技术条件下信息处理的特点,寻求业务处理的最佳流程和组织的最佳结构。

④信息系统规划是系统验收、评价的标准。新系统建成后,应该对该系统运行后的情况进行测定验收,对系统的目标、功能、特点、可用性等进行评价,这些工作都是以信息系统规划为标准的。

6.1.2　管理信息系统战略规划的任务

(1)制订管理信息系统的发展战略

管理信息系统应该服务于企业管理,其发展战略必须与整个企业的战略目标一致。制订管理信息系统的发展战略,首先要调查分析企业的目标和发展战略,评价现行信息系统的功能、环境和应用状况。然后在此基础上确定管理信息系统的使命,制订管理信息系统的目标及相关政策。

(2)制订管理信息系统的总体方案,安排项目开发计划

剖析原系统(或业务过程)的不合理之处,重组业务流程。在调查分析企业信息需求的基础上,提出管理信息系统的总体结构方案。根据发展战略和总体结构方案,确定系统和应用项目开发次序及时间安排。

(3)分析管理信息系统开发的可行性

可行性分析是指根据系统的环境、资源等条件,判断所提出的信息系统项目是否有必要、有可能开始进行,如果要进行,应采取什么建设方案。

(4)制订系统建设的资源分配计划

提出为实现开发计划所需要的硬件资源、软件资源、技术人员、资金、服务等资源计划,做整个系统建设的预算。

6.1.3　管理信息系统战略规划的组织

管理信息系统战略规划的制订,决定着管理信息系统能够最终成功开发,因此,信息系统规划需要成立一个领导小组,并进行有关的人员培训,同时要明确规划工作的进度。

(1)信息系统规划领导小组

为了实现系统规划目标,首先要成立一支规划领导小组。这个小组要在企业的最高层管理者的直接领导之下,由一名负责全面规划工作的信息系统规划负责人和企业各部门的业务骨干组成,他们的主要任务是完成有关数据和业务的调研和分析工作。

(2)人员培训

进行信息系统规划需要采用一套成熟科学的规划方法,这套方法对大多数参加者来说是陌生的,因此需要对高层管理人员、分析员以及领导小组的成员进行培训,使他们掌握制订管理信息系统规划的方法。

(3)制订进度

在明确掌握和制订战略规划的方法之后,应该为规划工作的每个阶段给出一个大体上的时间限制,以便对规划过程进行严格管理,避免因拖延而造成损失、丧失信誉或被迫放弃。

6.1.4　管理信息系统战略规划的步骤

（1）确定总体规划的基本问题

应明确管理信息系统总体规划的年限及规划方法,确定是集中式规划还是分散式规划,是进取的规划还是保守的规划。

（2）收集相关信息

信息包括企业内部信息,如发展目标、发展战略等;企业外部信息,如行业状况、市场动态、竞争对象等。可以从企业各个部门入手,与相关管理人员沟通获取,也可以从各类文件、书籍和杂志以及竞争对手等处收集信息。

（3）进行总体战略分析

对管理信息系统的目标、开发方法、功能结构、计划活动、信息部门的情况、财务情况、风险度和政策等进行分析。

（4）定义约束条件

根据单位的情况,确定需要的软硬件资源、数据通信设备、人员、资金、技术、服务等限制,定义管理信息系统的约束条件和政策。

（5）明确规划目标

根据前几个阶段的调查分析,结合组织内外的约束条件,确定管理信息系统的开发目标,明确管理信息系统应具有的功能、服务范围和质量等。

（6）提出未来的战略图

根据目前组织在决策支持和事务处理方面的信息需求,为整个组织或其主要部门提出管理信息系统的总体结构方案,给出初步框架,最终提出实施进度。

（7）选择开发方案、确定开发顺序,提出实施进度

通过比较分析选定开发方案,并且选择优先开发的项目,确定总体开发顺序、开发策略和开发方法,最终提出实施进度。

（8）通过总体规划

把信息系统的规划撰写成文档,然后将规划报告上交给单位(企业、部门)高层领导审批。若是批准通过,则信息系统规划工作完成,开始实施项目;若审批未通过,则规划工作需要重新进行。

6.2　管理信息系统战略规划常用方法

用于管理信息系统规划的方法有很多,主要有关键成功因素法(Critical Success Factor,CSF)、战略目标集转移法(Strategy Set Transformation,SST)和企业系统规划法(Business System Planning,BSP)。

6.2.1　关键成功因素法

1970年,哈佛大学教授威廉·泽尼在MIS模型中使用了关键成功变量,这些变量是

决定 MIS 成败的因素。10 年之后,麻省理工学院教授约翰·罗卡特把 CSF 提升为信息系统战略规划的方法。所谓关键成功因素指的是企业或组织在规划期内影响企业战略成功实现的关键性的任务。其基本出发点是认为企业的信息系统需求是由少数 CSF 所决定的。企业的关键成功因素的特点如下:

①少量的易于识别的可操作的目标;

②可确保企业的成功;

③可用于决定组织的信息需求。

CSF 方法的主要工作包括如下:

①从管理人员处收集 CSF;

②逐个分析每个 CSF;

③对整个企业的 CSF 达成一致;

④确定企业的 CSF;

⑤使用 CSF 确定信息系统开发的优先级。

采用关键成功因素法对企业进行信息系统规划可遵循如图 6-1 所示的流程。

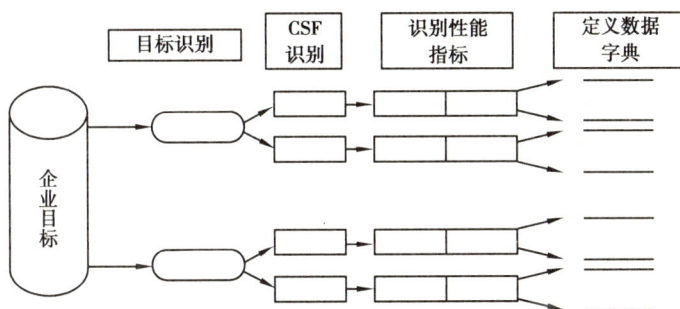

图 6-1　关键成功因素法的步骤

关键成功因素法源于组织的目标,通过进行目标分解和识别、关键成功因素识别和性能指标识别,一直到产生数据字典。识别关键成功因素就是要识别联系组织目标的主要数据类型及其关系。不同组织的关键成功因素是不同的,不同时期的关键成功因素也是不同的。当一个时期内的关键成功因素解决后,新的关键成功因素识别又开始。

在使用 CSF 时,通过对企业关键成功因素的分析,直接总结出企业的关键业务过程,通过信息系统规划确定需要信息系统实现的业务过程,从而使得信息系统支持企业的关键业务过程。

要识别一个企业的关键成功因素,首先要了解企业的目标。从这个目标出发,可以看到哪些因素与之相关,哪些因素与之无关。在与之相关的因素中,又可以进一步辨识出其中哪些是直接相关和哪些是间接相关。一般可以采用因果图作为识别的工具。

例如,某企业有一个目标是提高产品竞争能力,可用因果图画出影响它的各种因素以及影响这些因素的子因素,如图 6-2 所示。

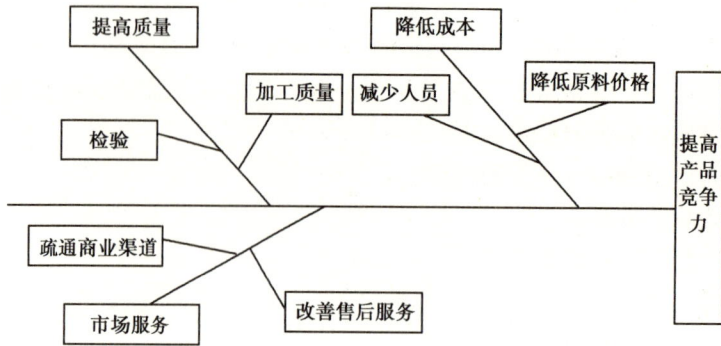

图 6-2　树枝图

不同的企业对 CSF 的评价不同。习惯于高层人员个人决策的企业主要由高层人员个人在此图中选择 CSF;对于习惯于群体决策的企业可以将不同人设想的 CSF 综合起来。CSF 在高层应用效果较好,因为高层领导人员时常考虑什么 CSF。由于业务流程重组主要是由高层领导人员参与的,因此他们对找到企业的 CSF 是轻车熟路的。这也是选择CSF 作为重组过程方法的原因之一。

6.2.2　战略目标集转移法

战略目标集转移法(SST)是 William King 于 1978 年提出的,他把整个战略目标看成一个“信息集合”,由使命、目标、战略等组成。管理信息系统的规划过程是把组织的战略目标转换成管理信息系统的战略目标的过程,这是战略目标集转移法的基本思想。战略规划的过程则是由组织战略集转换成信息系统战略集的过程。

(1)组织战略集

组织战略集是组织本身战略规划过程的产物,包括组织的使命、目标、战略和其他一些与信息系统有关的组织属性。

组织的使命描述该组织是什么、为什么存在和它能做出什么贡献。简言之,描述该组织属于什么具体的行业或部门。

组织的目标就是它希望达到的目的。这些目标可以是定量的,也可以是定性的。组织的战略是为达到目标而制定的总方针。

其他战略性组织属性(如管理水平、管理者对信息技术了解的程度、采用新技术的态度等)虽然难以度量,但对信息系统建设影响很大。

(2)信息系统战略集

信息系统战略集由系统目标、系统约束和系统开发战略构成。

系统目标主要定义信息系统的服务要求。其采用类似组织目标的描述,但更加具体。

系统约束包括内部约束和外部约束。内部约束产生于组织本身,如人员组成、资金预算等。外部约束来自企业外部,如政府和企业界对组织报告的要求、同其他系统的接口环境等。

系统开发战略是战略集的重要元素,相当于系统开发中应当遵循的一系列原则,如系统安全可靠等要求、科学的开发方法及合理的管理等。

(3)信息系统战略规划过程

第一步是识别组织的战略集,先考察该组织是否有成文的战略式的长期计划,如果没有,就要构造这种战略集合。构造战略集合可以采用以下步骤。

①描绘出组织的各类人员结构,如卖主、经理、雇员、供应商、客户、贷款人、政府代理人、地区社团及竞争者等。

②识别每类人员的目标。

③对于每类人员识别其使命及战略。

第二步是将组织战略集转换成 MIS 战略,MIS 战略应包括系统目标、约束以及设计原则等。这个转换的过程包括对应组织战略集的每个元素识别对应的 MIS 战略约束、然后提出整个 MIS 的结构。最后,选出一个方案提交给组织的最高管理者审查、收集反馈信息,分析最高管理者同意或不同意的程度,判断战略集元素的优先次序,评价其他战略性组织属性。

以上识别与转换的过程可用图 6-3 进行描述。

组织战略目标				MIS战略目标		
P:公用事业 →	组织目标	组织战略	战略属性	MIS目标	约束	战略
C_u:顾客 →	O_1:年增收入10% (S, C, M)	S_1:增新产品 (O_1, O_6)	A_1:复杂管理 (M)	MO_1:改进结账进度 (S2)	C_1:做好模型(A_1)	D_1:模块设计 (C_1)
S:股票持有人 →	O_2:改进现金流	S_2 (G, S, C_R)	A_2	MO_2	C_2	D_2
G:政府 →	O_3 (C_u)	S_3	A_3	MO_3	C_3	D_3
C_R:债权人 →	O_4	S_4 (O_3, O_4, O_5)	A_4	MO_4	C_4	D_4
E:雇员 →	O_5	S_5	A_5	MO_5	C_5	D_5
M:管理者 →	O_6	S_6	A_6	MO_6	C_6	D_6

图 6-3　战略目标集转换法的步骤

由图 6-3 可以看出,目标是由不同群体引出的。例如,组织目标 O_1 由股票持有人(S)、债权人(C_R)以及管理者(M)引出;组织战略 S_1 由目标 O_1 和 O_6 引出,以此类推。这样就可以列出 MIS 的目标、约束以及设计战略。

6.2.3　企业系统规划法

IBM 公司在 20 世纪 70 年代提出了 BSP 方法，用于内部系统开发。它主要基于用信息支持企业运行的思想，是一种自上而下识别系统目标、业务过程和数据，然后再自下而上设计系统以支持目标的 IS 规划方法，其基本过程如图 6-4 所示。

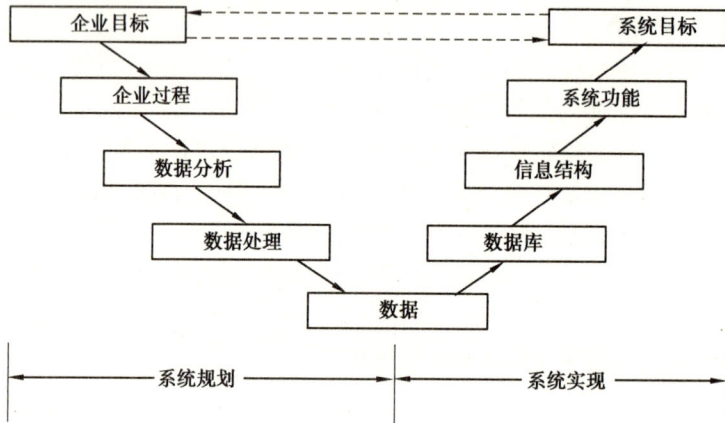

图 6-4　BSP 方法的基本过程

在 BSP 方法的应用中要把握以下 5 个原则。

①必须支持企业的战略目标。

②应当表达出企业各个管理层次的需求。

③应该向整个企业提供一致信息。

④应该经得起组织机构和管理体制的变化。

⑤先"自上而下"识别和分析，再"自下而上"设计。

这样设计的 MIS 结构就会支持企业目标的实现，表达所有管理层次的要求，向企业提供一致性信息，对组织机构的变动具有适应性。BSP 方法的作用主要有以下 3 点。

- 确定未来信息系统的总体结构，明确系统的子系统组成和开发子系统的先后顺序。

- 对数据进行统一规划、管理和控制，明确各子系统之间的数据交换关系，保证信息的一致性。

- 保证管理信息系统独立于企业的组织机构，也就是能够使信息系统具有对环境变更的适应性。

6.2.4　三种规划方法的比较

以上 3 种信息系统的规划方法各有利弊。

CSF 方法能抓住主要矛盾，使目标的识别突出重点。用这种方法所确定的目标与传统的方法衔接得比较好，但是一般最有利的只是在确定管理目标上。

SST 方法从另一个角度识别管理目标,它反映了各种人的要求,而且给出了按这种要求的分层,然后转换为信息系统目标的结构化方法。它能保证目标比较全面,疏漏较少,但在突出重点方面不如前者。

BSP 方法虽然也首先强调目标,但它没有明显的目标引出过程。它通过管理人员酝酿"过程"引出系统目标,企业目标到系统目标的转换是通过矩阵分析得到的。这样可以定义新的系统以支持企业过程,把企业的目标转换为系统的目标,因此我们说识别企业过程是 BSP 战略规划的中心。

可以把这 3 种方法结合起来使用,称为 CSB 方法(即将 CSF、SST 和 BSP 相结合)。这种方法先用 CSF 方法确定企业目标,然后用 SST 方法补充完善企业目标并将这些目标转换为信息系统目标,用 BSP 方法校核两个目标并确定信息系统结构,弥补了单个方法的不足。当然这也使得整个方法过于复杂,而削弱了单个方法的灵活性。可以说,迄今为止信息系统战略规划没有一种十全十美的方法。由于战略规划本身的非结构性,可能永远也找不到一个唯一解。进行任何一个企业的规划均不应照搬以上方法,而应具体情况具体分析,选择以上方法的可取思想,灵活运用。本书重点介绍 BSP 方法的应用。

6.3　企业系统规划法的步骤

企业系统规划法是通过全面调查分析企业信息需求以制订信息系统总体方案的一种方法,其工作流程如图 6-5 所示。

①做准备工作和开动员会:成立由最高领导牵头的委员会,下设一个规划研究组开动员会,提出工作计划。

②定义企业过程:首先确定各级管理的统一目标,各个部门的目标要服从总体目标。只有明确企业的管理目标,信息系统才可能给企业直接的支持。然后规划组成员通过查阅资料,深入各级管理层,了解企业有关决策过程、组织职能和部门的主要活动和存在的主要问题,识别企业在管理过程中的主要活动,定义企业业务过程。业务过程指的是企业管理中必要的逻辑上相关的和为了完成某种管理功能的一组活动。在业务过程定义的基础上,要进行业务流程重组,找出哪些过程是正确的,哪些过程是低效的;需要在信息技术支持下进行优化处理,对于那些不适合计算机信息处理特点的过程应当取消。

③定义数据类:从各项业务过程的角度,将与该业务过程有关的输入数据和输出数据按逻辑相关性整理出来归纳成数据类。

④分析企业/系统关系:分析企业中各组织是系统过程的主要负责者或决策者,还是主要参加者或部分参加者,并明确各组织是正在使用该系统还是计划使用该系统。

⑤确定经理的想法:作为规划组的成员应当准备好采访提纲并进行有效采访,以确定企业领导对企业前景的看法。

⑥评价企业问题和收益:根据采访资料进行分析总结,以评价企业的问题和现行收益。

⑦定义信息系统结构:刻画未来信息系统的框架和相应的数据类,确定信息系统各个

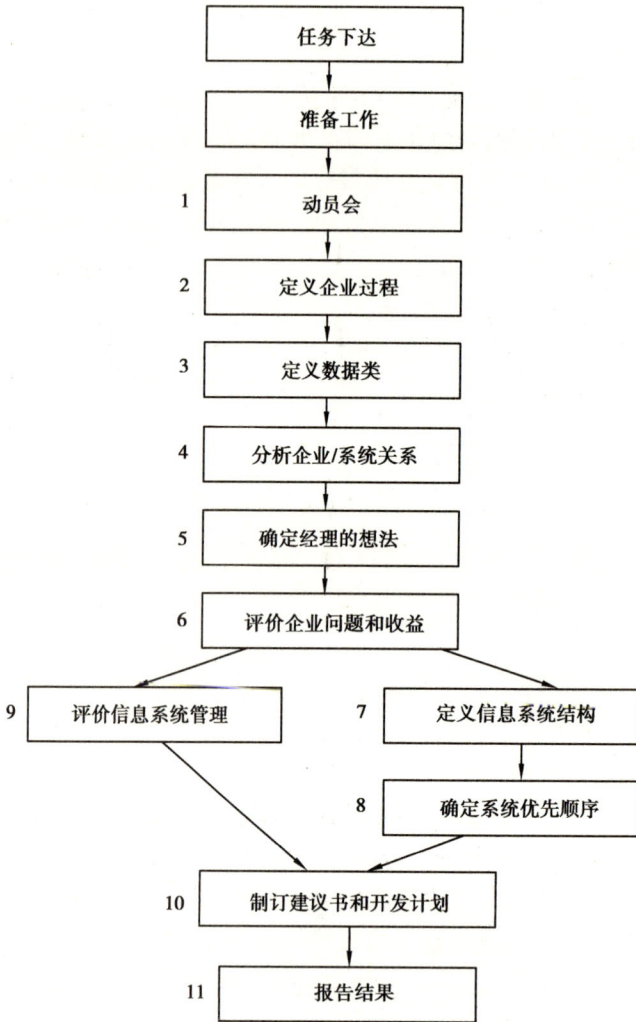

图 6-5　BSP 方法的工作流程

部分及其相关数据之间的关系,利用 U/C 矩阵划分子系统。

　　⑧确定系统优先顺序:确定各子系统实施的先后顺序,排出开发计划。

　　⑨评价信息系统管理:对原信息系统管理过程和企业支持程度进行评价,找出主要问题,分析新系统解决问题的能力。

　　⑩完成 BSP 研究报告,制订建议书和开发计划。

　　⑪提交报告结果。

　　在以上步骤中,最核心的内容是做好准备工作、定义企业过程、定义数据类、定义信息系统结构和确定系统优先顺序。

6.3.1　准备工作

总体规划涉及较高的管理层次，要与多个管理部门接触，困难比较多。总体规划的成功与否，很大程度上取决于管理部门的支持和对总体规划队伍的信任。因此，规划的准备工作十分重要。

（1）成立总体规划小组

进行 BSP 工作是一项系统工程性工作，要很好地进行准备。准备工作包括接受任务和组织队伍。

一般接受任务是由一个委员会承担。这个委员会要明确规划的方向和范围，在委员会下应有一个系统规划组，这个小组应有一定的权威，在本单位的第一、二把手领导下工作。组长由本单位具有工作实践经验、对管理人员有一定影响的人担任；组长应全时工作并具体参加规划活动。总体规划小组设秘书一人和若干调查小组，其成员除专职系统分析员外，还要有经验丰富的管理人员。顾问可聘请社会上有经验的信息系统专家。企业的所有报告和材料不应对他们保密。

（2）收集数据并制订计划

委员会委员和系统规划组成员思想上要明确"做什么""为什么做""如何做"以及"希望达到的目标是什么"。为此，需要大量调查，此阶段的调查比系统分析阶段的调查内容要粗一些，范围要广一些，因此被称为系统初步调查。为做好这个调查，要事先准备好调查表和调查提纲。调查表包括目标调查表、业务调查表、信息调查表等。调查提纲包括部门的职责、工作目标及主要指标、存在的问题、改进工作的可能性与困难、对信息系统的需求与估价等。调查表和调查提纲应预先发给调查对象。此外，还要准备必要的条件包括一个工作控制室、一个工作计划、一个采访交谈计划、一个最终报告的提纲以及一些必要的经费，所有这些均落实后，要得到委员会主任认可。在这一过程中收集的数据包括下列两方面。

①企业的一般情况：包括组织的环境/地位/特点、管理的基本目标、存在的主要问题、各种统计数字（人数、产值、产品、客户、合同）等。

②现行信息系统的情况：包括概况、基本目标、技术力量、软/硬件环境、通信条件、经费、近两年来系统运行状况、各类统计数字（如程序量、用户数）等。

根据这些资料，最终要形成总体规划工作的甘特图。

（3）开好动员会

动员会实际上是总体规划工作的开始，这是很重要的一步。许多企业对总体规划不重视，认为它是"虚"的，不过是几张报告，起不了什么作用。因此，应向管理人员灌输总体规划的基本思想和效益。总体规划所涉及的单位负责人都应出席动员会，由最高层的领导开会动员。

动员会的内容包括下列几方面。

①宣布总体规划的业务领导,成立规划组,说清工作的期望。

②规划组介绍企业的现状,包括政治上、经济上和管理上敏感的问题。

③规划组介绍企业的决策过程、组织功能、关键人物、用户的期望、用户对现有信息系统的看法等。

④规划组还要介绍规划范围、工作进度、新系统的设想及关键问题,并且介绍准备过程中收集到的信息,如国内外同类先进信息系统的情况。

⑤信息系统负责人介绍信息人员对于企业的看法,同时应介绍现有项目状况、历史状况以及信息系统的问题,让大家对企业和对信息支持的要求有个全面的了解。

6.3.2 定义企业过程

定义企业过程是 BSP 方法的核心,要求所有工作人员全力以赴去识别和描述过程,对它们要有透彻的了解,只有这样 BSP 才能成功。整个企业的管理活动由许多企业过程组成。企业过程被定义为逻辑上相关的一组决策和活动的集合,这些决策和活动是管理企业资源所需要的。识别企业过程可对企业如何完成其目标有个深刻的了解,可作为识别信息系统的基础。按照企业过程所建造的信息系统在企业组织变化时可以不必改变,或者说信息系统相对独立于组织。

(1)定义管理目标

为确定拟建的信息系统的目标,需要调查了解企业的目标和为达到这个目标所采取的经营方针以及实现目标的约束条件。一个组织的目标一般包括若干方面,例如对于高等学校来说,一要出人才,二要出科研成果。每个目标可以分解成若干子目标,子目标可以用一定的指标衡量。管理目标调查就是要通过采访各级管理部门,帮助它们提炼、归纳和汇总目标,绘制出目标树。各子目标要服从它所属的目标,目标之间不能互相矛盾,也不应完全相关。子目标的指标是根据上级指标、本企业历年统计、同类组织的最好指标等数字确定的。

定义管理目标十分重要。一个信息系统的优劣不在于它的技术是否先进,而在于它是否适合企业的目标以及能否解决企业需要解决的问题。

(2)识别资源并定义企业过程

这里说的"资源"是广义的,指被管理的对象。根据企业目标分别从计划/控制资源、产品/服务资源以及支持性资源这三方面完成识别资源任务,然后进一步分析、合并、调整或删除,最后得到企业过程分解系统。定义企业过程的步骤如图 6-6 所示。

之所以从以上三方面出发,是因为无论哪种类型的企业,它们的经营活动归纳起来几乎都是由这三方面组成。我们可以称为三个"源泉",任何活动都由此导出。

第一源为"计划/控制资源",可以把属于企业战略规划和管理控制方面的过程列于其中(表 6-1)。

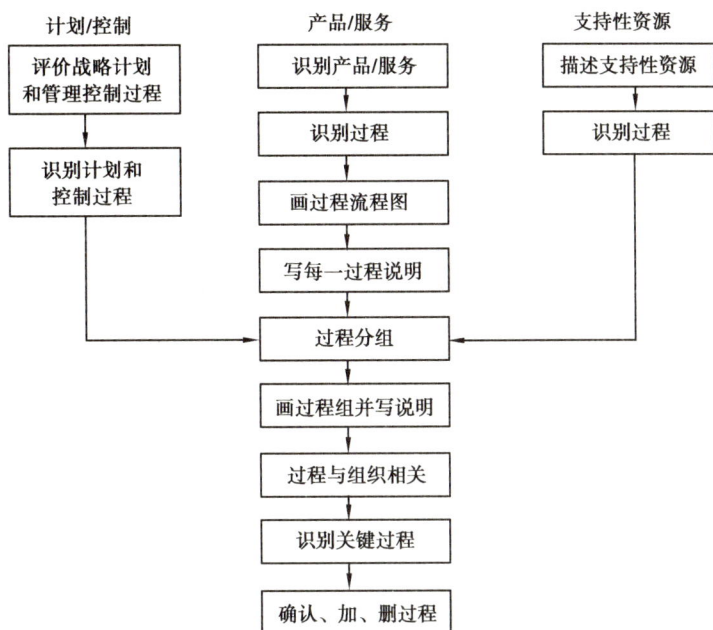

图 6-6　定义企业过程的步骤

表 6-1　计划/控制资源业务过程

战略规划	管理控制	战略规划	管理控制
经济预测	市场/产品预测	预测管理	预测
组织计划	工作资金计划	目标开发	测量与评价
政策开发	雇员水平计划	产品线模型	
放弃/追求分析	运营计划		

　　第二源为"产品/服务资源",它是关键性资源,不同的企业其产品与服务是不同的。机械厂的产品是机械和零部件,科研单位的产品是科研成果,服务公司的产品则是提供各种服务。无论是哪种产品,都有一定的生命周期,它是指一项资源由产生到退出所经历的阶段,一般划分为 4 个阶段。

　　①产生阶段。对资源的请求、计划等活动属于这个阶段。

　　②获得阶段。它指资源的开发活动,即获得资源的活动,例如产品的生产、学生的入学、人员的聘用等都属于这个阶段。

　　③服务阶段。它指资源的存储和服务的延续活动,如库存控制。

　　④归宿阶段。它指终止资源或服务的活动或决策,如产品的销售。从以上每一个阶段都可识别出一些相关的过程见表 6-2。

表 6-2　产品/服务资源业务过程

产生	获得	服务	归宿
生产计划	工程设计开发	库存控制	销售
市场研究	产品说明	接受	订货服务
预测	工程记录	质量控制	运输
定价	生产调度	包装储存	运输管理
材料需求	生产运行		
能力计划	购买		

第三源为"支持性资源",它指为实现企业目标必须使用和消耗的那些资源,如原材料、资金、设备、人员等。从支持性资源可以识别出的一些业务过程见表 6-3。

表 6-3　"支持性资源"业务过程

资源		资金	人事	材料	设备
生命周期	产生	财务计划、成本控制	人事计划、工资管理	需求生产	主设备计划
	获得	资金获得、接收	招聘、转业	采购、接收	设备购买、建设管理
	服务	公文管理、银行账、会计总账	补充和收益、职业发展	库存控制	机器维修、家具、附属物
	归宿	会计支付	终止合同、退休	订货控制运输	设备报损

（3）识别管理功能组

管理功能组是管理各类资源的各种相关活动和决策的组合。管理人员通过管理这些资源支持管理目标。资源生命周期的概念有助于识别管理功能,为识别功能组提供线索;资源生命周期的 4 个阶段也给出了确定功能的一般规律。但识别功能并没有固定的公式,并非所有资源的生命周期都一定具有这 4 个阶段,在一个阶段中也不一定只有一个功能,应根据实际情况决定。开始时可以参照类似企业总结出来的情况。总体规划组的每个人都要参加这一工作并识别一套功能,然后一起讨论和汇总,得到统一的认识,同时对每个功能进行较详细的定义。例如,材料需求被定义为"考虑到最优库存和节省订购量等条件,对原材料进行合理计算,以满足生产进度安排"。识别管理功能组的结果是将相关过程组合,以便后续定义信息系统结构时使用。

（4）通用模型

上面介绍的这些业务过程只是理论上的大致过程。事实上,不同企业的情况是不同的,不一定都拥有上面提到的多种过程,但这种方法是通用的,每个企业都可以沿着这3个资源线索去识别本企业存在的各个过程。

识别业务过程也可以通过一个通用模型表示。

①"供应"是一个将产品生产与资源获取相连的过程,是企业与供应商的接口。

②"需求"连接了市场与生产,外部接口为客户。

③"要求"包括定义产品/服务和确定产品/服务的过程。

④"行政管理"连接了人事、资源和设备管理。

⑤"经营管理"和其他4个方面有紧密的联系,对其他4个方面进行计划、控制和测量。

(5)阶段成果

识别过程是BSP方法成功的关键,要确保按以上步骤完成各项识别与定义工作并形成相应文件。本阶段输出应有以下文件。

①一个过程组及过程表。

②每一过程的简单说明。

③一个关键过程的表,即识别满足目标的关键过程。

④产品/服务过程的流程图。

通过这些文件,系统组成员能够很好地了解整个企业的运营是如何管理和控制的,至此定义企业过程告一段落。

6.3.3　定义数据类

在总体规划中把系统中密切相关的信息归成一类数据,这一类数据被称为数据类,如客户、产品、合同等都可称为数据类。

识别数据类的目的在于了解企业目前的数据状况和数据要求,查明数据共享的关系,建立数据类/功能矩阵,为定义信息结构提供基本依据。

1)定义数据类的方法

定义数据类的基本方法仍然是对企业的基本活动进行调查研究。一般采用实体法和功能法分别进行,然后互相参照,归纳出数据类。

(1)实体法

企业实体法涉及客户、产品、材料以及人员等客观存在的东西。该方法的第一步是列出企业实体,一般要列出7~15个实体。然后将实体列于水平方向,将数据类列于垂直方向,形成数据类/企业实体矩阵。

(2)功能法

另一种识别数据的方法是功能法,也称过程法。它利用以前识别的企业过程,分析每一个过程利用什么数据和产生什么数据,或者说分析每一个过程的输入和输出数据是什么。对每个功能标出其输入、输出数据类,与第一种方法得到的数据类进行比较并调整,最后归纳出系统的数据类,一般为30~60个数据类。它可以用输入-处理-输出图表示。

2）绘制过程/数据类矩阵（U/C 矩阵图）

企业过程和数据类定义好之后，可以得到一张过程/数据类表格，表达企业过程与数据类之间的联系。以企业过程为行，以数据类为列，按照企业过程生成数据类关系填 C（即 create）和企业过程使用数据类关系填 U（即 use）的方式填充各单元格，形成了初始 U/C 矩阵图。图 6-7 是对某企业过程和数据类识别后绘制的初始 U/C 矩阵图。

过程＼数据类	顾客	预算	财务	供应厂家	材料计划	材料库存	产品库存	顾客合同	费用	销售	价格	收支	计划	人员	工资	在制品库存	生产进度	机床负荷	采购合同	工艺	产品	设备	零件	材料定额	工时定额
市场分析	U							U		U	U		U								U				
产品调查	U							U		U	U										U				
销售预测	U	C								U	U		C								U				
财务计划		U	U						U				C												
借贷资金		U	C										U												
基金管理		U	U																						
产品设计													U								C		C		
产品工艺																				C	U		U		
制订定额																					U		U	C	C
材料计划				U	C	U							U							U	U			U	
采购				C	U	U													C		U			U	
进货				C	U	U													U						
库存控制						C			U										U						
作业计划						U							U			U	C	C		U			U		U
在制品控制							U									C	U			U			U		
作业安排														U		U	U	U		U					U
设备管理																	U					C			
设备维修																	U					U			
机床安排																	U					U			
顾客服务	C						U	U		U	U										U				
产品库存管理							C	U	U	U	U														
顾客合同管理	U						U	C		U	U										U				
包装								U													U				
运货	U							U																	
财务记账		U	U						U			C							U						
出纳		U	U							U	U	U	U												
现金收支										U		C	U												
费用计算						U	U		C						U	U					U				
预算计划	C	U						U	U				U	U		U									
成本计算			U							U		C	U												
利润分析			U							U		U	U												
人员管理			U											U	C										
招工														U	U										
人员分配														U											U
考勤														U	C										U
支付工资			U											U	U										

图 6-7　初始 U/C 矩阵图

6.3.4　定义信息系统结构

有了初始 U/C 矩阵图后,就可以定义信息系统的结构,实际上就是划分子系统。BSP 方法是根据信息的产生和使用划分子系统的,它会尽量把信息产生的企业过程和使用的企业过程划分在一个子系统中,从而减少子系统之间的信息交换。

(1)调整初始 U/C 矩阵图

在初始 U/C 矩阵图中,数据类和过程是随机排列的,U 和 C 在矩阵中的排列也是分散的。我们以调换过程和数据类顺序的方法尽量使 C 集中到对角线上排列。

首先,各企业过程按功能组排列,每一功能组中按资源生命周期的 4 个阶段排列。功能组就是同类型的功能,如"市场分析""产品调查""财务计划"等均属于经营计划类功能,归入"经营计划"功能组。以此类推,将相关企业过程排列成一个个功能组,完成行的调整。

其次,排列数据类,使得矩阵中的 C 最靠近主对角线。以行为标准,从左向右寻找 C 关系,即寻找每一个企业过程生成的数据类,找到后整个数据类的列向左移动,直到全部企业过程分析完为止。这样就形成调整后的 U/C 矩阵图,它将相关企业过程生成的相关数据类集中到一个区域,也就是 C 相对集中分布在矩阵的对角线上。

(2)划分子系统

在调整后的 U/C 矩阵图中画出功能组对应的下边界以及各功能组生成的最右侧相关数据类的右边界,将各集中区域用粗线条框起来,这样形成的框就是一个个子系统。

6.3.5　确定系统优先顺序

由于资源的限制,系统的开发必须有先后次序,不可能全面开花。划分子系统后,根据企业目标和技术约束确定子系统实现的优先顺序。

(1)分析数据流

在划分子系统的基础上,用箭头把落在系统框外的 U 与子系统联系起来,表示子系统之间的数据流。粗框外的 U 表示一个系统使用另一个子系统的数据。例如,数据类"预算"由"经营计划"子系统产生,而"会计"子系统要用到这一数据类,则可用垂线连接两个子系统。在连接过程中,如果有的系统间数据流向已表示过,则不必重新绘制。这样数据流分析的绘制过程如图 6-8 所示。

过程 \ 数据类	预算	计划	财务	产品	零件	工艺	材料定额	工时定额	材料计划	供应厂家	采购合同	材料库存	生产进度	机床负荷	在制品库存	设备	顾客	产品库存	顾客合同	销售	收支	费用	价格	人员	工资
市场分析		U		U													U	U	U				U		
产品调查				U													U	U	U				U		
销售预测	C	C		U													U			U			U		
财务计划	U	C	U																			U			
借贷资金	U	U	C																						
基金管理	U		U																						
产品设计		U		C	C																				
产品工艺				U	U	C																			
制订定额				U	U	U	C	C																	
材料计划		U		U			U		C	U	U	U													
采购				U					U	C	C	U													
进货									U	C	U	U													
库存控制											U	C	U												
作业计划		U			U	U	U					U	C	C	U										
在制品控制					U	U							U		C			U					U		
作业安排						U		U					U	U	U									U	
设备管理													U			C									
设备维修													U			U									
机床安排						U							U			U									
顾客服务				U													C	U	U	U			U		
产品库存管理																		C	U			U	U		
顾客合同管理																	U	U	C	C			U		
包装				U														U							
运货																	U	U							
财务记账	U		U								U									U	C	U			
出纳	U		U																	U	U	U			U
现金收支																				C	U				U
费用计算													U	U	U	U				U	C				U
预算计划	C	U	U																	U	U				
成本计算			U																	U	U	C			
利润分析			U																	U	U	U			
人员管理		U	U																					C	C
招工		U																						U	C
人员分配							U																	U	U
考勤								U																U	C
支付工资			U																					U	U

图 6-8　系统数据流分析过程图

通常先分析矩阵对角线下方从左至右的连接,再分析对角线上方从右至左的连接,可形成逆时针方向的封闭箭线,最后确定信息系统主体结构,这被称为信息系统的数据流图,可简化为图6-9所示,用于描述各子系统的数据传递关系。

过程 \ 数据类	预算	计划	财务	产品	零件	工艺	材料定额	工时定额	材料计划	供应厂家	采购合同	材料库存	生产进度	机床负荷	在制品库存	设备	顾客	产品库存	顾客合同	销售	收支	费用	价格	人员	工资
市场分析		U		U													U	U					U		
产品调查				U													U	U					U		
销售预测	C	C		U																U			U		
财务计划	U	C	U																			U			
借贷资金	U	U	C																						
基金管理	U		C																						
产品设计		U		C	C																				
产品工艺				U	U	C																			
制订定额				U	U	U	C	C																	
材料计划		U		U			U		C	U	U	U													
采购				U			U		U	C	C	U													
进货									U	C	U	U													
库存控制											U	C										U			
作业计划		U			U	U			U				C	C	U										
在制品控制					U	U							U		C		U					U			
作业安排						U	U						U	U	U									U	
设备管理													U	U		C									
设备维修													U	U		U									
机床安排							U						U	U	U										
顾客服务				U													C	U	U	U			U		
产品库存管理																		C	U	U			U		
顾客合同管理																	U	U	C	C			U		
包装				U														U							
运货																	U	U							
财务记账	U		U								U									U	C		U		
出纳	U		U																		U	U		U	
现金收支																					C	U		U	
费用计算										U			U	U		U					U	C		U	
预算计划	C	U	U												U					U	U	U			
成本计算			U	U																	U	U	C		
利润分析			U	U																	U	U	U		
人员管理		U	U																					C	C
招工		U																						U	C
人员分配								U																U	U
考勤								U																U	U
支付工资			U																					U	U

图 6-9 系统数据流分析过程图

（2）确定优先顺序

各子系统实施的优先顺序的确定应满足定量分析与定性分析相结合的原则。

①技术约束分析。对子系统之间的关联情况进行分析,有较多子系统共享的数据应较早实现。当然也要考虑数据的重要性及关联的紧密程度。也就是说,输出数据流较多的子系统优先级别较高,之后再考虑输入数据流和子系统数据流总量,这属于定量

分析。

②系统需求程度与潜在效益评估。定量分析的结论还不能作为最后优先级顺序,一般来讲,对企业贡献大的、需求迫切的、容易开发的系统要优先开发,因此可进行必要的调整。

通过对管理人员、决策者的调查访问进行定性评估。根据评估准则(如潜在效益、对企业的影响、迫切性等),对每个子系统在管理人员和决策人员中用评分的办法进行评估,每个子系统的得分作为考虑优先顺序的参考,如图 6-10 所示。

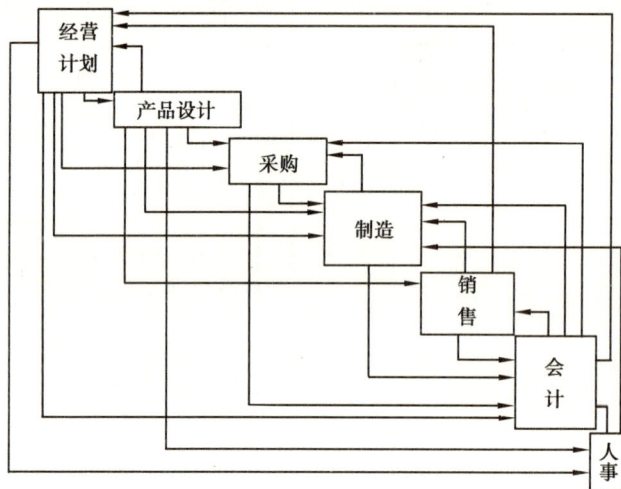

图 6-10　信息系统的数据流图

6.4　可行性研究

在做完总体规划之后,根据规划的结果确定近期需要开发的信息系统。这时就要仔细分析信息系统的开发是否可行,对目标系统进行可行性研究,要从初步调查入手,再进一步从技术、经济和社会效益等方面论证其可行性,最后提交一份可行性分析报告。

6.4.1　初步调查

用户提供了管理信息系统的开发要求后,要调查一个企业的总貌以及对信息系统的需求,根据企业的具体情况确定用户的开发要求是否可行。初步调查阶段的主要目标就是从系统分析人员和管理人员的角度看新项目开发有无必要和可能。调查的范围大致包括如下几方面:

(1)企业基本情况调查

企业基本情况包括企业的规模、性质、组织结构的性质、内部的组织结构,产、供、销的概貌,人员、设备与资金状况等。这些与系统开发可行性研究、系统开发初步建议方案以及进行详细调查直接相关,应该在初步调查中查清。

（2）现行系统运行状况调查

对现行系统不满意是企业要求开发新系统的原因之一。现行系统可以是以计算机为基础的信息系统，也可能是手工系统。在决定是否开发新系统之前，一定要了解现行系统的运行状况、特点、所存在的问题、可利用的各种资源、可利用的技术力量以及可利用的信息处理设备等。

（3）新系统的目的和要求

初步调查的第一步要从用户对新系统的要求和提出新系统开发要求开始，调查用户对新系统的需求以及新系统预期达到的目的，包括对新系统的功能、性能的要求以及新系统的运行环境、限制条件等。

（4）管理方式和基础数据管理状况

企业现有的管理方式和基础数据管理状况是整个系统调查工作的重点，它与将要开发的系统密切相关。但是，在初步调查阶段只需要对这些进行大致的了解，并定性了解对今后系统开发是否能够提供支持即可。

6.4.2　可行性分析的内容

可行性研究就是在系统初步调查的基础上，对新系统是否能够实现和值得实现等问题做出判断，主要从技术、经济和社会因素等方面研究并论证本项目的可行性，编写可行性分析报告。

（1）技术上的可行性

首先，分析所提出的要求在现有技术条件下是否有可能实现以及所需要的物理资源是否具备，例如，软硬件配置是否达到系统目标要求，能否满足系统在管理模型、处理精度、存储能力、通信能力等方面的要求。特别注意，现有技术条件下是指社会上已经普遍使用了的技术，而不应该将尚在实验室和尚不确定的管理方法作为分析的依据。除此之外，还要考虑开发人员的技术水平是否满足系统建设的需要，因为管理信息系统开发属于知识密集型工作，因此对技术的要求较高，如果缺乏足够的技术力量，或者单纯依靠外部力量进行开发，是很难成功的。

（2）经济上的可行性

经济上的可行性包括对项目所需费用的结算和对项目效益的估算，这一点是非常重要的。新系统的费用包括系统软硬件费用、辅助设备费用、机房及附属设施费用、系统开发和维护费用、人员培训费用、其他（差旅等）费用。新系统的效益则应从两方面综合考虑：一部分是可以用钱衡量的效益，如减少人员费用、加快流动资金周转、减少资金积压等；另一部分是难以用钱表示的，例如提供了以前提供不了的统计报表和分析报告，提高取得信息的速度等。根据估算的直接效益和各种间接效益，评价新系统经济上的可行性。通常在估算费用的过程中容易（故意）估计过低，而估算项目效益的过程中常常把收益估计过高。

（3）社会因素方面的可行性

除了技术、经济外，还要考虑系统本身所处的其他社会因素。例如，与项目有直接关系的管理人员对新系统的态度,如果管理人员不支持甚至有抵触态度,那说明条件还不成熟,不能进行新系统的开发。又如,新系统的开发必然会引起组织结构和管理体制的变化,组织是否已经做好迎接变革的准备。再如,某些工作环节的工作人员水平和能力是否能够满足新系统的需要,所有这些因素均必须考虑在内。有时候,因为社会因素而带来的风险远远大于技术和经济上的风险。

可行性研究的时间取决于系统的规模,一般为几周到数月。经费为整个项目5%~10%。大型项目可能要开发原型,并根据原型进行可行性研究。

6.4.3 可行性分析报告

根据初步调查了解的情况,系统分析员对建立管理信息系统的必要性和可能性进行全面的分析,将分析的结果以书面形式表达出来,这就是可行性分析报告。

可行性分析报告目前尚无统一的格式,一般内容有以下几点:

①引言。说明系统的名称、系统目标和系统功能、项目的由来。

②系统建设的背景、必要性和意义。报告要用较大的篇幅说明总体规划调查、汇总的全过程,要使人相信调查是真实的,汇总是有根据的,规划是可信的。

③拟建系统的候选方案。这部分要提出信息系统的逻辑配置方案,可以提出一个主要方案及几个辅助方案。

④可行性论证。从技术、经济、社会因素三方面对规划进行论证。

⑤几个方案的比较。若结论认为是可行的,则给出系统开发的计划,包括各阶段人力、资金、设备的需求及开发进度。

可行性分析报告需要提交到正式会议上进行认真讨论和审查,可行性分析的结论可能是立即开发、改进原系统、目前不可行或推迟到某些条件具备以后再进行开发3种情形之一。

可行性分析报告要尽量取得有关管理人员的一致同意,并经主管领导批准,才可付诸实施。同时,也意味着系统规划阶段的结束,开始进入系统分析阶段。

6.4.4 可行性研究举例

下面通过一个实例来看一下可行性分析的内容。这是一个工贸公司的业务管理系统的例子,该系统可行性研究的主要内容如下:

(1)基本情况

某工贸公司是经省人民政府批准成立的、经国家对外贸易经济合作部批准具有对外经营权的国有公司,是由数十家大中型工厂、科研机构、高等院校共同投资组成的股份制经济实体。

该公司以工贸结合、技贸结合、内外贸结合的方式开拓国内外市场,具备完整的国际国内贸易、仓储运输、新产品开发、技术咨询和服务等功能。公司设有 10 个分部、分公司，主营国际贸易；同时还设有一个化工基地，专门生产化工类产品。公司正向着贸、工、技、金融为一体的多元化经营的集团公司方向发展。

近年来，随着外贸业务量的快速增长，原有的手工处理方式已不能满足需要。在这种情况下，公司提出了管理信息系统的开发要求。

（2）初步调查和可行性分析

经过初步调查之后，认为在该公司建立管理信息系统是可行的。

首先，公司领导重视，管理层普遍支持，公司业务人员同样也表现出对管理信息系统的迫切需求。当然，部分领导对计算机管理信息系统存在过高的期望，错误地认为新系统建立后，什么问题都可以解决。经过与系统分析人员的交流，公司领导层对新系统的目标有了较正确的认识。显然，用户能够积极参与系统开发，这是系统开发的前提和基础。

其次，技术方面具有可行性。技术可行性可从以下几方面进行分析：

①公司管理规范，特别是在贸易业务的处理上，管理部门与业务部门之间的来往文档规范，审批手续比较齐全，可以保证新系统数据的规范和全面。

②公司有一定的计算机应用基础，大部分人员对计算机技术有一定的了解，也有一定的计算机操作能力，实施新系统后只需经过简单的培训即可推广应用。公司原有的计算机管理和维护工作由综合管理部门下属的计算机室负责，有两名以上的具有一定软硬件维护能力的计算机专业人员。

③软件覆盖业务范围。根据公司的业务情况，采用常见的数据库应用程序开发工具实现公司本部的业务管理是完全可行的。业务部门之间采用共享数据库的方式可以方便地实现数据信息的传递。与外地分公司或工厂的业务联系的实现与网络的连接方式有关，考虑暂缓实现。

④硬件设备的可行性。公司原有部分 PC 配置较高，可运行 Windows 操作系统，也可作为网络工作站连接到 Novell NetWare 或 Windows NT 服务器上。根据这些条件，增加一台服务器、若干网络无盘工作站和一些网络连接设备即可建立一个基本局域网，满足信息系统运行的需要。

（3）新系统设想方案

根据对公司情况的初步调查和可行性分析研究，可以得出结论：在公司总部开发实施管理信息系统是可行的。对新系统的建设方案主要有下述几点设想。

①新系统的功能覆盖公司的业务流程管理、人事劳资、档案管理、财务管理等。这涉及公司的综合管理部门、各业务部门、财务部门、办公室等主要部门。

②系统以委托外单位开发为主，本单位人员配合并参与开发的全过程，以消化吸收并掌握技术，为今后负责系统的管理和操作运行打下基础。开发过程可采用如下几步：

第一步:开发者在用户的配合下展开全面的系统调查和系统分析。

第二步:开发者进行系统分析和系统实现(编程)工作。

第三步:开发者进行系统调试,并逐步培训各岗位的操作人员。

第四步:系统调试工作完成后,将系统和所有开发文档移交给该公司,由公司自行管理系统的运行。

③由于财务管理部分数据处理复杂,对可靠性要求较高,开发费用也较高,拟采用购买财务软件的方法来实现,由开发人员完成财务软件与系统其他部分数据交换程序的开发。人事劳资和档案管理也可以采用购买通用软件的方法来解决,以降低系统的开发费用,加快开发进度。

④开发方法采用自顶向下的方法,先调查、分析,理顺所有的管理环节,然后再根据实际情况制订并实现新系统方案。

系统拟投入的人力有开发人员 2 名,公司电信室 2 名计算机管理人员参与系统的分析工作,调试阶段有 4~5 名操作人员参与。预计开发时间为 12 个月,其中调查时间为 1.5 个月,系统分析与设计时间为 1.5 个月,编程时间为 3 个月,调试和试运行时间为 6 个月。

系统的软硬件。购买一台高性能计算机或 PC 服务器作为文件服务器,将公司原有计算机通过网络设备连接到文件服务器作网络工作站,并根据需要增加部分无盘工作站。文件服务器的操作系统采用 Windows 系统。网络工作站由于用户数较少,同时将文件服务器作为数据库服务器,数据库服务器软件采用微软的 SQL Server 网络设备包括两台合适端口的集线器和文件服务器及网络工作站使用的网络接口。

开发费用估算。可行性研究涉及系统初步开发计划的制订,需要对开发工作量做出初步的估计,可以使用软件工程学的成本估算方法。

本章小结

管理信息系统战略规划是一个企业的战略规划的重要组成部分,是关于管理信息系统长远发展的规划。战略规划的主要任务是制定管理信息系统的发展战略,确定管理信息系统总体方案,安排项目开发计划,分析管理信息系统开发的可行性,并且制订系统建设的资源分配计划。

管理信息系统的总体规划方法有多种,本书主要介绍企业系统规划法(BSP 法)、关键成功因素法(CSF 法)和战略目标集转化法(SST 法)。BSP 法从描述企业战略目标入手,逐步将企业目标转化为管理信息系统的目标和结构,从企业最基本的活动过程出发,进行数据分析,分析决策所需的数据,定义支持企业过程的数据类,这些数据类可以用于开发信息系统的数据库,然后自下而上设计系统,以支持系统目标的实现。CSF 方法的核心思想是采用围绕关键成功因素的方式来制定组织的信息系统规划。SST 法有利于将组织的战略目标转变为管理信息系统的战略目标,保证了开发出的管理信息系统能够支持组织战略目标的实现,提高管理信息系统的有效性。

可行性研究就是在系统初步调查的基础上,对新系统是否能够实现和值得实现等问题做出判断,主要从技术、经济和社会因素等方面研究并论证本项目的可行性,编写可行性分析报告。

【复习思考题】

1.简述识别企业数据类的两种方法。

2.简述 U/C 矩阵的工作步骤。

3.试述企业系统规划法(BSP 法)的工作步骤及作用。

4.什么是关键成功因素法？其基本思路是什么?

5.什么是企业系统规划法？其基本思路是什么?

第7章　管理信息系统的开发方法

【学习目标】

1. 了解系统开发的基本原则及对组织的影响。
2. 掌握管理信息系统的开发策略。
3. 了解管理信息系统的开发方式。
4. 掌握管理信息系统的开发方法。

【案例导入】

12306变身"全球最大票务系统"

2020年1月11日,站点日点击量达1495亿次,平均年售票30亿张。如果把这些票首尾相接可以绕着地球7圈,也正因为这个成绩稳坐"全球交易量最大票务系统"的王座,而这个名号绝对算得上实至名归。

第一大奇迹:抗住全球最大流量。

超10亿人口,40天,30亿以上出行的数据相当于非洲、欧洲、美洲、大洋洲总人口集体搬迁,不得不说中国人口及出行数量确实是一个极大的压力。

第二大奇迹:庞大而复杂的票务工作被线上操作所取代。

不同于电商的购物结算,12306相当于全站所有商品都在秒杀,站点所有SKU(库存量单位)是在动态库存的变态式存在,复杂度难以想象。

第三大奇迹:杜绝"黄牛党"。

曾经有一段时间,网友吐槽12306的奇葩验证码等一系列怪异行为,这都是为了防止"黄牛党"囤票的操作。12306并没有因为被误解而放弃建站最初的"宗旨",铁腕手段"实名制"的操作真正让"黄牛党"一夜绝迹。

被称作国民App的12306,因其大流量优势扩展出巨大的消费场景空间。据官方渠道消息,12306客户端已正式上线餐饮、电商、旅游、酒店、打车等,除此之外12306在2020年新冠肺炎疫情防控期间与银行谈信贷引流业务,虽然现阶段此项任务属于公益性质。但业内人士预测未来金融业务引入只是时间问题而已。

资料来源:摘引自百度文库

管理信息系统开发是一个复杂的工程,它涉及组织的内部管理模式、生产加工、经营管理过程、数据的收集与处理过程、计算机硬件系统的应用、软件系统的开发等方面。这就增加了开发一个管理信息系统的工程规模和难度,需要研究出科学的开发方法和工程化的开发步骤,以确保整个开发过程能够顺利进行。

7.1 管理信息系统开发概述

管理信息系统的开发涉及计算机处理技术、系统理论、组织结构、管理功能、管理知识等各方面的问题,要受到多方面条件的制约,至今没有一种统一完备的开发方法。在 MIS 建设的长期实践中,形成了多种系统开发的方式和方法。在系统开发的早期,由于缺乏系统开发思想,没能形成工程的概念,以至于 20 世纪 60 年代出现了所谓的"软件危机",也促使了一门新科学——"软件工程"的诞生。管理信息系统工作者对信息系统的开发提出了许多开发方法,但是每一种开发方法都要遵循相应的开发策略。

7.1.1 管理信息系统开发基本原则

1)实用性原则

系统必须满足用户管理上的要求,既保证系统功能的正确性又方便实用,需要友好的用户界面、灵活的功能调度、简便的操作和完善的系统维护措施。系统开发的任务就是根据企业管理的战略目标、规模、性质等具体情况,为企业建立起计算机化的信息系统。其核心工作就是设计出一套适合于现代化企业管理要求的应用软件系统。

2)系统性原则

在管理信息系统的开发过程中,必须十分注重其功能和数据上的整体性、系统性。系统性原则强调信息系统是一个整体,在开发设计时采用先确定逻辑模型,再设计物理模型的思路。在没有计算机及计算机网络的传统手工信息处理时期,由于处理手段的限制,采用各职能部门分别收集和保存信息、分散处理信息的形式。这种信息保存与处理有其适用性,但局限性是不言而喻的,就是不能实现资源共享,信息难以畅通,不能形成一个完整的系统。现在,在使用计算机化的信息系统中,由于要对组织结构、业务流程、作业方式等进行优化,许多信息资源可以达到共享,因此在进行系统设计和开发时就要采用系统的思路,进行整体化开发。目前人们普遍认为应采用整体设计、分步开发实施的策略。

3)符合软件工程规范的原则

管理信息系统的开发是一项复杂的应用软件工程,应该按软件工程的理论、方法和规范去组织与实施。信息系统的开发走过很长的一段弯路,就是因为在开发信息系统的管理过程中随意性太强造成的。系统开发中的所有文档和工作成果要按标准存档完成。这样一方面在系统开发时便于人们沟通,成文的东西不容易产生"歧义性";另一方面形成阶段性成果,以便于在此基础上系统开发继续前进;还可以方便未来系统的修改、维护和扩充,因有案可查而变得比较容易。

4)完善、逐步发展的原则

MIS 的建立不可能一开始就十分完善和先进,而总是要经历一个逐步完善、逐步发展的过程。信息系统必然与外界发生信息交换,要适应外界环境的变化。能够经常与外界环境保持最佳适应状态的系统,才是理想的系统,不能适应环境变化的系统是没有生命力的。

7.1.2　信息系统开发对组织的影响

1)信息系统的开发可以使业务或作业自动化

自动化是指利用计算机来提高完成某项业务的效率。这是信息技术所引起的组织变化的最普通的形式。如高考考生信息系统、民航订票系统、会计记账系统、生产统计系统等。以高考考生信息系统为例,所开发的考生信息机读系统,使得考生信息的产生、招生录取工作等在很大程度上达到了自动化。

2)信息系统的开发过程是流程优化的过程

信息系统的开发,意味着组织或企业获取信息、处理信息的工具将更为先进,信息数量及质量将极大提高。因此信息系统的开发,应根据信息系统的处理特点来对原来的管理流程进行调整与优化,这个优化过程可称为流程优化。流程优化是将标准的业务操作程序做进一步的精简和改进,消除明显的瓶颈,使自动化的效率提高。

3)信息系统的开发过程是组织业务重组的过程

信息系统的开发过程是一个提供一种新信息工具的过程,同时由于新信息工具的先进性的要求,必须对原有的业务进行重组,包括工作岗位、技能、管理以及组织结构等多方面的变动,所以设计一个新的信息系统的同时,也是进行企业或组织的重组。

7.2　管理信息系统的生命周期模型

任何系统都会经历一个发生、发展和消亡的过程,经过系统分析、系统设计和系统实施,投入使用后,经过若干年,由于新情况、新问题的出现,人们又提出了新的目标,要求设计新的系统。这种周而复始、循环往复的过程被称为系统的生命周期。所谓生命周期法,就是按照管理信息系统生命周期的概念,根据系统生命周期各个阶段规定的步骤去开发系统。根据系统所处的状态、特征以及系统开发活动的目的、任务可以划分为系统规划、系统分析、系统设计和系统使用与维护等若干个阶段。

7.2.1　系统分析阶段

在系统生命周期中,系统分析的基本任务是确定软件系统的工程需要,可以分为两个阶段。

1)软件系统的可行性研究

①经济可行性研究。

②技术可行性研究。

③法律可行性研究。

④开发方案的选择性研究。

可行性研究的任务是了解用户的要求及现实的环境,从技术、经济和社会等几个方面进行研究,并从成功和风险两方面来论证软件系统的可行性。参与软件开发的分析人应在用户配合下对用户要求及实现环境做深入细致的调查,写出调研报告,并进行可行性论证。

2)项目需求分析

需求分析是为软件设计阶段做好准备,所做工作如下:

①软件功能需求:系统必须完成的功能。

②软件性能需求:安全性、可靠性、可维护性和用户培训等。

③软件运行环境约束。

④需求建模。

⑤问题抽象、问题分解与多视点分析。

⑥支持需求分析的快速原型技术。

⑦需求规格说明与评审。

软件需求是指用户对其目标软件系统的功能、行为、性能、设计约束等诸方面的期望。通过与用户反复交流,对相应问题及其环境进行充分的了解与分析,为问题设计的信息、功能及系统行为建立模型。去除无关的易使人误解的信息,寻找是否有对类似问题的解决办法,将用户需求精确化、完全化,最终形成系统分析说明书,完成软件开发生命周期的系统分析阶段。

7.2.2 系统设计阶段

在软件生命周期的系统设计阶段,包括概要设计、详细设计、实现、组装测试和确认测试5个阶段。

1)概要设计

根据软件需求规格说明完成下述内容:

①建立系统总体结构和各模块之间的关系;

②定义各功能模块的接口;

③设计全局数据库或数据结构;

④规定设计约束;

⑤制订组装测试计划。

2)详细设计

①对概要设计进行细化;

②设计文档资料。

3)实现

①选择合适的编程语言编写程序;

②制订模块测试方案和测试数据：

③制订模块预期测试结果；

④制订组装测试方案和测试数据；

⑤制订预期测试结果；

⑥保存相应的文档资料。

4）组装测试

①根据模块测试方案和测试数据进行模块测试；

②根据模块测试方案和测试数据逐步进行组装测试；

③系统各模块连接正确性测试：

④软件系统或子系统的正确性和容错性能测试；

⑤保存相应的文档资料。

5）确认测试

①由专家、客户、开发人员组成系统测试评审小组；

②向客户提供最终的用户手册、操作手册、源程序清单及其他软件文档资料；

③三方共同根据组装测试方案和测试数据逐条严格进行组装测试，确认软件系统是否达到客户的系统需求；

④确认系统测试结束时应建立确认系统测试报告、项目开发总结报告；

⑤保存相应的文档资料。

7.2.3 系统使用、系统维护和更新换代阶段

1）系统的使用

①推广软件的应用。使用软件的用户越多，其社会经济效益越大；

②客户和系统维护人员必须认真收集软件使用时发现的软件错误；

③定期撰写"软件问题报告"。

2）系统维护

①对发现的软件产品中潜伏的错误进行修改维护；

②对用户提出的软件需求进行修改维护；

③软件运行环境发生变化时需要对软件进行修改维护；

④对软件定义和软件开发各阶段生成的文档资料进行修改维护。

系统维护的好坏直接影响系统的应用和系统的生命周期，而系统的可维护性又与软件设计密切相关，所以软件在开发过程中应当重视对软件可维护性的支持。

3）系统更新换代

系统更新换代是系统生命周期的最后一个阶段。虽然软件已完成其历史使命，但软件中的一些构件或模块还可以复用，可以成为新系统的一个组成部分。

软件系统的生命周期又称为软件开发模型,指软件项目从需求定义直至软件经使用后废弃为止,跨越整个生命周期的系统开发、运作和维护所实施的全部过程、活动和任务的结构框架。常见的模型有瀑布模型、增量模型、螺旋模型。

(1)瀑布模型

1970年,温斯顿·罗伊斯提出了瀑布模型(Waterfall Model),其核心思想是按照相应的工序将问题进行简化,将系统功能的实现与系统的设计工作分开,便于项目之间的分工与协作,即采用结构化的分析与设计方法将逻辑实现与物理实现分开。瀑布模型将软件生命周期划分为系统需求、软件需求、初步设计、详细设计、编程调试、测试运行和运行维护7个阶段,并规定了它们自上而下的次序,每一个阶段都是依次衔接的,如图7-1所示。

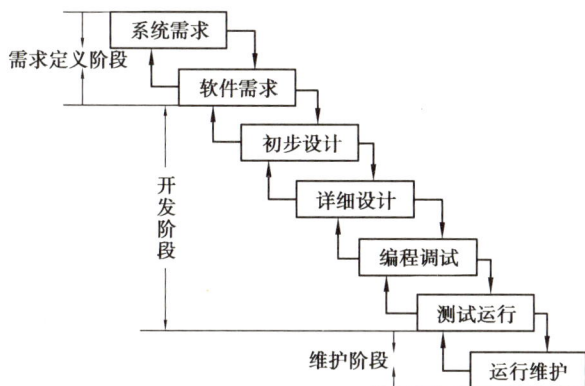

图 7-1　瀑布模型

瀑布模型为项目提供了阶段划分的检查点,这样有利于软件开发过程中人员的组织及管理。瀑布模型在当前阶段完成后才去关注后续阶段,这样有利于开发大型的项目。然而它也存在一定的缺陷,比如当开发成果尚未经过测试时,用户无法看到软件效果,不能得到在开发过程中的及时反馈,增加了项目开发过程的风险,对需求不稳定的项目来说缺乏足够的灵活性,并且在需求分析阶段要完全确定系统用户所有需求也相当困难。

瀑布模型的优点是可使开发人员采用规范的方法,严格规定每个阶段必须提交的文档,要求每个阶段的所有产品都必须经过质量保证小组的仔细验证。

瀑布模型的缺点是无法解决软件需求不明确或不准确的问题,可能导致最终开发的产品不能真正满足用户需要。瀑布模型比较适合开发需求明确的软件。

(2)增量(渐增)模型

增量模型把软件产品作为一系列的增量构件来设计、编码、集成和测试。每个构件由多个相互作用的模块构成,并且能够完成特定的功能。

使用增量模型时,第一个阶段的增量构件往往实现软件的基本需求,提供最核心的功能;后面的增量构件逐渐添加系统的功能,具体如图7-2所示。

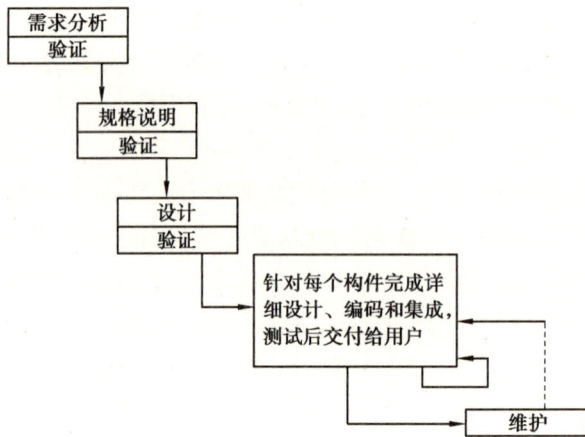

图 7-2　增量模型

增量模型在使用过程中还需要注意以下事项：

①增量构件规模适中；

②分解的约束条件是当把新构件集成到现有软件中时，所形成的产品必须是可测试的；

③软件体系必须是开放的，即在对现有系统添加新增量构件时，不能破坏系统原有功能。

增量模型的优点是能在较短的时间内提供可完成部分工作的初步产品给用户，用户有较为充裕的时间学习和适应新产品。

增量模型的缺点是对开发人员技术能力要求较高，要求能从系统整体出发正确划分增量构件，并进行分别开发，最后能很好地集成这些构件。

（3）螺旋模型

螺旋模型（Spiral Model）的优点是强调可选方案和约束条件、有利于已有软件的重用，也有助于把软件质量作为软件开发的一个重要目标，减少过多测试或测试不足（产品故障多）所带来的风险，适合大型软件开发，螺旋模型如图 7-3 所示。

螺旋模型的缺点是需要开发人员具有相当丰富的风险评估经验和专业知识。各种系统开发模型的对比内容见表 7-1。

表 7-1　各种系统开发模型的对比

模型	优点	缺点
瀑布模型	规范，文档驱动	系统可能不满足客户真正的需求
增量模型	开发早期回报明确，易于维护	要求开放的软件体系结构
螺旋模型	风险驱动，适用于大型项目开发	风险分析人员需要有经验且经过充分训练

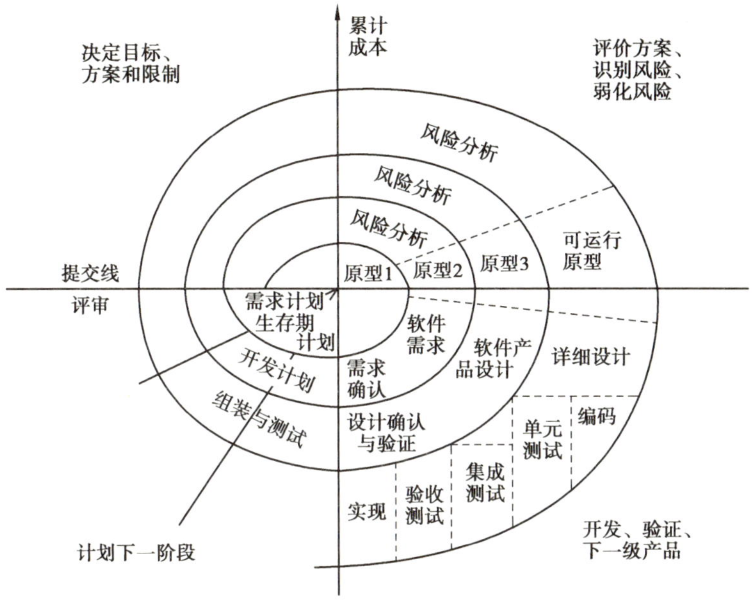

图 7-3 螺旋模型

7.3 管理信息系统开发策略和开发方式

7.3.1 管理信息系统开发策略

1)"自顶向下"的开发策略

从高层管理入手,考虑信息系统的整体目标、环境、资源和约束条件,再确定需要哪些功能去保证整体目标的实现,并划分相应的子系统,以及进行子系统的业务分析和设计。这种开发策略具有较强的整体性和逻辑性,但其工程量大,周期长,开发费用高,评价标准也难以确定。

信息系统"自顶向下"的开发策略的具体步骤如下:

①分析信息系统的整体目标、环境、资源和约束条件;

②确定信息系统的主要业务处理功能,从而得到各个子系统的分工和接口;

③确定每一个功能(子系统)所需要的输入、输出和数据存储;

④对子系统的功能和数据做进一步分析与分解;

⑤根据需要和具体情况,确定优先开发的子系统。

2)"自底向上"的开发策略

"自底向上"的开发策略从基层业务子系统入手进行信息系统开发。这些基层业务子系统容易被识别、理解、开发和调整,相关的数据流和数据存储也容易确定。在对基层子系统进行分析和设计之后,再将不同的功能和数据综合起来考虑,进行上一层系统的分析与设计。为了支持系统的整体目标,满足管理层和决策层的需要,除了增添新的功能和数据外,还要考虑一定的管理模型。

这种策略将具体的业务子系统逐层综合为总系统,实际上是模块的组合。但是,由于在子系统的具体开发中难以全面考虑系统的整体目标和功能,所以在进行上层分析与设计时,反过来还要对下层子系统的功能和数据做较大的调整。尽管可以根据资源的情况逐步满足用户的要求,但缺乏整体目标和协调性可能会导致功能和数据的矛盾、冗余,从而造成返工。

3)综合开发策略

综合开发策略是上述两种策略的综合。"自顶向下"的开发策略适用于一个企业信息系统总体方案的设计,而"自底向上"的开发策略适用于基层业务信息系统的设计。综合开发策,首先采用"自顶向下"的开发策略确定信息系统的总体方案,再在总体方案的指导下,采用"自底向上"的开发策略,分别对基层业务子系统进行功能和数据的分析和分解,并逐层综合为总系统。这样,通过全面分析、协调和调整,就能够得到一个比较理想的,耗费较少人力、物力和时间的,用户满意的信息系统。

7.3.2 开发方式

1)用户自行开发

用户组织内部的或招聘新的信息管理专业人员,开发自己的信息系统。由于开发工具的进步,用户自行开发的比重在上升。这种方式适应于具有较强的系统分析、设计和编程及系统维护力量的组织和单位。用户自行开发需要强有力的领导,有足够的技术力量,并需要进行一定的咨询。

优点:有利于与用户协调,减少不确定性;项目可控性较好,用户适应性好。

缺点:系统性及质量较难保证,开发周期较长,易用现代信息技术加固传统管理方法,不利于推动组织变革。需较多的信息人员,开发投入不会减少。

2)委托开发

支付一定的费用,委托专业公司或科研单位开发。在早期,信息系统是新事物,企业无能力自行开发;随着开发经验的积累与开发方法技术的成熟,信息系统开发逐步成为一种信息服务行业,企业则因环境所迫,面临精简人员,因此委托开发也必然是信息系统开发的主流方式之一。

优点:系统性与质量有保证,能较好地推动组织变革。

缺点:不利于培养组织自己的信息系统维护人员,有较大的风险,易造成依赖性。

3)联合开发

联合开发方式适合于使用单位有一定的管理信息系统分析、设计及软件开发人员,但开发队伍中的其中一方面力量较弱,希望通过管理信息系统的开发建立完善和提高自己的技术队伍,便于系统维护工作的单位。这种方式是双方共享开发成果,实际上就是一种半委托性质的开发工作。

采用此开发方式的企业,合作双方要目标一致,有很好的合作基础,在各方面沟通上基本畅通,以及双方人员配合上无接缝等。具备了这些基本要素,联合开发才能顺利进行,否则会导致研发中途停滞,或开发目标被迫降低等现象。

优点:相对于用户自行开发和委托开发的方式而言,更为节约资金,并可以培养、增强使用单位的技术力量,便于系统维护工作,系统的技术水平较高。

缺点:双方在合作中沟通容易出现问题,需要双方及时达成共识,进行协调和检查。

4)购置商品应用软件

购置现成的商品软件,买来后经修改(二次开发)、安装和初始化后即可投运使用。软件品种及软件供应商的选择至关重要。目前商品应用软件(应用软件包)品种很多,单一功能的小软件至覆盖大部分企业业务的大系统,价格在几万元至几百万元。目前已有较知名的研制销售管理应用软件的公司和产品。如美国 IBM 公司的 MPCS,ORACLE 公司的协同应用系统等。国内也有较成功的管理应用软件公司,如用友的财务软件等。

优点:开发周期短;因经反复调试应用,可靠性好;以规范模式研制,促使组织变革较有力。

缺点:通用软件难以满足个性化需要,要有一定的技术力量做软件改善和接口等二次开发工作。

7.4　结构化系统开发方法

20 世纪 70 年代,西方发达国家在系统开发的过程中不断摸索,吸取了以前系统开发的经验教训,总结出了系统结构化分析与设计的方法,即结构化系统开发方法。它是自顶向下的结构化方法、工程化的系统开发方法和生命周期方法的结合,是迄今为止开发方法中最传统、应用最广的一种开发方法。

7.4.1　结构化系统开发方法的基本思想

结构化系统开发方法的基本思想是将结构与控制加入项目中,以便使活动在预定的时间和预算内完成。用系统工程的思想和工程化的方法,按用户至上的原则,结构化、模块化、自顶向下地对系统进行分析与设计。

具体地说,就是先将整个管理信息系统的开发划分成若干个相对比较独立的阶段,如系统规划、系统分析、系统设计、系统实施等。在前三个阶段采用自顶向下的方法对系统进行结构化划分,即从组织管理金字塔结构的最顶层入手,层层分解、逐步深入最基层;先考虑系统整体的优化,然后再考虑局部的优化。在系统实施阶段,采用自底向上的方法逐步实施,即按照前几个阶段设计的模块,组织人员从最基层的模块做起(编程),然后按照系统设计的结构,将模块一个个拼接到一起进行调试,自底向上、逐渐地构成整体系统。

7.4.2　结构化系统开发的生命周期

随着企业自身的发展和变化、计算机及网络技术的迅猛发展,一个管理信息系统用了几年以后,都可能出现新情况、新问题,从而提出新需求、新目标,这时就需要更新或建立新的管理信息系统。这一过程包括:

需求调查和可行性分析——新系统的开发——新系统的安装和配置——系统的切换——新系统的运行

这种周期称为管理信息系统的生命周期。管理信息系统生命周期模型如图7-4所示。

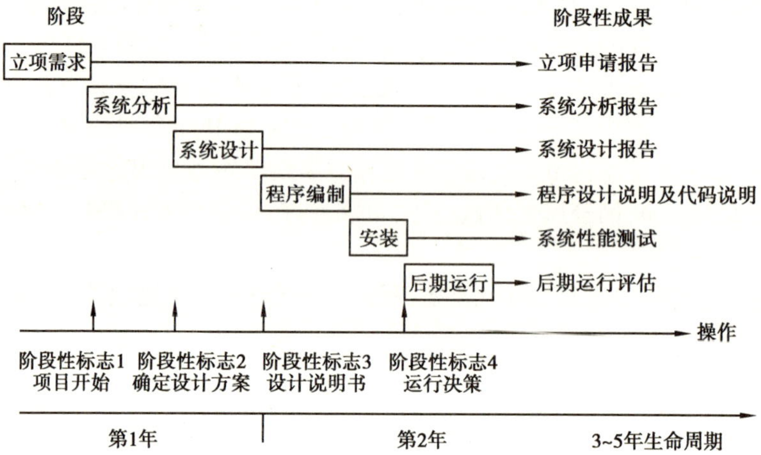

图 7-4　管理信息系统生命周期模型

1)系统规划阶段

首先提出要求,组建规划小组,进行初步调查,了解企业的概况、目标、边界、环境、资源,确定企业目标及信息系统目标;其次进行可行性分析,认为可行,提出信息系统的主要结构、开发方案、进度计划、资源投入计划等;最后写出可行性分析报告。

2)系统分析阶段

该阶段要进行新系统的逻辑设计。首先对企业进行详细调研,了解用户需求、业务流程,了解信息的输入、处理、存储和输出;其次建立新系统的逻辑模型,借助数据流程图、数据字典及文字说明写出新系统逻辑设计文档(系统说明书)。

3)系统设计阶段

该阶段分总体设计和详细设计。总体设计的主要任务是系统模块结构的设计,硬件、软件平台选型,数据库和数据文件的设计,编码设计,输入/输出设计,模块接口设计等;详细设计主要是进行模块设计及模块内部的算法设计,最后写出系统设计说明书。

4)系统实施阶段

系统实施阶段包括:购置计算机硬件、系统软件,并安装调试;程序设计,程序及系统的调试;用户培训;编写各种文档等。

5）系统运行、维护与评价阶段

该阶段要进行系统的日常运行管理、维护和评价工作。如果运行结果良好，则送管理部门指导组织生产经营活动；如果存在一些小问题，则对系统进行修改、维护或是局部调整等；若存在重大问题（这种情况一般是运行若干年之后，系统运行的环境已经发生了根本的改变时才可能出现），则用户将会进一步提出开发新系统的要求，这标志着旧系统生命的结束，新系统的诞生。

管理信息系统生命周期的各阶段名称、主要工作及文档资料见表7-2。

表 7-2　各阶段名称、工作和文档

开发阶段	主要工作	文档资料
系统调查与规划	初步调查拟定开发计划	可行性研究报告
系统分析	数据流程、数据及处理分析	系统分析说明书
系统设计	模块设计、数据库设计	系统设计说明书
系统实施	编制程序	流程及用户使用手册
运行测试和维护	测试、维护	系统测试报告

在用结构化系统开发方法开发一个管理信息系统时，将开发的全部过程划分为5个阶段，即系统规划、系统分析、系统设计、系统实施，以及系统运行、维护与评价，这个过程即系统开发的生命周期，所以结构化系统开发方法又称为结构化生命周期法。

7.4.3　结构化系统开发方法的特点

1）优点

①建立面向用户的观点，强调用户是整个信息系统开发的起源和最终归宿，即用户的参与程度和满意程度是系统成功的关键。

②严格区分工作阶段，强调将整个系统的开发过程分为若干个阶段，每个阶段都有其明确的任务和目标以及预期要达到的阶段成果，一般不可打乱或颠倒。

③充分预料可能发生的变化，在系统的分析、设计和实现过程中都要充分考虑可能变化的因素。一般可能发生的变化来自周围环境变化：来自外部的影响，如上级主管部门主要的信息发生变化等；系统内部处理模式的变化，如系统内部的组织结构和鼓励体制发生的变化、工艺流程发生变化、系统内部管理形式发生变化等；用户要求发生变化，即用户对系统的认识程度不断深化，又提出更高的要求。

④工作文件的标准化和文献化。在系统研制的每一阶段、每一步骤都要有详细的文字资料记载，需要记载的信息是系统分析过程中的调研材料及同用户的交流情况。设计的每一步方案（甚至包括经分析后淘汰掉的信息和资料）资料要有专人保管，要建立一整套管理、查询制度。

2）局限性

①所需文档资料数量大。使用结构化方法，人们必须编写数据流程图、数据字典、加工说明等大量文档资料，而且随着对问题理解程度的不断加深或者用户环境的变化，这套文档也需不断修改，这样的修改工作是不可避免的。然而，这样的工作需占用大量的人力、物力。

②不少软件系统，特别是管理信息系统，是人机交互式的系统。对交互式系统来说，用户最为关心的问题之一是如何使用该系统，如输入命令、系统相应的输出格式等，所以在系统开发早期就应该特别重视人机交互式的用户需求。但是，结构化分析方法在理解、表达人机界面方面是很差的，数据流程图描述和逐步分解技术在这里都发挥不了特长。

③结构化分析方法为目标系统描述了一个模型，但这个模型仅仅是书面的，只能供人们阅读和讨论，而不能运行和试用，因此它在澄清和确定用户需求方面能起的作用毕竟是有限的，从而导致用户信息反馈太迟，对目标系统的质量也有一定的影响。

尽管有这些局限性，结构化系统开发法（生命周期法）还是经常应用在大型、复杂的影响企业整体运作的企业事务处理系统和管理信息系统的开发项目中的，也经常应用在政府项目中。

7.5　原型法

原型法是 20 世纪 80 年代随着计算机技术的发展，特别是在关系数据库系统（Relational Database System，RDBS）、第四代程序生成语言（4th Generation Language，4GL）和各种系统开发生成环境产生的基础之上，提出的一种新的系统开发方法。与结构化系统开发方法相比，原型法放弃了对现行系统的全面、系统地详细调查与分析，而是根据系统开发人员对用户需求的理解，在强有力的软件环境支持下，快速开发出一个实实在在的系统原型，并提供给用户，与用户一起反复协商修改，直到形成实际系统，如图 7-5 所示。

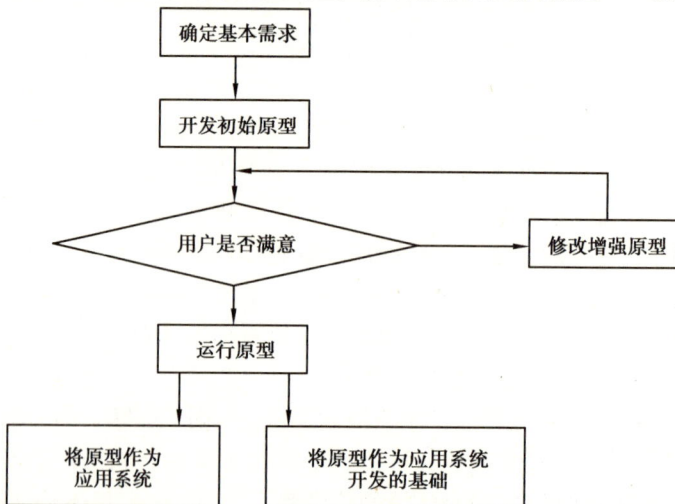

图 7-5　原型法的工作流程

7.5.1 原型法概述

传统的结构化系统开发方法强调系统开发每一阶段的严谨性,要求在系统设计和实施阶段之前预先严格定义出完整准确的功能需求和规格说明。然而,对于规模较大或结构较复杂的系统,在系统开发前期,用户往往对未来的新系统仅有一个比较模糊的想法。由于专业知识所限,系统开发人员对某些涉及具体领域的功能需求也不太清楚。虽然可以通过详细的系统分析和定义得到一份较好的规格说明书,却很难做到将整个管理信息系统描述完整,且与实际环境完全相符,很难通过逻辑推断看出新系统的运行效果。因此当新系统建成以后,用户对系统的功能或运行效果往往会觉得不满意。同时随着开发工作的进行,用户会产生新的要求,或因环境变化希望系统也能随之作相应更改,系统开发人员也可能因碰到某些意料之外的问题希望在用户需求中有所权衡。总之,规格说明的难以完善和用户需求的模糊性已成为传统的结构化系统开发方法的重大障碍。

原型法正是对上述问题进行变通的一种新的系统开发方法。在建筑学和机械设计学中,"原型"指的是其结构、大小和功能都与某个物体相类似的模拟该物体的原始模型。在管理信息系统开发中,用"原型"来形象地表示系统的一个早期可运行版本,能反映新系统的部分重要功能和特征。原型方法则是利用原型辅助开发系统的一种新方法。原型法要求在获得一组基本的用户需求后,快速地实现新系统的一个原型,用户、开发者及其他有关人员在试用原型的过程中,加强通信和反馈,通过反复评价和反复修改原型系统,逐步确定各种需求的细节,适应需求的变化,从而最终提高新系统的质量。因此可以认同原型方法确定用户需求的策略,它对用户需求的定义采用启发的方式,引导用户在对系统逐渐加深理解的过程中做出响应。

7.5.2 原型法的基本思想

运用原型法开发管理信息系统,首先要对用户提出的初步需求进行总结,然后构造一个合适的原型并运行,此后,通过系统开发人员与用户对原型的运行情况的不断分析、修改和研讨,不断扩充和完善系统的结构和功能,直至得到符合用户要求的系统为止。

原型法的上述基本思想,体现出以下特征。

①原型法并不要求系统开发之初即完全掌握系统的所有需求。事实上,由于各种因素的影响,系统的所有需求不可能在开发之初就可以预先确定,用户只有在看到一个具体的系统时,才能对自己的需求有完整准确的把握,同时也才能发现系统当前存在的问题和缺陷。

②构造原型必须依赖快速的原型构造工具。只有在工具的支持下才能迅速建立系统原型,并方便地进行修改、扩充、变换和完善。

③原型构造工具必须能够提供目标系统的动态模型,才能通过运行动态模型暴露出问题和缺陷,有利于迅速进行修改和完善。

④原型的反复修改是必然的和不可避免的,必须根据用户的要求,随时反映到系统中去,从而完善系统的结构和功能,使系统提供的信息真正满足管理和决策的需要。

7.5.3 原型法的开发过程

原型法开发的具体流程是:首先建立一个能反映用户主要需求的原型,让用户实际看见新系统的概貌,以便判断哪些功能符合要求、哪些需要改进,其次通过对原型的反复改进,最终建立符合用户要求的新系统。原型法在建立新系统时可分为下述 4 个阶段:

①确定用户的基本需求。在这个阶段中,系统开发人员要进行详细的系统调查,识别出新系统的基本需求,如系统功能、人机界面、输入/输出、运行环境、性能及安全可靠性。

②开发初始原型。根据用户的要求,开发人员迅速建立起一个初始原型,该原型是在计算机上初步实现的信息系统。

③征求用户对原型的改进意见,让用户亲自使用原型,对原型进行检查、评价和测试,指出原型的缺点和不足,提出改进意见和需求。

④修正和改进原型。开发人员对原型进行修改、扩充、完善,直到用户满意为止。

7.5.4 原型法的类型

原型法可以分为试验型原型法和演进型原型法。

1)试验型原型法

试验型原型法是为实现某方案而设计的原型,目的是验证所选择方案的可行性,验证后丢弃原型,如下列 4 种类型:

①人机交互界面仿真原型。提供人机交互界面,在原型的背后可能根本没有真正的数据,原型只是为了对界面及交互方式做一些验证。

②轮廓仿真原型,试图建立最终系统的总体结构。

③局部功能仿真原型,对局部功能进行原型开发验证,目的是分析设计出某些局部功能结构。

④全局功能仿真原型,建立在包含最终系统所有功能的原型系统的基础上,构造这种原型时,强调实现和修改过程的方便性,而不是最终系统的效率,最终系统要被丢弃。

2)演进型原型法

演进型原型法是按较准确的用户需求,产生完整的系统,然后不断地修改、完善,直到用户满意,最终完善的原型就是最终系统。演进型原型法有两种开发方式:

①递增式系统开发。系统已有总体框架,各子系统和模块的功能结构也清楚,但没有具体实现,用递增式的方式对各功能模块进行原型法开发,相当于搭积木,可用于解决需要集成的复杂系统的设计问题。

②进化式系统开发。它把系统开发看成一种周期过程。从设计到实现再到评价反复进行,前期成果可看作一个版本系列,不断完善推出新的版本。

7.5.5 原型法的特点

1)优点

由于原型法不需要对系统的需求进行完整的定义,而是根据用户的基本需求快速开发出系统原型,开发人员在与用户对原型的不断"使用—评价—修改"中,逐步完善对系统需求的认识和系统的设计,因而,它具有如下优点。

①原型法符合人类认识事物的规律,更容易使人接受。人们认识任何事物都不可能一次完全了解,认识和学习过程都需循序渐进,人们总是在环境的启发下不断完善对事物的描述。

②原型法改进了开发人员与用户的信息交流方式。用户的直接参与,能及时发现问题并进行修改,这样清除了歧义,改善了信息的沟通状况。它能提供良好的文档、项目说明和示范,增强了用户和开发人员的兴趣,从而大大减少了设计错误,降低了开发风险。

③原型法开发周期短、费用低。原型法充分利用了最新的软件工具,丢弃了手工方法,使系统开发的时间、费用大大减少,效率和技术等大大提高。

④原型法应变能力强。原型法开发周期短,使用灵活,对于管理体制和组织结构不稳定、有变化的系统比较适合。原型法需要快速形成原型和不断修改原型,因此,系统的可变性好,易于修改。

⑤原型法使用户满意程度提高。原型法以用户为中心来开发系统,加强了用户的参与和决策,向用户和开发人员提供了一个活灵活现的原型系统,实现了早期的人机结合测试,能在系统开发早期发现错误和遗漏,并及时予以修改,从而提高了用户的满意程度。

2)缺点

虽然原型法有上述优点,但是它的使用仍然有一定的适用范围和局限性,主要表现在以下几方面。

①不适合开发大型管理信息系统。对于大型系统,如果不经过系统分析来进行整体性划分,很难直接构造一个模型供人评价,而且易导致人们认为最终系统过快产生,开发人员忽略彻底的测试,文档不够健全。

②原型法建立的基础是最初的解决方案,以后的循环和重复都在以前的原型基础上进行,如果最初的原型不适合,则系统开发会遇到较大的困难。

③对于原基础管理不善、信息处理过程混乱的组织,构造原型有一定的困难,而且没有科学合理的方法可依,系统开发容易走上机械地模拟原来手工系统的轨道。

④没有正规的分阶段评价,因而对原型的功能范围的掌握有困难。由于用户的需求总在改变,系统开发永远不能结束。

⑤由于原型法的系统开发不很规范,系统的备份、恢复、系统性能和安全问题容易忽略。

7.5.6　原型法需要注意的问题

①并非所有的需求都能在系统开发前被准确地说明。事实上,要想严密、准确地定义任何事情都是有一定难度的,更不用说是定义一个庞大系统的全部需求了。用户虽然可以叙述他们所需最终系统的目标以及大致功能,但是对某些细节问题却往往不可能十分

清楚。一个系统的开发过程,无论对于开发人员还是用户来说,都是一个学习和实践的过程,为了帮助他们在这个过程中提出更完善的需求,最好的方法就是提供现实世界的实例——原型,对原型进行研究、实践,并进行评价。

②项目参加者之间通常都存在交流上的困难,原型提供了克服该困难的一个手段。用户和开发人员通过屏幕、键盘进行对话和讨论、交流,从他们自身的理解出发来测试原型。一个具体的原型系统由于直观性、动态性而使项目参加者之间的交流上的困难得到较好的克服。

③需要实际的、可供用户参与的系统模型。虽然图形和文字描述是一种较好的通信交流工具,但是其最大的缺陷是缺乏直观的、感性的特征,因而不易理解对象的全部含义。交互式的系统原型能够提供生动的规格说明,用户见到的是一个"活"的、实际运行着的系统。实际使用在计算机上运行的系统,显然比理解纸面上的系统要深刻得多。

④有合适的系统开发环境。随着计算机硬件、软件技术和软件工具的迅速发展,软件的设计与实现工作越来越方便,对系统进行局部性修改甚至重新开发的代价大大降低。所以,对大系统的原型化已经成为可能。

⑤反复是完全需要和值得提倡的,但需求一旦确定,就应遵从严格的方法。对系统改进的建议来自经验的发展,应该鼓励用户改进他们的系统,只有做必要的改变后,才能使用户和系统间获得更加良好的匹配。所以,从某种意义上说,严格定义需求的方法实际上抑制了用户在需求定义以后再改进的要求,这对提高最终系统的质量是有害的。另外,原型方法的使用,并不排除严格定义方法的运用,当通过原型并在演示中得到明确的需求定义后,即应采用行之有效的结构化方法来完成最终系统的开发。

7.6　面向对象方法

面向对象的方法是一种按照人们对现实世界习惯的认识论和思维方式来研究和模拟客观世界的方法学。它将现实世界中的一切事物都看成"对象",将客观世界看成是由许多不同种类的对象构成的,每一个对象都有自己的内部状态和运行规律,不同对象之间的相互联系和相互作用构成了完整的客观世界。

早期面向对象仅是一种程序设计方式,从 20 世纪 80 年代中期开始,随着面向对象技术的发展,面向对象的概念从单纯的面向对象的程序设计(Object Oriented Programming,OOP)扩展到面向对象设计(Object-Oriented Design, OOD)和面向对象分析(Object-Oriented Analysis, OOA)。

7.6.1　面向对象方法的基本思想

面向对象的开发方法基于类和对象的概念,把客观世界的一切事物都看成由各种不同的对象组成,每个对象都有各自内部的状态、机制和规律,按照对象的不同特性,可以组成不同的类。不同的对象和类之间的相互联系和相互作用就构成了客观世界中的不同的事物和系统。面向对象的开发方法可描述为以下几种情况。

①客观事物是由对象组成的,对象是在原事物基础上抽象的结果。任何复杂的事物都可以通过各种对象的某种组合结构来定义和描述。

②对象是由属性和操作方法组成的,其属性反映了对象的数据信息特征,而操作方法则用来定义改变对象属性状态的各种操作方式。

③对象之间的联系通过消息传递机制来实现,而消息传递的方式是通过消息传递模式和方法所定义的操作过程来完成的。

④对象可以按其属性来归类,借助类的层次结构,子类可以通过继承机制获得其父类的特性。

⑤对象具有可重用的特性,一个对象就构成一个严格模块化的实体,在系统开发中可被共事和重复引用,达到软件(程序和模块)重用的目的。

7.6.2 面向对象方法的开发过程

采用面向对象的开发方法,首先要进行系统调查和需求分析,对系统中的具体管理问题和用户对系统的需求进行系统的调查研究,确保系统的整体性、开发过程的阶段性与计划性,使系统性能满足系统的目标和要求,以期获取最佳的经济效益。

面向对象的系统开发过程,一般可分为以下4个阶段,如图7-6所示。

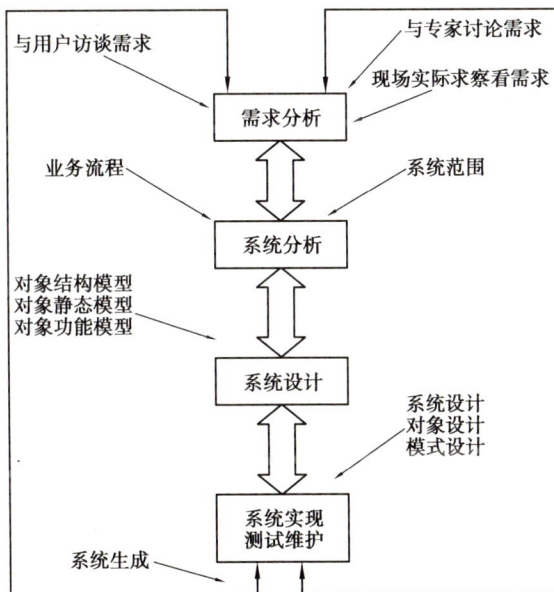

图7-6 面向对象系统开发过程

1)系统分析(分析和求解问题)阶段

利用信息模型技术识别问题域中的对象实体,标识对象之间的关系,确定对象的属性和方法,利用属性描述对象及其关系,并按照属性的变化规律定义对象及其关系的处理流程,该阶段简称 OOA。

2)系统设计(确定问题模型)阶段

对系统发现的结果进一步抽象、归类、整理,以范式(物理模型)的形式确定,该阶段简称 OOD。

3)系统实现(程序设计)阶段

利用面向对象的程序设计语言进行编程,该阶段简称 OOP。

4)系统测试阶段

运用面向对象的技术进行软件测试,该阶段简称面向对象测试(Object-Oriented Test, OOT)。

面向对象的方法还为软件维护提供了有效途径,程序与问题域一致,各个阶段表现一致,大大降低了理解难度,提高了软件的维护效率。

7.6.3　面向对象方法的特点和优缺点

1)面向对象方法的特点

①利用特定软件直接从对象客体的描述到软件结构的转换;

②解决了传统结构化方法中客观世界描述工具与软件结构的不一致性;

③减少了从系统分析、设计到软件模块结构之间的多次转换映射的繁杂过程。

2)面向对象方法的优点

①它是一种全新的系统分析设计方法(对象、类、结构属性、方法);

②它适用于各类信息系统的开发;

③它实现了对客观世界描述到软件结构的直接切换,大大减少后续软件开发量;

④它开发工作的重用性、继承性高,降低重复工作量;

⑤它缩短了开发周期。

3)面向对象方法的缺点

①需要一定的软件支持环境;

②不太适用于大型的管理信息系统开发,若缺乏整体系统设计划分,易造成系统结构不合理、各部分关系失调等问题;

③只能在现有业务基础上进行分类整理,不能从科学管理角度进行理顺和优化;

④初学者不易接受,难学。

7.6.4　三种主要开发方法的比较

从统计资料来看,信息系统开发工作的重心向系统调查、分析阶段偏移。开发各个环节工作量中系统调查、分析阶段的工作量占总开发量的 60% 以上;而系统设计和实现环节仅占总开发工作量比重不到40%。

　　结构化系统开发方法能够辅助管理人员对原有的业务进行清理,理顺和优化原有业务。使其在技术手段上和管理水平上都有很大提高;发现和整理系统调查、分析中的问题及疏漏,便于开发人员准确地了解业务处理过程;有利于与用户一起分析新系统中适合企业业务特点的新方法和新模型;能够对组织的基础数据管理状态、原有信息系统、经营管理业务、整体管理水平进行全面系统分析。

　　原型法是一种基于4GL的快速模拟方法。它通过模拟以及对模拟后原型的不断讨论和修改,最终建立系统。要想将这样一种方法应用于大型信息系统的开发过程中的所有环节是根本不可能的,故它多被用于小型局部系统或处理过程比较简单的系统设计到实现的环节。

　　面向对象方法围绕对象来进行系统分析和系统设计,然后用面向对象的工具建立系统的方法。这种方法可以普遍适用于各类信息系统开发,但是它不能涉足系统分析以前的开发环节。

　　综上所述,只有结构化系统开发方法是真正能够较全面地支持整个系统开发过程的方法。虽然其他方法有许多这样那样的优点,但都只能作为结构化系统开发方法在局部开发环节上的补充,暂时都还不能替代其在系统开发过程中的主导地位,尤其是在占目前系统开发工作量最大的系统调查和系统分析这两个重要环节上。

7.7　计算机辅助开发方法

　　20世纪80年代,计算机图形处理技术和程序生成技术的出现,缓和了系统开发过程中的系统分析、系统设计和开发"瓶颈",即主要靠图形处理技术、程序生成技术、关系数据库技术和各类开发工具于一身的计算机辅助软件工程(Computer Aided Software Engineering,CASE)工具代替人在信息处理领域中的重复性劳动。

7.7.1　CASE的概念

　　我们对软件工具开发管理信息系统的使用,导致CASE的产生。CASE的定义是:在软件工程活动中,软件工程师和管理人员按照软件工程的方法和原则,借助计算机及其软件工具,开发、维护、管理软件产品的过程,称为计算机辅助软件工程。

　　CASE的最初形式是一个个孤立的软件开发工具。随着对软件开发过程的研究和各种设计方法的产生,这些工具按照一定的软件开发方法有机地组织起来,并遵循一定的软件开发模型,构成一个集成软件开发环境。

　　这个软件开发环境是一组方法、过程及计算机程序的整体化构件,它支持从需求定义、程序生成直到维护的整个软件生存周期。

7.7.2　CASE的基本思路

　　从方法论的角度看,计算机辅助开发并不是一门真正意义上的方法,它是对整个开发过程进行支持的一种技术。CASE 方法解决问题的基本思路是：系统开发过程中的第一步如果都可以在一定程度上形成对应关系的话，那么就完全可以借助于专门研制的软件工具来实现上述一个个的开发过程。例如，结构化方法中的业务流程分析—数据流程分析—功能模块设计—程序实现；业务功能一览表—数据分析、指标体系—数据/过程分析—数据分布和数据库设计—数据库系统。又如，面向对象方法中的问题抽象—属性、结构和方法定义—对象分类—确定范式—程序实现等。在实际开发过程中，上述几个过程很可能只是一定程度上对应，故这种专门研制的软件工具暂时还不能一次"映射"出最终结果，还必须实现其中间过程。对于不完全一致的地方由系统开发人员再作具体修改。

在实际开发一个系统时，CASE 环境的应用必须依赖于具体的开发方法，如结构化系统开发方法、原型法、面向对象方法等，而一套大型完备的 CASE 产品，能为用户提供支持上述各种方法的开发环境。CASE 只是一种辅助的开发方法，主要体现在帮助开发者方便、快捷地产生出系统开发过程中的各类图表、程序和说明性文档。CASE 环境从根本上改变了我们开发系统的物质基础，在考虑问题的角度、开发过程的做法以及实现系统的措施等方面都与传统方法有所不同。

7.7.3 CASE 的组成

在 CASE 环境中，按照其集成程度的高低，它的集成形式有数据交换、公共工具访问、公共数据管理和全集成 4 种形式。

1）数据交换

数据交换是 CASE 中文件级的集成方式。在数据交换方式中，不同的工具各自存放着自己的数据。在集成使用时，以格式转换程序为中介，将对方的数据格式转换成需要的数据格式，这种交换是点到点的数据交换方式，且这种数据交换是单向的。这种集成方式的缺点是格式转换耗费的时间长，不能适应大型、多工具集成的软件开发。

2）公共工具访问

公共工具访问方式是指各个 CASE 工具被封装在统一的界面框架之下，采用统一的用户界面和操作方式。这些工具之间的数据交换采用点到点的格式转换方式，也需要格式转换程序作为中介进行访问。

3）公共数据管理

公共数据管理方式是指不同 CASE 工具产生的数据存放在同一个逻辑数据库中（即软件工程信息库）。该库中数据的物理存放既可采用集中式，也可采用分布式。这种集成方式还是需要在各个 CASE 工具之间进行数据的格式转换，但转换过程是在环境内部完成的。它对开发人员是透明的。这种方式简化了数据交换，并增加了共享数据的完整性。

4）全集成

全集成方式综合了公共工具访问和公共数据管理方式的所有特征，将所有各自独立的软件工具集成在一起。全集成是通过元数据管理机制和 CASE 工具的触发控制机制实现的。元数据是各个CASE工具所产生数据的元级描述,是关于数据描述的数据。它们以特定的形式存放在软件工程信息库中,元数据主要描述的内容有:

①数据的定义,包括数据的类型、属性、表示法、数据的生产者与消费者等;

②数据项之间的关系和依赖性描述,包括数据流图级、数据项级、代码段级的数据项;

③软件的设计规则,包括数据流程图的平衡规则,数据流程图中转换的输入、输出流与其相应过程的输入、输出参数的一致性原则;

④软件开发过程的工作流程和事件的描述,包括软件开发阶段的划分、里程碑定义、需求变更、问题报告等。

7.7.4　CASE的基本功能

①认识与描述客观系统,协助开发人员认识软件工作的环境与要求,合理地组织与管理系统开发的工作过程。

②存储及管理开发过程中产生的信息。系统开发中产生大量的信息,结构复杂,数量众多,由工具提供一个信息库和人机界面,有效地管理这些信息。

③代码的编写或生成。通过各种信息的提供,CASE使用户在较短时间内,半自动地生成所需的代码段落,进行测试、修改。

④文档的编制或生成,包括文字资料、各种报表、图形。文档编写是系统开发中十分繁重的工作,费时、费力,很难保持一致。

⑤软件项目的管理,包括进度、资源与费用、质量管理。

7.7.5　CASE的优缺点

CASE方法可以用于辅助结构化系统开发方法、原型法和面向对象方法的开发。它是高度自动化的系统开发方法,只要在分析和设计阶段严格按照CASE方法规定的处理过程,则能够将分析、设计的结果让计算机软件程序自动完成。CASE方法的开发方法、过程的规范性、可靠性和开发效率均较好。目前缺乏全面完善的CASE工具。

本章小结

管理信息系统开发是根据系统规划所确定的总体结构方案和项目开发计划,把拟定的项目计划转化成可以运行的实际系统。系统开发只有明确开发任务,遵循其原则,科学合理地组织与管理,凝聚高素质的开发人员,选择合适的开发方法和开发方式,才能开发出高质量、符合用户需求的新系统。

管理信息系统开发方法有结构化系统开发方法、原型法和面向对象方法。结构化系统开发方法开发管理信息系统可分为3个阶段:系统分析、系统设计、系统实施。用原型法开发管理信息系统,开发人员首先在了解用户需求的基础上,迅速开发出一个能够运行的原型、交给用户使用并做出评价,然后和用户一起反复修改,直到用户满意为止。用面向对象法开发管理信息系统,尽可能模拟人类习惯的思维方式,使开发软件的方法与过程尽可能接近人类认识世界、解决问题的方法与过程。

【复习思考题】

1.信息系统开发的生命周期分为哪几个阶段?

2.了解可行性分析的内容。

3.信息系统开发对组织的影响有哪些?

4.试述结构化系统开发方法的原理、优缺点。

5.试述原型法开发方法的原理、优缺点。

6.试述面向对象系统开发方法的原理、优缺点。

第8章 管理信息系统分析

【学习目标】

1.理解系统调查的原则、方式与内容。

2.掌握业务流程分析的方法。

3.掌握数据流程分析的方法。

4.掌握数据字典的内容与建立方法。

5.能在实际应用环境中运用系统分析方法进行管理信息系统的分析。

【案例导入】

基于物联网技术的农产品供应链管理

农产品供应链是由农民(农产品生产者)、农产品交易商、农产品采购加工企业、农产品分销、零售商和物流配送者以及最终消费者等"从田间到餐桌"的上下游构成的供应链网络体系。

目前国内农产品供应链管理实践发展相对滞后,影响了食用农产品的质量安全,也影响了供应链参与者的经济效益,主要体现为如下方面。

(1)对农产品供应链管理的市场导向观念认识不足

当前难以形成计划、生产、运输、交易销售、服务和监管为一体的食用农产品供应链。大部分农户、经销商一盘散沙,农户生产或养殖的产品直接交由经销商收购,或者直接去农贸市场销售,没有计划性,对市场变化反应慢。生产组织分散、经营规模小、组织化程度低,削弱了供应链组织的竞争优势。

(2)食用农产品供应链组织中缺乏真正有领导能力的核心企业

在现实的管理实践中,食用农产品供应链的核心企业多是加工生产企业或销售企业,然而这些企业受自身规模的影响,或过多地考虑自身的利益,在供应链中所起的领导作用不明显,这削弱了食用农产品供应链作为战略联盟的整体竞争优势。社会化资源整合能力的不足等使得供应链管理中参与各方处于断裂或较少关联的自流状态下,无法形成供应链的一体化组织协同运作。

(3)市场竞争的无序导致供应链人为割裂,供应链一体化程度低

一方面,食用农产品市场法律法规建设的薄弱和区域性壁垒导致市场分布的人为割裂;另一方面农产品交易的市场体系、交易方式、服务手段建设的落后,很难使全国农产品供应链形成统一高效的一体化网络。

(4)农产品供应链流通基础设施建设相对落后

当前缺乏统一的食用农产品供应链质量安全管理信息平台,冷链物流建设落后,食用

农产品供应链质量监管体系不健全等。

(5)不重视供应链管理中极为关键的信息化平台的搭建,造成信息不对称

忽视供应链管理中极为关键的信息化平台的搭建,造成信息分享不及时,从而引起经营成本、管理成本、决策成本、采购成本、运输成本、包装成本、生产加工成本、市场成本无形中被加大,农产品市场价格波动比较大。

农产品供应链链条长,流通环节多,各节点之间信息流通不畅,不仅影响了食用农产品的质量安全和供应链参与者的经济效益,而且严重制约了我国现代农业的发展。"物联网"成为目前国内的研究热点,也为农产品供应链的优化带来了契机,使农产品供应链的高效管理成为可能。物联网在农产品供应链管理中的应用也代表了未来农产品流通信息化发展的方向,必将为农产品生产、流通的信息化发展带来极其深刻的影响,进而引领现代农业的发展。因此,物联网在农产品供应链管理中的应用具有非常重要的意义。

资料来源:摘引自刘仲英.管理信息系统.高等教育出版社.2020

管理信息系统分析是开发管理信息系统的第二个阶段,也是决定管理信息系统开发成败的最重要的阶段,主要解决信息系统"能做什么"的问题。系统分析的重点是对系统的要求进行分析,即首先对组织各个部门、各业务进行详细了解,并在此基础上进行分析,确定出用户需求,从而提出新的方案,对新系统的各种方案和设想进行分析、研究、比较和判断,获得一个合理的新系统的逻辑模型。

8.1 系统调查

在总体规划阶段,通过初步调查,已对组织机构、系统功能等有了大致的了解,但对具体的业务处理过程及方法仍不十分清楚,需要进一步的调查,通过详细调查建立现行系统的具体模型,为建立新系统的逻辑模型打下基础。

8.1.1 系统调查的原则

系统调查的原则是指在系统调查过程中应该始终坚持的方法、做法或指导思想。具体包含以下5个方面:

①自顶向下全面展开。系统调查工作应该严格按照自顶向下的系统化观点全面展开。首先从组织管理工作的最顶层开始,然后再调查第二层、第三层的管理工作,直至摸清组织的全部管理工作。这样做的目的是使调查者既不会被组织内部庞大的管理机构搞得不知所措,无从下手,又不会因调查工作量太大而顾此失彼。

②先熟悉业务再分析其改进的可能性。组织内部的每一个部门和每一项管理工作都是根据组织的具体情况和管理需要而设置的。一般来说,某个岗位的存在和业务范围、要求必然有其存在的道理,因此,应该首先清楚这些管理工作的内容、环境条件和工作的详

细过程,然后通过系统分析讨论其在新的信息系统支持下,有无优化、改进的可能性。

③工程化的工作方式。工程化的方法就是将每一步工作事先都计划好,对多个人的工作方法和调查所用的表格、图例都进行规范化处理,以使群体之间都能相互沟通,协调工作。

④全面调查与重点调查相结合。开发整个组织的管理信息系统,应该坚持全面调查和重点调查相结合的方法。尤其是某时期内需要开发企业的某一个局部的信息系统,更应该在调查全面业务的同时,侧重该局部业务相关的分支。

⑤主动与用户沟通、保持积极友好的人际关系。系统调查是一项涉及组织内部管理工作的各个方面,涉及不同类型人的工作,应该主动与用户在业务上沟通,创造和保持一种积极、主动、友善的工作环境和人际关系是调查工作顺利开展的基础。

8.1.2 系统调查的方式

对现行系统的调查研究是一项烦琐而艰巨的工作,为了使调查工作能顺利进行并获得预期成效,需要掌握有关的方法、要领和一定的技巧。常用的调查方法通常有以下几种:

1)开调查会

这是一种集中征询意见的方法,适合于对系统的定性调查。开调查会可以按两种方法进行组织:一种是按职能部门召开座谈会,了解各个部门业务范围、工作内容、业务特点及对新系统的想法和建议;另一种是各类人员联合座谈,着重听取使用单位对目前作业方式存在的问题的反馈及对新系统的要求。

2)个别访问

开调查会有助于大家的见解互相补充,以便形成较为完整的印象。但是由于时间限制等其他因素,不能完全反映出每个与会者的意见,因此,往往在会后根据具体需要再进行个别访问。

3)书面调查

根据系统特点设计调查表,用调查表向有关单位和个人征求意见和收集数据,该方法适用于比较复杂的系统。

4)参加业务实践

如果条件允许,亲自参加业务实践是了解现行系统的最好方法。通过实践,同时还加深了开发人员和用户的思想交流和友谊,这将有利于下一步的系统开发工作。

5)发电子邮件

企业可以通过因特网和局域网发电子邮件进行调查,这可大大节省时间、人力、物力和金钱。

6)电话和电视会议

企业还可以利用打电话和召开视频会议进行调查,但只能作为补充手段,因为许多资料需要亲自收集和整理。

总之,在这一阶段,系统分析员要善于同他人一起工作,应具备虚心、热心、耐心、恒心等良好的性格修养和工作态度,具有启发他人讲述问题的能力,具有较强的分析能力、组织能力和决策能力,采用有效的方法,开展调查分析工作,才能取得好的效果。

8.1.3　系统调查的内容

系统调查的内容应该是围绕组织内部信息流所涉及领域的各个方面包括企业的生产、经营、管理等。把调查的内容大致归纳为9类问题:组织机构和功能业务;组织目标和发展战略;工艺流程和产品构成;数据与数据流程;业务流程与工作模式;管理方式和具体业务的进行方法;决策方法和决策过程;可用资源和限制条件;现存问题和改进意见。

以上9个方面只是一种大致划分,实际工作时可以根据具体情况进行增减,如设计调查问卷,总之目的只有一个,就是真正弄清处理对象现阶段工作的详细情况,为后面的系统分析设计工作做好准备。

8.2　管理业务调查

开发和建立管理信息系统的根本目的在于提高管理水平,严格地说,设计一个新的信息系统,应首先进行组织的重新设计,应当把建立新系统看成是对组织的一种有目的的改变过程。管理系统是信息系统的环境。所谓环境,指不包括在本系统之中但又对本系统产生较大影响的因素的集合。对于基于计算机的信息系统来说,其环境就是管理系统,它的输入来自环境,输出则交付环境。因此对现行管理业务的调查十分重要,其中包括组织结构调查、管理功能调查和管理业务流程调查等。

8.2.1　组织结构调查

组织结构是指一个组织(部门、企业、车间、科室等)的组成部分以及这些组成部分之间的隶属关系或管理与被管理的关系,通常可用组织结构图来表示,如图8-1所示。

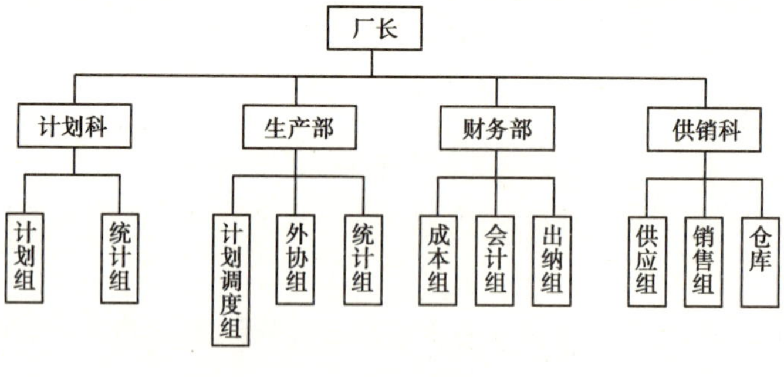

图8-1　组织结构图

8.2.2　管理功能调查

为了实现系统的目标,系统必须具有各种功能。所谓功能,指的是完成某项工作的能力。调查中可以用功能层次图来描述从系统目标到各项功能的层次关系,图 8-2 表示了某电商平台信息系统的管理功能。

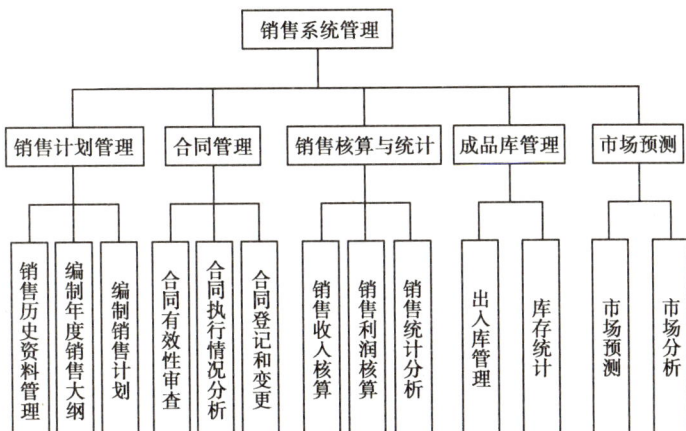

图 8-2　某电商平台信息系统的管理功能

8.2.3　管理业务流程调查

在对系统的组织结构和功能进行分析时,需从一个实际业务流程的角度将系统调查中有关该业务流程的资料都串起来做进一步分析。业务流程分析可以帮助我们了解该业务的具体处理过程,发现和处理系统调查工作中的错误和疏漏,修改和删除业务中的不合理部分,在新系统的基础上优化业务处理流程。而绘制业务流程图是分析业务流程的重要步骤。

业务流程图(Transaction Flow Diagram, TFD)就是用一些规定的符号及连线来表示某个具体业务处理过程。业务流程图的绘制是按照业务的实际处理步骤和过程进行的。换句话说,TFD 就是一"本"用图形方式来反映实际业务处理过程的"流水账"。由于 TFD 所使用的符号简单明了,所以非常易于理解业务流程,但是对于一些专业性较强的业务处理细节缺乏足够的表现手段,所以它比较适用于反映业务处理类型的业务过程。

1)业务流程图的基本符号及含义

业务流程图的基本图形符号遵从国际标准 ISO 5807—1985 和国家标准 GB/T 1525—2006,表示符号如图 8-3 所示。业务处理单位,表达了某项业务参与的人或部门;业务处理功能描述,表明业务处理功能的说明;表格单据、文档,为各类报表、报告和文件等,表明数据的载体;收集/统计数据,表示从系统外得到的手工数据输入;数据存储或存档、表示数据是作为数据集合文件进行档案保存;信息传递过程,表示业务数据的流动及方向,通常用箭头表示。

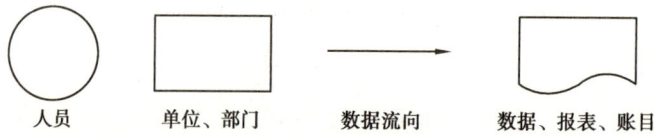

图 8-3　业务流程图的基本符号

2) 绘制举例

业务流程图的绘制是根据系统调查表中所得到的资料和问卷调查的结果,按业务实际处理过程将它们绘制在同一张图上。

【例 8-1】　某企业建设物资供应信息系统,系统分析人员了解到该企业物料管理的业务流程如下:当车间需要领用物料时,首先填制领料单,交仓库负责人。仓库负责人查阅用料计划,以决定是否批准车间的领料申请,未批准的领料单退回车间,已批准的领料单交仓库保管员备货。仓库保管员检查库存账,查看是否有足够的物料供领用,如果物料足够,则通知车间领料,同时登记用料计划,并修改库存台账;如果缺货,则仓库保管员填写缺料通知单,交采购员订货。到货后,采购员填写入库单交仓库保管员准备验货入库,修改库存台账。此外,仓库保管员定期进行库存盘点,并填制库存报表送有关部门。根据以上调查资料,系统分析人员画出了该企业物资管理的业务流程图,如图 8-4 所示。

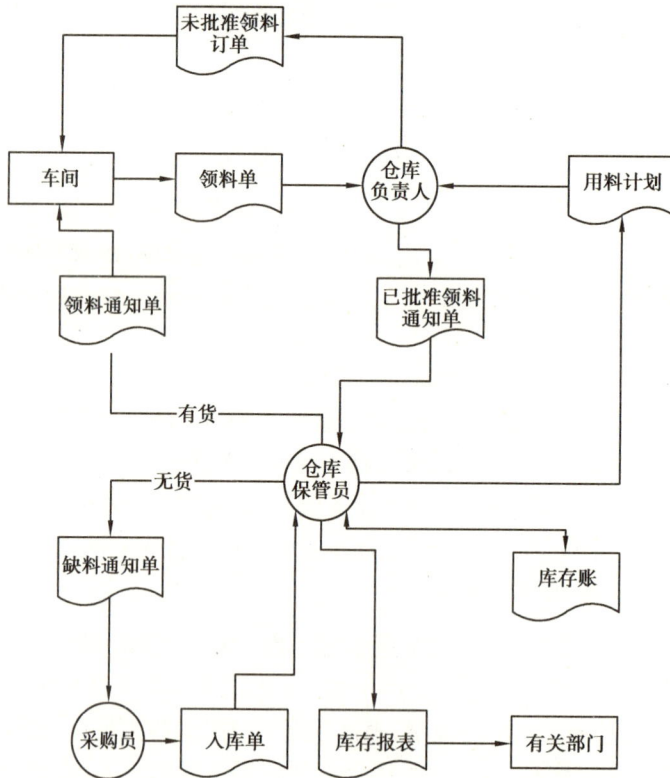

图 8-4　某企业物资业务流程图

业务流程图的优点是它的符号简单明了,所以易于阅读和理解业务流程;缺点是对一些专业性较强的业务处理细节缺乏足够的表现手段。

3)表格分配图

在描述企业业务流程时,如果遇到所传递的单据、报表或账目多数都是一式多份的情况,用表格分配图更能明确地表述其中的关系。表格分配图是表明报告副本的份数以及报告或单据都与哪些部门发生业务联系的图表工具,由 4 个要素构成:业务处理、单据报表及账目、信息流、存档(图 8-5)。

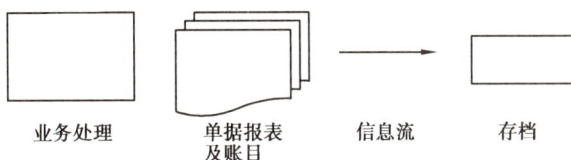

业务处理　　　单据报表　　信息流　　　存档
　　　　　　　及账目

图 8-5　表格分配图的构成要素

在绘制表格分配图时,先要找到系统内的部门,以此为来区分副本单据的去向。单据通常用编号标识,以示区别。

某企业物资采购业务的语义描述如下。

①采购部门根据实际情况准备好采购单(一式四份)。

②第一张采购单交给卖方;第二张交到收货部门,用来登记收货清单;第三张交给财会部门,登记应付账;第四张存档。

③到货时,收货部门按待收清单校对货物是否齐全后填写收货单(一式四份)。

④第一张收货单交财务部门,通知付款;第二张通知采购部门取货;第三张存档;第四张交给卖方。

在以上业务语义描述中,单据一式多份的情况较多,因此可用表格分配图描述业务过程,如图 8-6 所示。

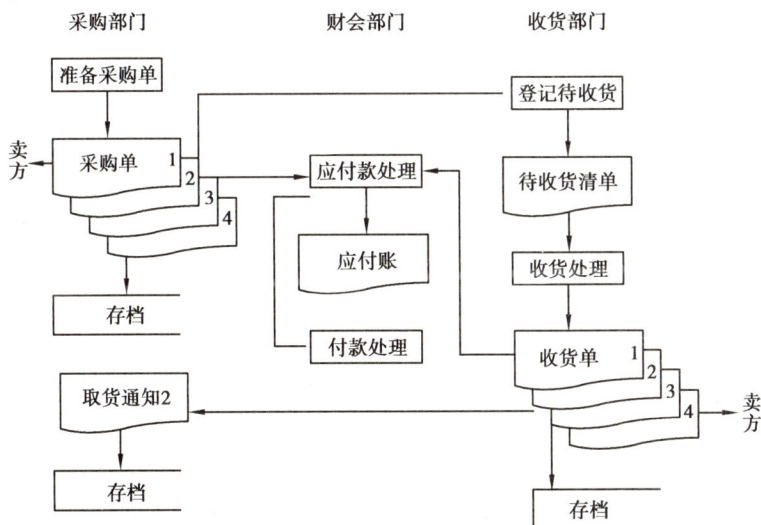

图 8-6　表格分配图

需要注意的是,表格分配图与业务流程图相同,它也不表述物流和资金流关系。但与业务流程图不同的是,它要描述业务处理。

8.3　数据流程分析

数据是信息的载体,是今后系统要处理的主要对象。因此必须对系统调查中所收集的数据以及统计和处理数据的过程进行分析和整理。系统分析的最终目的是在现行系统逻辑结构模型的基础上导出新系统的逻辑模型,而数据流程图则是规划系统逻辑模型过程中最常使用的工具。

数据流程图(Data Flow Diagram, DFD)是进行数据流程分析的主要工具,也是描述系统逻辑模型的主要工具。它能精确地在逻辑上描述系统的功能、输入/输出和数据存储等,而摆脱了其物理内容。

常见的数据流程图有两种,一种是以方框、连线及其变形为基本图例符号来表示数据流动过程,另一种是以圆圈及连接线作为基本符号来表示数据流动过程。这两种方法实际使用时,大同小异,但针对不同的数据处理流程却各有特点,在此只介绍其中一种方法图例符号,请读者在实际工作中根据实际情况选用。数据流程图的符号如图 8-7 所示。

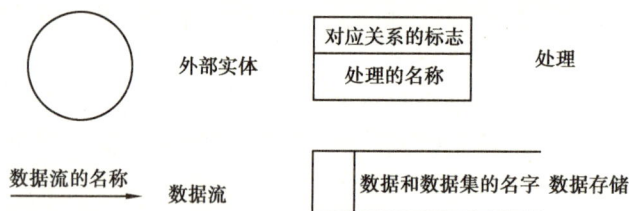

图 8-7　数据流程图的符号

8.3.1　基本图例符号

1)外部实体

外部实体指本系统之外的人或单位,它们和本系统有信息传递关系。外部实体定义了系统的边界,明确系统数据的外部来源及流程,如顾客、供应商等。凡是本系统之外的人或单位都被看作外部实体。

2)处理

处理又称功能,是对数据进行逻辑操作,表示一个数据处理功能,通常是对输入数据或存储数据进行某种处理之后产生输出数据流。它把流入的数据流转换为流出的数据流。它用一个长方形来表示处理逻辑,图形下部填写处理的名字(如开发票、出库处理等),上部填写与该处理有唯一对应关系的标志。

3）数据流

数据流表示数据的流向，它可以是一项数据，也可以是一组数据（如扣款数据文件、订货单等）。数据流表示处理功能的流入或流出，一般用一个箭头表示数据的流动方向。通常在数据流符号的上方标明数据流的名称。

4）数据存储

数据存储表示数据保存的地方，不是指保存数据的物理地点或物理介质，而是指数据存储的逻辑描述。通常指通过数据文件、文件夹或账本等存储数据。用一个右边开口的长方形表示。

8.3.2　绘制数据流程图的注意事项

1）数据守恒

数据守恒是指输入数据与输出数据匹配。一般数据不守恒的情况有两种：一是某个处理过程用以产生输出的数据，没有输入给这个处理过程，即遗漏了某些数据流；另一种是某些输入在处理过程中没有被使用，即某些数据没有被处理。

2）父子平衡

逐步扩展数据流程图，是对上层图（父图）中某些处理框加以分解，下层图（子图）是上层图中某个处理框的"放大"。父图中的某一处理框的输入/输出数据流必须出现在相应的子图中，否则就会出现父图与子图不平衡的状况，类似于全国地图与各个省市地图的关系。

3）适当编号与命名

加工处理是对数据进行处理的单元。在分层数据流程图中，要对加工处理进行编号，以便进行管理。加工处理也要选取合适的名字，以提高数据流程图的可读性。

4）明确文件读写表示

一般来说，数据流方向从文件到加工处理表示读文件，相反则表示写文件。

8.3.3　数据流程图的画法

对于大型系统，往往采用自顶向下逐层分解的方法，用分层数据流图表示所有数据流和加工。对任何一个数据流图是分层次的，绘制时采取自顶向下逐层分解的办法，它的上层图为父图，在它的下一层的图为子图。图8-8为数据流程图的分层结构。

1）画出系统的顶层数据流程图

在数据流程图中，先确定给系统提供数据的外部实体，再确定接受系统数据的外部实体，两者之间就是系统范围，从而系统的输入输出也就明确了，将系统当作一个数据加工项，据此可以画出顶层数据流程图，它反映了系统与相关联的各外部实体的信息联系。

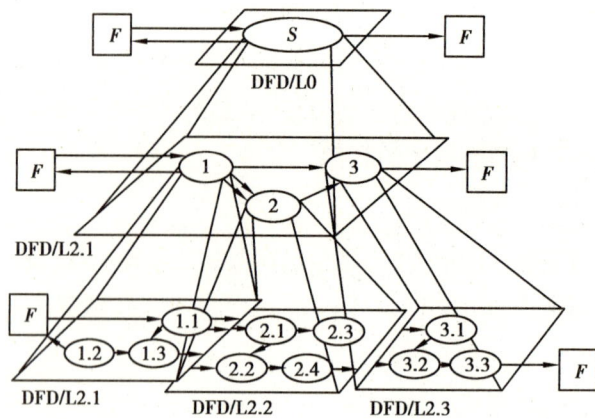

图 8-8 数据流程图的分层结构

2）一级细化数据流程图

按照数据流程图的数据处理顺序，从输入端向输出端逐步推进，每当数据流的内容或其组成发生变化时，该处就对应一个数据加工，用处理功能框表示，如果数据加工涉及数据的存取，则应画出相应的存储文件框。处理功能框与存储文件框的连线上标注存储或读取关系。

3）二级细化数据流程图

二级细化数据流程图是在一级细化数据流程图的基础上，进一步对处理功能细化其部分功能。

4）根据需要进一步细化

根据上述方法和实际功能需要对数据流程图再做进一步细化。这种自顶向下逐层扩展的目的是把一个复杂的大系统逐步分解成若干个简单的系统。在细化的过程中要注意保持系统的完整性和一致性。如果细化的数据流程图已基本表达了系统所有的逻辑功能和必要的输入、输出，就可以停止细化。

8.4 数据字典

数据流程图描述了系统的"分解"，即描述了系统由哪几部分组成、各部分之间有什么联系、系统数据流向和加工等情况，但并没有说明系统中各个成分是什么含义，或者说各个成分的具体含义仍然不清楚或不明确。因此，仅一套数据流程图并不能构成系统分析报告，只有图中出现的每一个成分都给出定义后，才是较完整地描述一个系统，在实际中常采用数据字典这一基本工具对其做进一步的详细说明。数据字典用于对数据流程图中出现的所有成分给出定义，它使数据流程图上的数据流名称、加工名称和数据存储名称具有确切的解释。每一条解释就是一个词条，按一定的顺序将所有词条排列起来，就构成数据字典,就像日常使用的英汉字典、新华字典一样。

数据字典(Data Dictionary,DD)是在新系统数据流程图的基础上进一步定义和描述所有数据的工具,包括对一切动态数据(数据流)、静态数据(数据存储)的数据结构和相互关系的说明。它是数据分析和数据管理的重要工具,是系统设计阶段进行数据库(文件)设计的参考依据。

数据流程图与数据字典是密切联系的、两者结合在一起才构成"需求说明书"。数据流程图中出现的每一个数据流名、文件名和加工名在字典中都应有一个条目给出相应定义。此外,在定义数据流、文件和加工时,要引用到它们的组成部分,因此每一个组成部分在字典中也应有一个条目给出它们的定义。因而,数据字典的内容主要是对数据流程图中的数据项、数据结构、数据流、处理逻辑、数据存储和外部实体六方面进行具体的定义,每一方面称为一个条目。数据流程图配以数据字典,就可以从图形和文字两方面对系统的逻辑模型进行完整的描述。

数据字典的编撰方式有两种:卡片式或表格式。卡片式以每个条目中的各具体项为单位组织数据字典;表格式以每个条目组织数据字典。卡片式描述具体内容比较清晰、美观,但对于较大系统来讲,字典量大,不易保管;表格式较为经济实用,但由于分页造成的表格不连续性会给查询带来不便。

8.4.1 数据项

数据项又称数据元素,是数据的最小单位。分析数据特性应从静态和动态两方面进行,而在数据字典中仅定义数据的静态特性,具体包括如下内容。

①数据项的名称、编号、别名和简述。

②数据项的长度。

③数据项的取值范围。

【例8-2】 订单管理系统中"材料编号"数据项的描述见表8-1。

表8-1 数据项的描述

项目	描述
数据项编号	ID201
数据项名称	材料编号
别名	材料编码
简述	某种材料的代码
类型及宽度	字符型,4位
取值范围	"0001"~"9999"

8.4.2　数据结构

数据结构描述某些数据项之间的关系。一个数据结构可以由若干数据项组成,也可以由若干数据结构组成,还可以由若干数据项和数据结构组成。

表8-2所示订货单就是由3个数据结构组成的数据结构,表中用DS表示数据结构,用I表示数据项。

数据字典中对数据结构的定义包括以下内容。

①数据结构的名称和编号。

②简述。

③数据结构的组成。

表8-2　订货单结构表

DS03-01:用户订货单		
DS03-02: 订货单标识	DS03-03: 用户情况	DS03-04: 配件情况
I1:订货单编号	I3:用户代码	I10:配件代码
I2:日期	I4:用户名称	I11:配件名称
	I5:用户地址	I12:配件规格
	I6:用户姓名	I13:订货数量
	I7:电话	
	I8:开户银行	
	I9:账号	

【例8-3】　用户订货单的数据结构描述见表8-3。

表8-3　数据结构的描述

项目	描述
数据结构编号	DS03-01
数据结构名称	用户订货单
简述	用户所填用户情况及订货要求等信息
数据结构组成	DS03-02+DS03-03+DS03-04

8.4.3　数据流

数据流由一个或一组固定的数据项组成。定义数据流时,不仅要说明数据流的名称、组成等,还应指明它的来源、去向和数据流量等内容。

【例8-4】 领料单的数据流描述见表8-4。

表8-4 数据流的描述

项目	描述
数据流编号	F03-08
数据流名称	领料单
简述	车间开出的领料单
数据流来源	车间
数据流去向	发料处理模块
数据流组成	材料编号+材料名称+领用数量+日期+领用单位
数据流量	10 份/时
高峰流量	20 份/时(上午 9:00—11:00)

在数据流的定义式中,采用自上而下、逐层分解的方式对每一条数据流进行定义,其中数据流的组成是系统最关心的内容,它通常采用表8-5中的符号进行定义。

表8-5 定义式中的常用符合

符号	含义
=	被定义"为"
+	与
m..n	界域
[...,..]	或,选择括号内的某一项
[...|...]	或,选择括号内的某一项
{...}	重复,花括号内的项多次重复出现,重复次数的上、下限也可在括号边上标出
(...)	可选,圆括号内的项可出现也可不出现
"..."	引号内给出的是基本数据元素,它们无须进一步定义

【例8-5】 在大学教务管理系统中,部分数据流的组成如图8-9所示。

- (D01)学生证=学号+密码
- (D02)申请单=学号+(课程号+选课学期)
- (D03)谢绝=["非法证件" | "不合格单" | "证单不符"]
- (D04)注册=学号
- (D05)选课=学号+课程号+选课学期
- (D06)无此课=学号+课程号+ "无此课"
- (D07)注册记录无效=学号+ "注册无效"
- (d01.1)学号= "000001." .. "99999999"
- (d01.2)密码= "00001" .. "999999"
- (d02.2)课程号= 1{ "英文字母" }4+ "0001" .. "9999"
- (d02.3)选课学期= "0001." .. "9999" +["春季" | "秋季"]

图8-9 大学教务管理系统的部分数据流的组成

8.4.4 数据存储

数据存储在数据字典中只描述数据的逻辑存储结构、而不涉及它的物理组织。有两种类型的数据存储:一种是文件形式,另一种是数据库形式。对于文件形式,其定义包括定义文件组成数据项和文件组织方式两项内容,其中文件组成数据项的定义方式与数据流的定义方式相同。

【例8-6】 图书馆借书系统数据流程图中的文件按以下方式定义。

文件组成数据项:

(F1)借书记录={证号+姓名+书号+书名+借书日期}

(F2)库存书目={书号+书名+ "库存总数" + "现库存数" }。

(F1.5)借书日期=日期

文件组织方式:

借书记录=按借书日期先后排列

库存书目=按书名先后排列

对于数据库形式,指出数据库中有哪些数据文件即可。

完整的数据存储的描述除了重点描述其组成外,还要指明它的编号、名称、关键字和相关的数据处理。

【例8-7】 "库存账"数据存储的描述见表8-6。

表8-6 数据存储的描述

项目	描述
数据存储编号	D03-08
数据存储名称	库存账
简述	存放配件的库存量和单价
数据存储组成	配件编号+配件名称+单价+库存量+备注
关键字	配件编号
相关联的处理	P2,P3

8.4.5 数据处理

处理逻辑的定义仅对数据流程图中最底层的处理逻辑加以说明。数据字典中只需要列出基本加工的定义即可,因为任何一个加工最后总能分解成一些基本加工,只要有了基本加工的定义,就可以理解其他加工。它是用简短自然语言对数据处理过程的高度概括,而不是具体的处理逻辑。

【例8-8】 表8-7是对计算电费数据处理的描述。

表8-7 数据处理的描述

项目	描述
处理逻辑编号	P2.3
处理逻辑名称	计算电费
简述	计算应交纳的电费
输入的数据流	数据流电费价格;数据流电量和用户类别
处理过程	根据数据流"用电量"和"用户信息",检索用户文件,确定该用户类别;再根据已确定的该用户类别,检索数据存储价格表文件,以确定该用户的收费标准,得到单价;用单价和用电量相乘得该用户应交纳的电费
输出的数据流	去外部项用户;写入数据存储用户电费账目文件
处理频率	对每个用户每月处理一次

8.4.6 外部实体

外部实体的定义包括外部实体编号、名称、简述及有关数据流的输入和输出。

【例8-9】 表8-8是对外部实体"用户"的描述。

表8-8 外部实体的描述

项目	描述
外部实体编号	S03-01
外部实体名称	用户
简述	购置本单位配件的用户
输入的数据流	D03-06,D03-08
输出的数据流	D03-01

8.5 描述处理逻辑的工具

数据流程图中的处理逻辑有的比较简单,有的比较复杂。对于比较简单的处理逻辑,在数据字典中可以使用文字描述清楚,但对于比较复杂的处理逻辑,文字描述则无能为力。处理逻辑的描述关系到程序员能否准确地利用计算机程序来实现处理过程,其描述是否正确、容易理解是至关重要的。因此对于相对比较复杂的处理逻辑有必要运用一些描述处理逻辑的工具来加以说明。

每个处理逻辑必然有处理的原始数据和输出数据,以及处理的逻辑关系和算法。对每个处理过程调查内容如下:

①该处理逻辑有哪些输入数据,包括调查输入单据或报表上的各项数据;

②经处理后的输出是什么,包括哪些数据项内容;

③了解各项数据的生成途径(算法模型)。

常用的描述处理逻辑的工具有决策树(又称判断树)、决策表(又称判断表)和结构化描述语言等方法。

8.5.1 决策树

决策树是采用树状结构来表示处理逻辑的一种方法,一个树枝代表一组条件的组合和相对应的一种处理方式。决策树用来描述在一组不同的条件下,决策的行动根据不同条件来选择的处理过程。采用决策树描述处理逻辑,可以从图形上一目了然地看清用户业务在什么条件下应采取什么样的处理方式。图 8-10 是一张用于根据用户欠款时间长短和现有库存量情况制订用户订货方案的决策树。

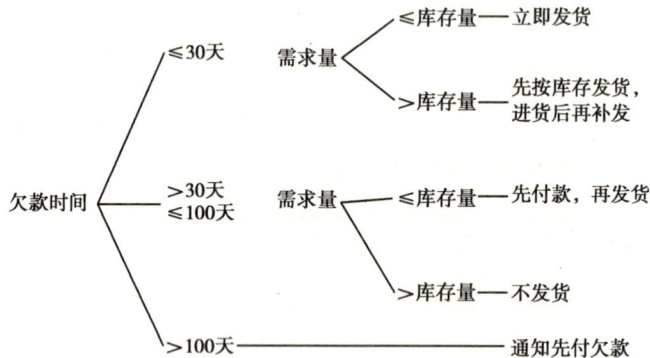

图 8-10 决策树

从图 8-10 可以看出,决策树的特点是直观清晰,容易理解,易于检查和修改,无二义性;但当条件多时,不容易清楚地表达出整个判别过程。

8.5.2 决策表

如果判断的条件较多,各个条件又相互组合,相应的决策比较复杂时,这种情况下使用决策树就比较困难,这时可采用决策表。

决策表是采用表格方式来描述处理逻辑的一种工具,即用二维表格直观地表达具体条件、决策规则和应采取的行动策略之间的逻辑关系。决策表的内容由条件说明、行动说明、条件组合和行动选择构成,用 Y 表示条件满足,用 N 表示条件不满足,用√表示应采取行动,用×表示不采取行动。

这里仍以处理用户订货的例子来说明。由表 8-9 可知,采用了决策表可以清晰地表达条件、决策规则和应采取的行动之间的逻辑关系,容易为管理人员和系统分析人员听接受。

表 8-9 处理订货单的决策表

	决策规则号	1	2	3	4	5	6
条件	欠款时间<30 天	Y	Y	N	N	N	N
	欠款时间>100 天	N	N		Y	N	N
	需求量≤库存量	Y	N		N	Y	N
应采取的行动	立即发货	×					
	先按库存量发货,进货后再补发		×				
	先付款,再发货					×	
	不发货						×
	要求先付欠款			×	×		

8.5.3 结构化描述语言

结构化描述语言是一种模仿计算机语言的处理逻辑描述方法。它没有严格的语法,采用很简洁的词汇来表述处理逻辑,既可以用英语表达,也可以用汉语表达。使用由 IF、THEN、ELSE 等词组成的规范化语言,根据结构化程序设计的思想,采用 3 种基本逻辑结构来描述处理逻辑,即顺序结构、循环结构和判断结构。

下面是处理订货单逻辑过程的结构英语表示法:

IF 欠款时间≤30 天

    IF 需要量≤库存量

        THEN 立即发货

    ELSE

        先按库存量发货,进货后再补发

  ELSE

IF 欠款时间 ≤ 100 天
   IF 需求量 ≤ 库存量
     THEN 先付款再发货
   ELSE 不发货
ELSE 要求先付欠款

8.6　新系统逻辑方案的建立

逻辑方案是新系统开发中要采用的管理模型和信息处理方法。逻辑方案是系统分析阶段的最终成果。新系统的逻辑方案是在现行系统逻辑模型的基础上提出来的。在搞清楚了现行系统逻辑模型的问题和缺陷后,再结合对用户的信息需求的分析结果,就可以基本确定出新系统的逻辑方案。新系统逻辑方案应具备以下内容:

①新系统的业务流程是业务流程分析和优化重组后的结果,包括以下内容:原系统的业务流程的不足及其优化过程、新系统的业务流程、新系统业务流程中人机界面的划分。

②新系统的数据流程是数据流程分析的结果,包括下列内容:原数据流程的不合理之处及优化过程、新系统的数据流程、新的数据流程中的人机界面划分。

③新系统的逻辑结构。即新系统中的子系统划分。

④新系统中数据资源的分布。即确定数据资源如何分布在服务器或主机中。

⑤新系统中的管理模型。确定在某一具体管理业务中采用的管理模型和处理方法。

本章小结

系统分析是管理信息系统开发的重要环节,包括系统调查,绘制组织结构图、管理功能图、业务流程图和数据流程图,建立数据字典,描述处理逻辑,进行系统化分析等步骤,最后完成新系统的逻辑方案设计,形成系统分析报告。

系统分析的目的是解决新系统"做什么"的问题,重点是体现"需要什么"和"表达需要"即完成系统的逻辑设计。系统分析阶段的主要工作就是系统功能分析,进而确定新系统的逻辑结构。

详细调查主要针对现行系统的管理业务和数据流程进行,以便完整掌握现行系统的现状,找出存在的问题和薄弱环节,产生业务流程图和数据流程图,为进一步的系统化分析做准备。

系统化分析主要是在详细调查的基础上,找出不合理的业务流程和数据流程,进而提出新系统的逻辑模型,包括原系统的不足、新系统的目标、子系统的划分、数据属性分析和数据字典的建立以及新系统中所要采用的管理方法。

系统化分析的最终目标是提出新系统的逻辑方案。逻辑方案反映了系统分析的结果和对新系统的设想。

【复习思考题】

1.什么是系统分析?

2.系统调查的方式有哪些?

3.绘制数据(业务)流程图应按什么步骤进行?

4.绘制数据(业务)流程图应注意哪些问题?

5.数据的逻辑处理方法有哪些?

第9章　管理信息系统的系统设计

【学习目标】

1. 理解系统设计的含义及主要活动。
2. 理解结构化设计的原理。
3. 了解模块处理过程的作用和基本设计方法。
4. 了解信息系统详细设计方法。
5. 熟悉代码的设计原则和种类,掌握代码的设计方法。
6. 熟悉人机界面设计过程。

【案例导入】

某汽车制造厂现代企业管理信息系统设计

某汽车制造厂现代企业管理信息系统,基本上实现了"信息集成、过程集成、功能集成";实现了"一张原始凭证(销货发票、购货发票、入库单、领料单等)一次录入;业务核算、统计核算、会计核算全部自动完成";"标准成本控制与责任成本考核相结合"实现了由成本核算向成本控制质的飞跃;攻克了信息集成的关键技术——原始凭证自动编制会计凭证。由于系统设计的创新和独特的管理功能,已在企业管理的各个方面发挥了重要作用。

系统以财务管理为中心,以成本控制为重点,开发了产品基础数据子系统、材料采购子系统、库存管理子系统、生产计划子系统、车间管理子系统和销售子系统。各子系统用财务系统将其紧密地联系在一起,遵循产、销、存一体化的新思路,实行信息的高度集成,使企业各方面的人力资源、物力资源实现最有效地利用,使信息流、物流和资金流得到合理配置,增强了企业的整体实力。各子系统都能直接输入原始单据(企业自制的原始凭证如销货发票,出、入库单等)由计算机自动编制会计凭证、自动登记各相关账户,实现一张入库单、一张发票的一次录入,车间、仓库、全厂各业务部门会计账、总账、明细账、业务台账都由计算机一次完成。这从根本上解决了长期以来一直困扰的账务串户、错账问题,解决了部门与财务、仓库与财务、仓库与车间、车间与财务账不符、账证不符的问题。实现了数据共享和信息的有机集成;"标准成本控制与责任成本考核相结合"实现了由成本核算向成本控制质的飞跃。汽车制造厂通过广泛采用现代管理方法:在采购子系统中采用"最佳经济批量法";在仓储管理子系统中采用"ABC"分类重点管理法;在成本核算子系统中采用"标准成本法和责任成本法"。系统注重对经济责任制的考核;对销售公司和业务人员的业绩考核;对车间责任成本的考核;对采购部门和采购员采购成本降低率的考核;对工人出勤率、出工率、工作效率、废品率的考核。本系统不仅注重经济业务的事后核算和事后经济责任的考核,更注重事前控制。设计成本的功能对新产品的开发投入做到心中有数;生产计划子系统的限额领料单实现了成本的事前控制;标准成本的计算、标准成本差异的计算,将成本核算、成本分析、成本控制紧密结合在一起。本系统在成本控制、经济责任考核方面给企业带来了巨大经济效益。"原始凭证自动编制会计凭证"解决了信息集成的关键技术。功能强大、适应范围广,企业可以根据自己的销售、采购、仓储、成本核算等项业务的不同业务分类定义不同的会计凭证类型。会计凭证可以"一借一货、一借多货、多借多货",可以将一类若干原始凭证制作一张会计凭证(一借多货),也可以将几类若干始凭证制作一张会计凭证(多借多货)。凭证摘要由变量组成,能够详细地说明业务内容,这是手工凭证或摘要库凭证所无法比拟的。一天几百张原始凭证,计算机只需在几分钟就将上百张会计凭证制作完毕。"原始凭证自动编制会计凭证"问题的解决,解决了当前信息集成的关键问题,其意义和作用是巨大的。

资料来源:摘引自胡笑梅.管理信息系统.机械工业出版社.2021

系统设计(System Design)是根据前一阶段系统分析的结果,在已经确认的系统分析报告的基础上进行新系统的具体设计工作。如果说系统分析阶段所建立的逻辑模型解决的是系统"做什么"的话,系统设计阶段构建的物理模型将解决系统"怎样做"的问题。

9.1 系统设计概述

9.1.1 系统设计的含义

在系统分析阶段,明确了新系统的功能结构及信息结构,也就是系统的逻辑模型,对新系统回答了"做什么"的问题。在系统设计阶段需要回答的中心问题是"如何做?",即通过给出新系统物理模型的方式,描述如何实现在系统分析中规定的系统功能。

系统设计就是详细定义基于计算机的各种活动的解决方案。在系统设计阶段,把系统分析过程当中得到的逻辑模型结合相应的网络技术、数据库技术等详细地描述出来,并为系统实施阶段的各项工作准备必要的技术资料和有关文件。

系统设计的基本目标就是要使所设计的系统满足系统逻辑模型的各项功能要求,同时尽可能地提高系统的性能。系统设计的目标是评价和衡量系统设计方案优劣的基本标准,也是选择系统设计方案的主要依据。

9.1.2 系统设计阶段的主要活动

系统设计阶段的工作是一项技术性强、涉及面广的活动,它主要包括以下几方面。

1)总体结构设计

①划分子系统。把整个系统按功能划分成若干个子系统,明确各子系统的目标和功能。该部分的主要工作已经在系统分析阶段完成。但根据需要,可以进一步优化和调整。

②功能结构图设计。按层次结构划分功能模块,画出功能结构图。

③处理流程图设计。

④物理系统配置方案设计。包括设备配置、网络的选择和设计以及数据库管理系统的选择等。

2)详细设计(详细设计、概要设计)

①代码设计。为了便于整个系统的信息交换和系统数据资源共享,也为了便于计算机处理,要对被处理进行统一的分类编码,确定代码对象和编码方式。

②数据库设计。主要是根据系统分析阶段所得到的数据流程图和数据字典,再结合系统处理流程图,进行数据文件结构设计和数据库设计。

③人机界面设计。根据数据处理的要求以及用户的使用习惯,设计输入输出方式和数据输入输出的格式。

3)系统设计报告的编写

系统设计阶段的成果是书面的系统设计报告,它主要包括模块结构图、模块说明书和其他详细设计等内容。

9.1.3　系统总体结构设计

1)系统总体结构设计的任务

系统总体结构设计是系统设计阶段的第一步,其任务是根据系统的总目标和功能将整个系统合理划分若干个功能模块,正确处理模块之间的调度关系和数据关系,定义各模块内部结构等。也就是说,系统结构设计是从计算机实现的角度出发,对前一阶段划分的子系统进行校核,使其界面更加清楚和明确,并在此基础上,将子系统进一步逐层分解,直至划分到模块。

2)系统总体结构设计的原则

系统总体结构设计应该遵循以下几条主要原则。

(1)分解协调原则

整个系统是一个整体,具有整体的目标和功能,但这个目标和功能的实现又是由相互联系的各个组成部分共同工作的结果。在处理过程中需要根据系统的总体要求来协调各部分的关系。在系统中,这种分解和协调都具有一定的要求与依据。

分解的主要依据如下:

①按各子系统相对独立完成部分管理功能的要求分解。

②按业务信息逻辑方式分解。

③从管理科学化出发进行分解,不受管理体制可能变化的影响。

④子系统间边界清晰,系统内业务和数据联系紧密。

⑤按开发、维护和修改的方便性分解。

协调的主要依据如下:

①目标协调。

②工作进程协调。

③工作规范和技术规范协调。

④信息协调。

⑤业务内容协调。

（2）模块化原则

结构化设计的基础是模块化。结构化方法规定了一系列模块分解协调原则和技术，将整个系统分解成相对独立的若干模块，通过对模块的设计和模块之间关系的协调来实现整个系统的功能。

（3）自顶向下的原则

抓住系统的总目标，逐层分解，即先确定上层模块的功能，再确定下层模块的功能。将系统分解为子系统，各子系统功能总和为上层系统总的功能，再将子系统分解为功能模块，下层功能模块实现上层的模块功能。这种从上往下进行功能分层的过程就是由抽象到具体、由复杂到简单的过程。这种步骤从上层看，容易把握整个系统的功能不会遗漏，也不会冗余，从下层看各功能容易具体实现。

（4）层次性原则

分解是按层分解的，同一个层次是同样由抽象到具体的程度，各层具有可比性。如果有某层次各部分抽象程度相差太大，那极可能是划分不合理造成的。

（5）一致性原则

要保证整个系统设计过程具有统一的规范、统一的目标、统一的文件模式等。

（6）明确性原则

每个模块必须功能明确、接口明确，坚决消除多重功能和无用接口。

3）划分子系统

根据上述原则，第一步将整个系统划分为若干个子系统。划分方式有纵向划分和横向划分两种。

纵向划分即按管理职权的不同级别把系统分成战略管理级、战术管理级和作业处理级3个层次。

横向划分则是按照不同的管理对象和管理职能将企业（系统）划分为市场销售、生产计划、物资供应、财务会计、质量管理、设备管理、技术管理、库存管理和能源管理等。

9.1.4 系统的功能结构图设计

1）结构化设计的原理

结构化设计方法的基本思想是使系统模块化，即把一个系统自上而下逐步分解为若干个彼此独立而又有一定联系的组成部分，这些组成部分称为模块。任何一个系统都可以按功能逐步由上向下，由抽象到具体，逐层将其分解为一个多层次的、具有相对独立功能的模块所组成的系统。在这一基本思想的指导下，系统设计人员以逻辑模型为基础，并借助于一套标准的设计准则和图表等工具，逐层地将系统分解成多个大小适当、功能单一、具有一定独立性的模块,把一个复杂的系统转换成易于实现、易于维护的模块化结构系统。

2) 模块化

模块是数据说明、可执行语句等程序对象的集合,它是单独命名的,而且可通过名字来进行访问。如汇编语言中的子程序、Java 语言中的方法、C 语言中的函数等。

模块化就是把程序划分成若干个模块,每个模块完成一个子功能,把这些模块集合起来组成了一个整体,可以完成指定的功能,满足问题的要求。模块也是软件的重要属性,它使得一个程序易于被人们理解和处理。

模块化设计,简单地说,就是程序的编写不是开始就逐条录入计算机语句和指令,而是首先用主程序、子程序、子过程等框架把软件的主要结构和流程描述出来,并定义和调试好各个框架之间的输入、输出链接关系。逐步求精的结果是得到一系列以功能块为单位的算法描述。以功能块为单位进行程序设计、实现其求解算法的方法称为模块化。模块化的目的是降低程序复杂度,使程序设计、调试和维护等操作简单化。

3) 抽象化

当对任何问题考虑一种模块化解决办法时,可以有不同等级的抽象。在最高的抽象级上,使用问题所处的环境语言,以概括的方式描述问题的解法。而在较低的抽象级上,采用更加过程化的方法,把面向问题的术语和面向实现的术语结合起来描述问题的解法。在最低的抽象级上,用可以直接实现的方式描述问题的解法。例如,在可行性研究阶段,软件作为系统的一个完整部件;在需求分析阶段,软件解法是使用在问题环境内熟悉的方式描述;当进入总体设计向详细设计过渡阶段,抽象的程度将随之减少;最后当源程序被写出以后,抽象则达到最底层。

抽象是人类在认识复杂现象过程中使用的一种有效的思维工具。软件工程过程的每一步都是对软件解法在抽象层次上的一次精化。在软件结构每一层中的模块,表示了对软件抽象层次的一次细化。事实上,软件结构顶层的模块,控制了系统的主要功能并且影响全局;在软件结构的底层模块,完成对数据的一个具体的处理。这种自顶向下由抽象到具体的方式分配控制权限,可以使软件设计过程简化,实现容易,提高软件的可理解性与可测试性,有利于软件产品的维护。

4) 信息隐蔽和局部化

模块化的概念向每个软件设计者提出了一个必须回答的问题,即"我们应该如何分解一个软件,以得到最佳的模块组合呢?"信息隐蔽原理指出:应该这样设计和确定模块,使得两个模块内包含的信息(过程或数据)对不需要这些信息的模块来说,是不能访问的。这就充分说明了模块的特点在于每个模块的设计与决策别的模块是看不到的。

局部化是把一些关系密切的软件元素物理地放得彼此靠近。过程中的局部数据就是局部化的一个例子。

抽象、信息隐蔽、局部化都是模块的重要特征。抽象帮助定义软件过程的实体,信息隐蔽实施对过程细节的存取约束,局部化是对信息隐蔽的具体实现细节的要求。

"隐蔽"意味着有效的模块化可以通过定义一组独立的模块来实现,这些独立的模块彼此间仅仅交换那些为了完成系统功能而必须交换的信息。使用信息隐蔽原理作为模块化系统设计的标准,会给软件测试和维护带来方便,也可使在修改期间由于疏忽而引入的错误尽可能少地传播到软件的其他部分。

5)模块独立性

模块独立性是模块化、抽象化、信息隐蔽概念的直接产物。开发具有独立功能并且和其他模块之间没有过多相互作用的模块,就可以做到模块独立。换句话说,希望这样设计软件,使每个模块只涉及软件需求的一个具体的相对独立的子功能,而且与软件结构其他部分的关系或接口是简单的。之所以强调模块的独立性,有两个重要原因。其一,模块化程度较高的软件容易编制。其二,独立的模块比较容易维护和测试。关于模块的独立性通常以如下两个指标来衡量,以下分别介绍。

(1)块间联系——耦合

耦合是指对一个软件结构内不同模块之间互连程度的度量。耦合有 5 种,以下按从低到高的顺序分别加以叙述。

①两个模块之间完全独立。如果两个模块中的每一个都能独立地工作,而不存在彼此间的联系与制约,这种块间无任何连接的形式,耦合程度最低。如图 9-1 所示。模块 C 与模块 D 之间没有任何联系。

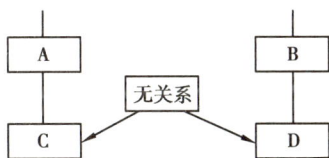

②数据耦合。两个模块只通过数据进行交换,如图 9-2 所示。例如,某些模块的输出数据作为另一些模块的输入数据,高级语言程序设计中的哑实结合(有参数)等都属于数据耦合。

图 9-1 模块 C 与模块 D 无关   图 9-2 模块 A 与模块 B 数据耦合

③控制耦合。两个模块之间通过控制信息进行传递,此种耦合可以通过模块分解用数据耦合来代替。如图 9-3 所示,模块 A 传递一个控制信息给模块 B,模块 B 根据此控制信息进行选择。

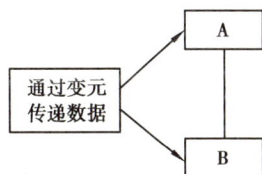

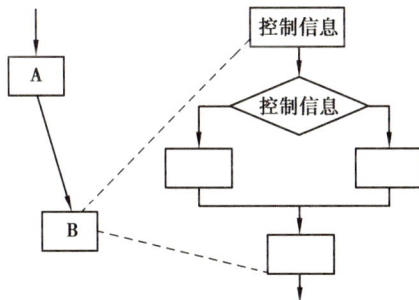

图 9-3 模块 A 与模块 B 控制耦合

④公共环境耦合。两个模块之间通过公共环境进行数据的存取。公共环境可以是全程变量、共享的通信区、内存的公共覆盖区、任何存储介质上的文件等。如图 9-4 所示,模块 A 和模块 B 都访问同一个有名公用区。

图 9-4　模块 A 和模块 B 公共环境耦合

⑤内容耦合。当发现下列情况之一时,两个模块间就发生了内容耦合:

一个模块访问另一个模块的内部数据;

一个模块不通过正常入口而转入另一个模块的内部;

两个模块有一部分程序代码重叠(汇编程序);

一个模块有多个入口。

进行软件设计时,一般采用下述原则:尽量使用数据耦合,少用控制耦合,限制公共环境耦合的范围,完全不用内容耦合。

(2)块内联系-内聚

内聚标志着一个模块内各个元素彼此间结合的紧密程度。内聚有 6 种,由弱到强分别为:

①偶然内聚。模块内的元素间没有意义上的联系。例如,有时在编写完一个程序之后,发现一组语句在两外或多处出现,于是把这些语句作为一个模块以节省内存,这便产生了偶然内聚的模块。如图 9-5 所示,X、Y、Z 调用的模块 W 即为偶然内聚模块。

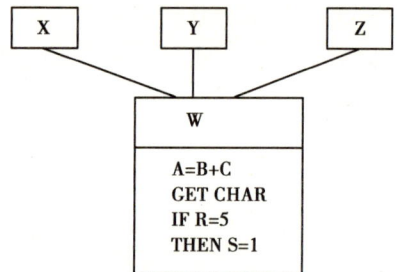

图 9-5　偶然内聚

②逻辑内聚。一个模块完成的任务在逻辑上属于相同或相似的一类。如模块 X、Y、Z 分别调用模块 A、B、C,而 A、B、C 完成的任务相似,我们把 A、B、C 合并为一个模块 ABC,则此模块为逻辑内聚,如图 9-6 所示。

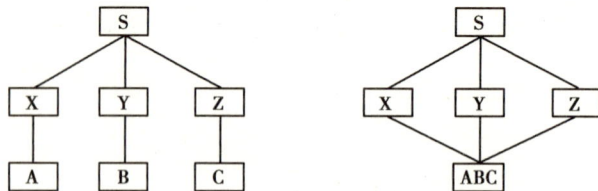

图 9-6　逻辑内聚

③时间内聚。如果一个模块包含几个任务,而这些任务均需在同一个时间内执行,则称为时间内聚。例如,模块完成各种初始化工作或当一个模块处理意外故障时,这个模块必须在中断处理的同时完成关闭文件、报警和保留现场等任务,这就构成了时间内聚。

④通信内聚。如果模块中所有元素都使用相同的数据结构,即用同一个输入数据或产生同一个输出数据,则称为通信内聚。例如,一个模块的功能是从输入的文件中读出数据,然后由这些数据产生报表,同时也由这些数据产生单项报表。

⑤顺序内聚。如果一个模块中所有处理元素都是为完成同一功能而必须执行的,则称这个模块为顺序内聚。例如,一个解非线性方程组的模块,它的功能依次为:输入常数项系数,求解,输出方程组的解等。

⑥功能内聚。如果一个模块中的所有处理元素都完成一个,而且仅完成一个功能,则称该模块为功能内聚。例如,一个模块只完成矩阵加法运算或只打印输出一种特定的表格功能。显然,对于一个模块而言,模块自身的内聚越强,模块间的耦合就越小,模块所具有的独立性就越好。可以说高内聚低耦合是进行软件设计的一贯原则。

9.1.5　系统设计说明书

系统设计的目标是建立目标系统的物理模型。表述物理模型则成为系统设计最后阶段的重要任务。系统设计阶段的最后一项工作是将系统设计的各项成果编辑成一套完善的文档资料,即系统设计说明书。设计说明书是整个系统设计的完整描述,是系统设计的阶段性成果的具体体现,也是系统实施的最重要依据。

系统设计说明书包括以下内容。

①系统模块结构设计说明。系统的模块化结构及其说明,各主要模块处理流程图及其说明等。

②输入输出设计和人机对话说明。输入输出设备的选择,输入输出的格式,以及输入数据的编辑校验方法等。

③网络设计说明。画出网络的拓扑结构图。说明所选网络软硬件平台、线路种类以及联网的目标和具体方案等。

④代码设计说明。说明编码对象的名称、代码结构、校验位的设计方法和相应的编码表等。

⑤数据文件和数据库的设计说明。说明各数据文件和数据库的命名、功能、结构等。

⑥说明。说明系统安全设计措施及细节,说明数据完整性设计的具体内容,给出系统安全计划文本。

编写好的系统设计说明书,交有关部门批准后,即可正式转入系统实施阶段。

9.2　总体设计阶段的图形工具

在总体设计阶段经常使用如下几种图形工具。

9.2.1　层次图

层次图用来描绘软件的层次结构。层次图中的每个方框代表一个模块,方框间的连线表示调用关系。例如,正文加工系统调用编辑模块,编辑模块依需要调用添加、删除、插入、修改、合并、列表模块。从图 9-7 的组成上不难看出,层次图很适合于在自顶向下的软件设计过程中使用。

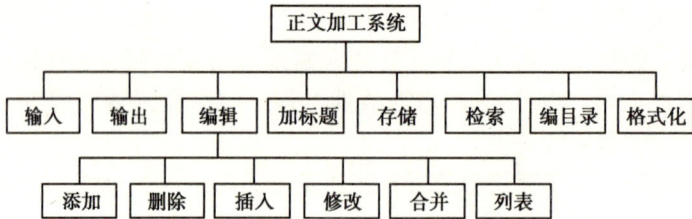

图 9-7 正文加工系统的层次图

9.2.2 HIPO 图

HIPO(Hierarchy plus Input-Process-Output)图是美国 IBM 公司于 20 世纪 70 年代发展起来的表示软件系统结构的工具。HIPO 图由两部分组成:可视目录表和 IPO 图。可视目录表给出程序的层次关系,IPO 图则为程序各部分提供具体的工作细节。

1)可视目录表

可视目录表由体系框图、图例、描述说明 3 部分组成。

(1)体系框图

体系框图又称层次图(H 图),是可视目录表的主体,用来表明各个功能的隶属关系。如图 9-8 所示,它是自顶向下逐层分解得到的,是一个树形结构。它的顶层是整个系统的名称和系统的概括功能说明;第二层把系统的功能展开,分成了几个框;第二层功能进一步分解,就得到了第三层、第四层……直到最后一层。每个框内都有一个名字,用以标识它的功能,还存一个编号,以记录它所在的层次及在该层次的位置。

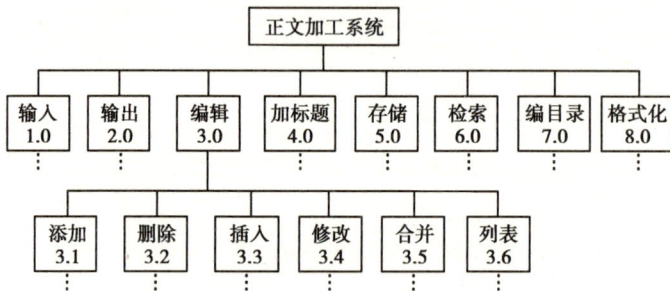

图 9-8 带编号的层次图(H 图)

(2)图例

每一套 HIPO 图都应当有一个图例,即图形符号说明。附上图例,不管人们在什么时候阅读它都能对其符号的意义一目了然。

(3)描述说明

它是对层次图中每一框的补充说明,在必须说明时才用,所以它是可选的。描述说明可以使用自然语言。

例如,应用 HIPO 图对盘存/销售系统进行分析,得到的工作流程图和可视目录表如图 9-9 和图 9-10 所示。

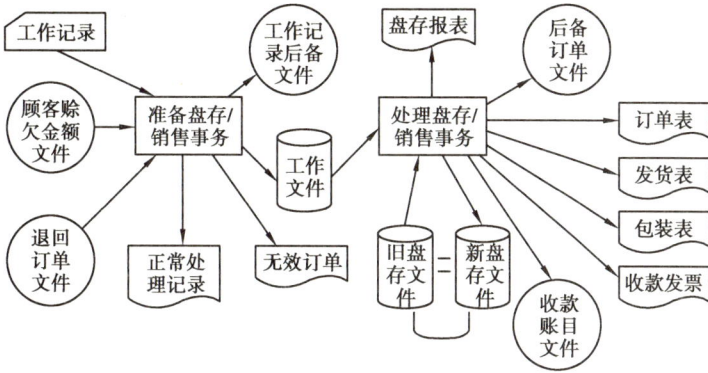

图 9-9 盘存/销售系统工作流程图

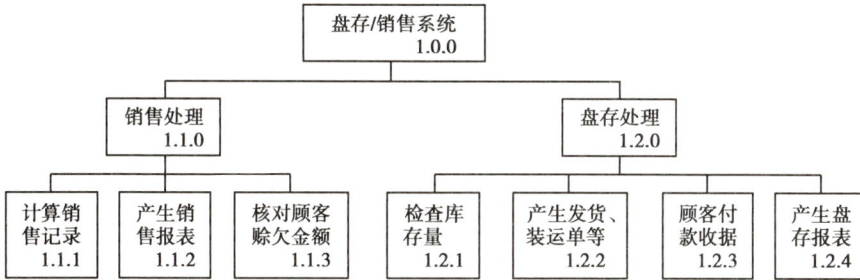

(a)层次图

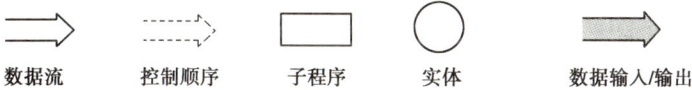

数据流　　　控制顺序　　　子程序　　　实体　　　数据输入/输出

(b)图例

号 码	说明
1.0.0	盘存/销售系统框图:处理订货、维护盘存文件、产生发货单、包装单、货运单、顾客付款收据、产生盘存与销售报表
1.1.0	顾客订单检查、核对顾客赊欠金额、产生销售报表
1.1.1	用工作文件的盘存项目号,对顾客订单进行核对和排序
1.1.2	以地区和人员为单位,编制销售报表,计算销售佣金
1.1.3	检验顾客赊欠金额,计算折扣,确定支付项目
1.2.0	处理盘存管理报表,顾客付款收账,处理发货、包装、托运
⋮	

(c)描述说明

图 9-10 盘存/销售系统的可视目录表

2)IPO 图

IPO 图为层次图中每一功能框详细地指明输入、处理及输出。通常,IPO 图有固定的格式,图中处理操作部分总是列在中间,输入和输出部分分别在其左边和右边。由于某些细节很难在一张 IPO 图中表达清楚,常常把 IPO 图又分为两部分,简单概括的称为概要 IPO 图,细致具体一些的称为详细 IPO 图。

概要 IPO 图用于表达对一个系统,或对其中某一个子系统功能的概略表达,指明在完成某一功能框规定的功能时需要哪些输入、哪些操作和哪些输出。图 9-11 是表示盘存/销售系统第二层的对应于 H 图上的 1.1.0 框的概要 IPO 图。

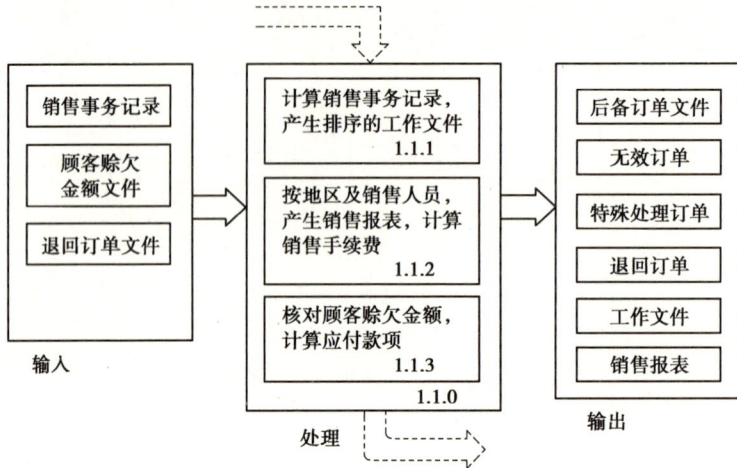

图 9-11　对应 H 图上 1.1.0 框的概要 IPO 图

在概要 IPO 图中,没有指明输入—处理—输出三者之间的关系,用它来进行下一步的设计是不可能的。故需要使用详细 IPO 图以指明输入—处理—输出三者之间的关系,其图形与概要 IPO 图一样,但输入、输出最好用具体的介质和设备类型的图形表示。图9-12 是盘存/销售系统中对应于 1.1.2 框的一张详细 IPO 图。详细 IPO 图也可用类似表的形式表示,图 9-13 是盘存/销售系统中对应于 1.2.1 框的一张详细 IPO 图。

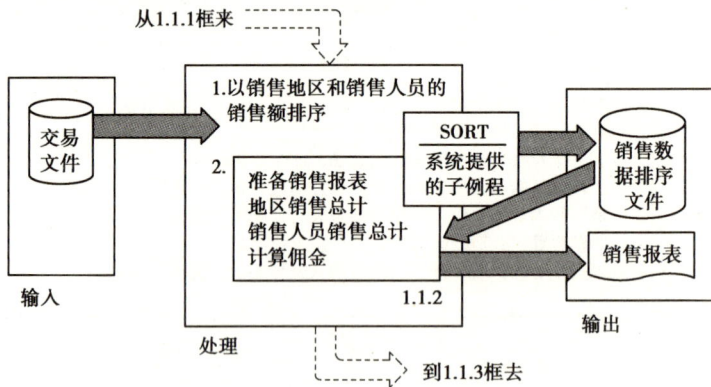

图 9-12　对应于 H 图 1.1.2 框的详细 IPO 图

系统名称：销售管理系统	设计人：
模块名：确定能否订货	日期
模块编号：	
上层调用模块：订货处理	
文件名：库存文件	下层被调用模块：可供货处理 　　　　　　　　缺货订单留底
输入数据：订单订货量X 　　　　　相应货物库存量Y	输出数据：
处理：IF Y–X>0 THEN(调用"可供货处理") 　　　ELSE(调用"缺货订单留底") 　　　ENDIF	
注释：	

图 9-13　对应于 H 图 1.2.1 框的详细 IPO 图

9.2.3 结构图

结构图描述了程序的模块结构,表示了一个系统的层次分解关系,反映了块间联系和块内联系等特征及控制信息的传递关系。

基本图形符号：

①矩形框表示模块,框中的内容为模块名。

②连线表示模块的调用关系。

③注释箭头,实心圆表示传递的是控制信息,空心圆表示传递的是数据。

④单条件调用。

⑤多条件调用。

⑥模块间单循环调用。

⑦模块间多循环调用。

⑧连接符。

【例 9-1】 产生最佳解的结构图,如图 9-14 所示。

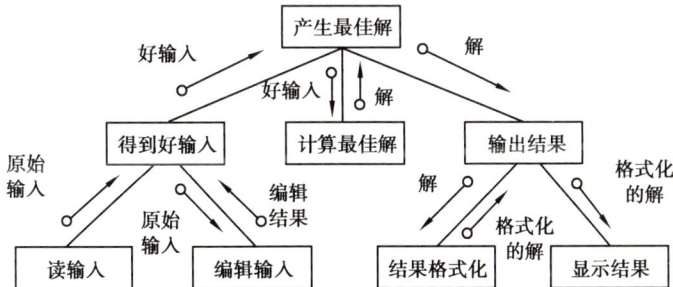

图 9-14　产生最佳解的结构图

【例 9-2】 计算奖金的结构图,如图 9-15 所示。

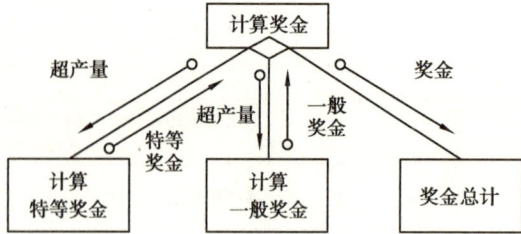

图 9-15 计算奖金结构图

9.3 结构化设计(SD 方法)

自 20 世纪 70 年代以来,产生了多种软件设计方法。如模块化程序设计(MP)、基于功能分解的自顶向下设计(TDD)、复合设计法(CD)、结构化设计(SD)、程序逻辑构造法(LCP)、M.Jackson 结构设计(MJSD)、结构化分析设计技术(SADT)和面向对象设计技术(OOD)等,这些方法都是用来指导总体设计的。本节只介绍 SD 方法。

SD 是结构化设计(Structured Design)英文的简称,它是美国 IBM 公司的 W. Stevens 和 L. Constanine 等人研究出来的,是使用最广泛的一种设计方法。SD 方法的基本思想是模块化,考虑应如何建立一个结构优良的软件系统,它提出了从反映用户要求的数据流图出发,逐步产生软件结构的规则,提出了高内聚低耦合的评价模块结构质量的具体标准。

9.3.1 软件结构的标准形式

在数据处理系统中,常见的软件结构标准型有两种:变换型和事务型。当然,更多时候的情况是两种类型的混合。

(1)变换型结构

因为 SD 方法是以数据流图为基础的,变换型结构的数据流图基本上呈线性形状,可以比较明显地分为输入、变换(或加工)、输出 3 部分,其中变换部分是系统的主要工作,如图 9-16 所示。

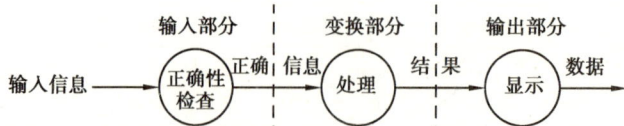

图 9-16 变换型结构的数据流图

(2)事务型结构

此类系统的数据流图常呈辐射状,一个加工(事务中心)将它的输入分离成若干种发散的数据流,从而形成若干条活动的路径,然后根据输入值选择其中的一条路径处理,如

图 9-17 所示。

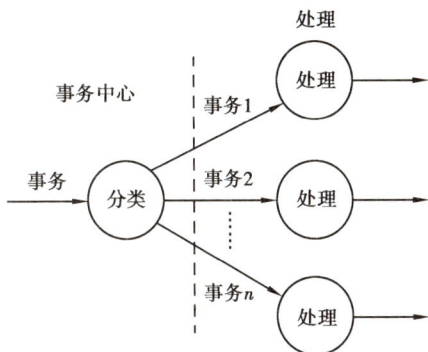

图 9-17 事务型结构数据流图

9.3.2 SD 设计步骤

①复查基本系统模型的目的是进一步检查输入和输出数据是否正确合理。

②复查并精化数据流图。对需求分析阶段的数据流图认真复查,查看一个处理是否都代表一个规模适中的独立子功能,不符合时需对数据流图进行精化。

③确定数据流的类型。一张数据流图若没有明显的事务中心,则一般认为是变换型结构的数据流图。有时数据流图较复杂,粗分属于变换型结构的数据流图,而细节部分可能又属于事务型结构的数据流图,这时可以采取逐步细化的原则,如图 9-18 所示。

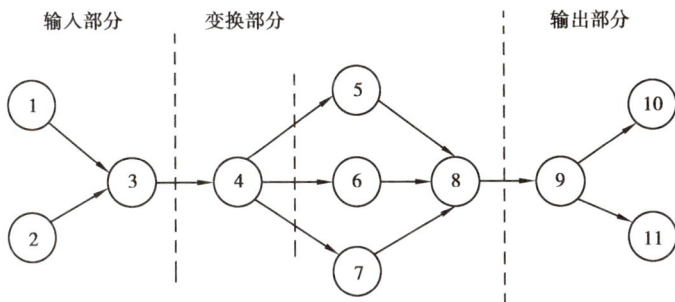

图 9-18 确定数据流图类型

④确定边界。

⑤把数据流图映射成系统模块结构,即设计系统的上层模块结构。

⑥基于数据流图逐步分解高层模块结构,设计出下层模块。

⑦根据模块独立性原理,精化模块结构。

⑧描述模块接口信息,给出进出模块的数据信息。

9.4 信息系统详细设计

9.4.1 系统物理配置方案设计

1) 设计依据

(1) 系统的吞吐量

每秒钟执行的作业数称为系统的吞吐量,用 TPS(Transaction Per Second)表示。系统的吞吐量越大,则 TPS 的值越大,同时也说明系统的处理能力越强。

(2) 系统的响应时间

从用户向系统发出一个作业请求开始,经系统处理后,再给出应答结果的时间称为系统的响应时间。如果一个系统的响应时间越快,则计算机的运算速度越快,并且通信线路的传递速率也越高。

(3) 系统的可靠性

系统的可靠性可以用联系改造的时间来表示。例如,每天需要 24 小时连续工作的系统,则系统的可靠性就应该很高,这时可以采用双机双工系统结构方式。

(4) 数据管理方式

如果用文件系统管理数据,则操作系统应具备文件管理功能;如果用数据库方式管理数据,那么系统中应配备 DBMS 或分布式 DBMS 系统软件和其他网络管理软件。

(5) 集中式还是分布式

如果一个系统的处理方式是集中式的,那么既可以采用单机系统,也可以采用网络系统。如果一个系统的处理方式是分布式的,则必须采用网络方案。

(6) 单机系统还是多机系统

如果一个系统的功能比较简单,并且规模不大,那么采用单用户或多用户的单机系统可以满足要求;否则就要采用多机系统,以便解决资源共享问题,通常为网络结构形式。

(7) 地域范围

需要根据系统覆盖的地域范围来决定是采用广域网还是局域网。

2) 计算机硬件选择

计算机硬件的选择取决于数据的处理方式和运行的软件。管理对计算机的基本要求是速度快、容量大、通道能力强、操作灵活方便,但是计算机的性能越高,其价格也就越昂贵,因此,在计算机硬件的选择上应全面考虑。一般来说,如果系统的数据处理是集中式的,系统应用的主要目的是利用计算机强大的计算能力,则可以采用浏览器/服务器系统,以高性能的计算机作为服务器,更为灵活、经济。若对企业管理等应用,其应用本身就是分布式的,那么采取服务器/客户端方式可以使系统具有较好的性能。

确定了数据的处理方式后,在计算机型的选择上则主要考虑应用软件对计算机处理能力的需求,包括:①计算机主存;②CPU 时钟;③输入、输出和通信的通道数目;④显示方式;⑤外接转储设备及其类型。

对于硬件设备的选择,应列出硬件设备明细表并绘制硬件配置图。并且,最好准备几种设备配置方案及类型功能、容量的几种机器选择方案,召开各种方案论证会,请各方面有关人员和专家参加分析讨论,提出意见。

3) 数据库管理系统的选择

管理信息系统都是以数据库系统为基础,一个好的数据库管理系统对管理信息系统的应用有着举足轻重的重要影响,在数据库管理系统的选择上,主要考虑:①数据库的性能;②数据库管理系统的系统平台;③数据库管理系统的安全保密性能;④数据的类型。

目前市场上数据库管理系统较多,流行的有 Oracle、Sybase、SQL Server、Informix、FoxPro 等,Oracle、Sybase 是后台数据库管理系统,一般用于大、中企业的管理信息系统中。而 Microsoft 推出的 Access/FoxPro 是一种桌面数据库管理系统,主要用于小型管理信息系统开发中。

4) 应用软件的选择

随着计算机产业的发展,出现了许多商品化应用软件。这些软件技术成熟,设计规范、管理思想先进,直接应用商品化软件既可以节省投资,又可以规范管理过程,加快系统应用的进度。选择应用软件应考虑以下方面。

①软件是否能够满足用户的需求。在软件功能上应注意以下问题:系统必须处理哪些事件和数据;软件能否满足数据表示的需要,如记录的长度、文件最大长度等;系统能够产生哪些报表、文档或其他的输出;系统要储存的数据量及事件数;系统必须满足哪些查询需求;系统有哪些不足之处,如何解决。

②软件是否具有足够的灵活性。由于用户需求和管理需求的不确定性,系统应用环境经常发生变化,因此,应用软件要有足够的灵活性,以适应对软件的输入、输出的要求。

③软件是否能够获得长期、稳定的技术支持。对于商品化软件,稳定的技术支持是必须的,这一方面是为了保证软件能够满足需求的变化,另一方面是便于今后随着系统平台升级而不断升级。

9.4.2 处理流程图设计

系统结构设计的重点在于描述系统的功能特征及其各功能模块之间的调用关系,但并未表达各功能之间的数据传递关系。因此,为了进一步表达系统的处理过程和系统中数据传递关系,还必须进行系统处理流程设计和具体模块的处理流程设计,以便为程序设计提供详细资料。

1) 系统处理流程图设计

系统处理流程图是以新系统的数据流程图为基础绘制的。首先为数据流程图中的处理功能画出数据关系图。图 9-19 是数据关系的一般形式,它反映了数据之间的关系,即输入什么数据、产生什么中间数据和输出什么信息之间的关系。

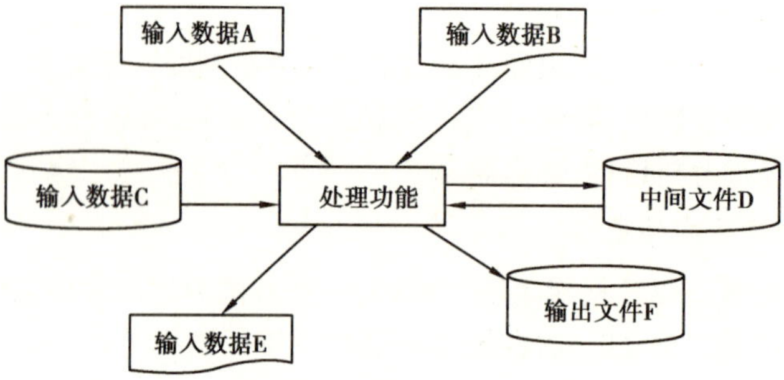

图 9-19　数据关系的一般形式

其次,把各个处理功能的数据关系图综合起来,形成整个系统的数据关系图,即系统处理流程图。

绘制系统处理流程图应当使用统一符号。目前我国国家标准《信息处理数据流程图、程序流程图、系统流程图、程序网络图和系统资源图的文件编制符号及约定》(GB 1526—1989)和国际标准化组织标准以及美国国家标准协会 ANSI 的图形符号大致相同,常用的系统流程图符号如图 9-20 所示。

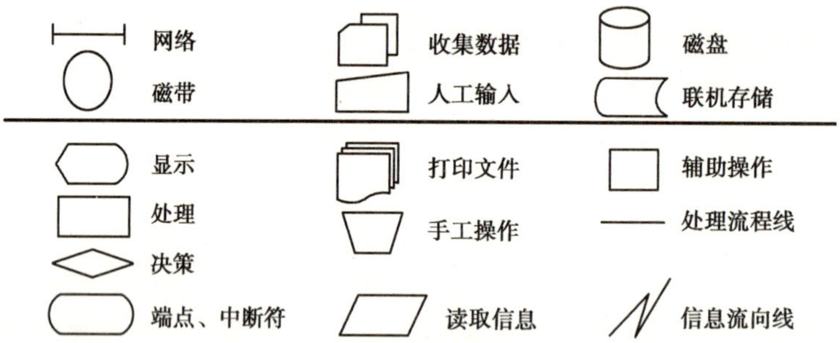

图 9-20　常用的系统流程图符号

从数据流程图到系统处理流程图并非单纯的符号改换,系统处理流程图表示的是计算机的处理流程,而并不像数据流程图那样还反映了人工操作那一部分。因此绘制系统处理流程图的前提是已经确定了系统的边界、人机接口和数据处理方式,同时还要考虑哪些处理功能可以合并,或进一步分解,把有关的处理看成是系统流程图中的一个处理功能。

【例 9-3】　图 9-21 是工资管理子系统的系统处理流程图。由图 9-21 可知,该子系统由主文件更新模块、形成扣款文件模块和计算打印模块 3 部分组成。系统把工资数据分为固定半固定数据和变动数据两大部分。相对固定的数据长期存储在主文件中,每月只做少量更新工作。对变动很大的变动数据,每月从键盘重新输入,暂时保存在磁盘的扣款文件上。最后由计算和打印程序自动到主文件和扣款文件中去找出每个职工的有关数据,计算后打印出工资单和工资汇总表。

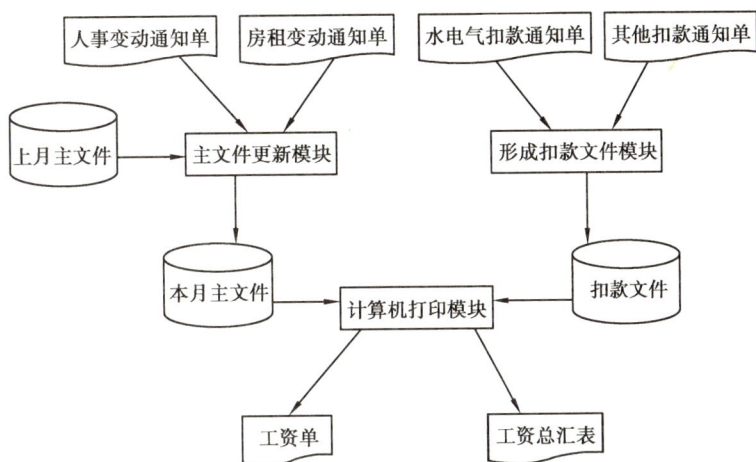

图 9-21 工资管理子系统的信息系统流程

【例9-4】 图9-22是某库存管理子系统的数据流程图中的一部分,图9-23是所转换的信息系统流程图。

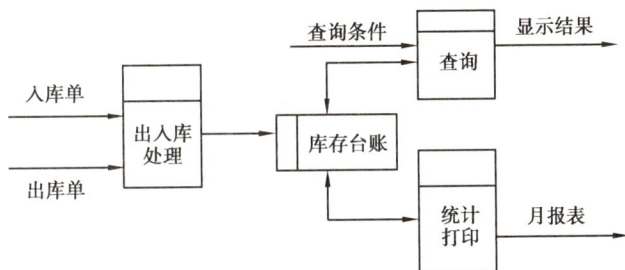

图 9-22 库存管理子系统数据流程

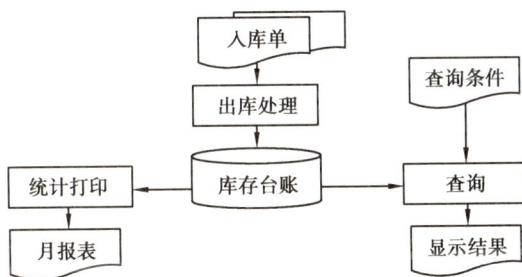

图 9-23 库存管理子系统信息系统流程

2)程序框图设计

程序框图,又称程序流程图。它是用统一规定的标准符号描述程序运行具体步骤的图形表示,是描述模块内部处理过程的主要工具。

由于结构化程序设计方法简单易学,并且能够通过集中基本的处理结构将一个复杂程序的运行步骤简明易懂地描述出来,所以是一种比较好的设计方法。利用结构化程序设计方法描述模块内部的处理过程,主要采用以下5种基本的处理结构:顺序处理结构、选择处理结构、先判断后执行的循环结构、先执行后判断的循环结构、多条件选择处理结构。这5种基本结构如图9-24所示。

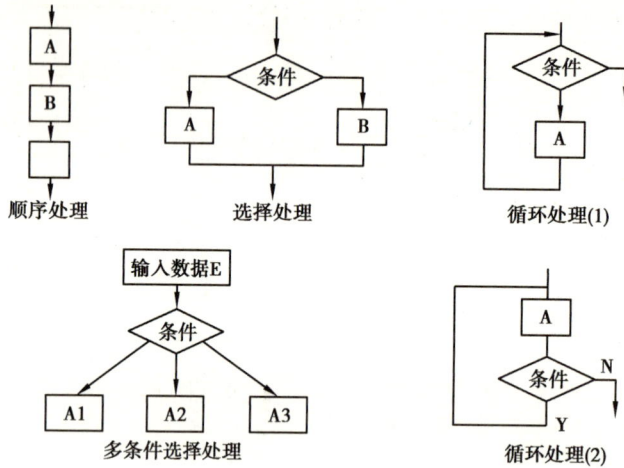

图 9-24　程序框图

在实际的程序框图设计工作中,遇到的问题要复杂一些,因为它可能包含多重循环处理或多种选择的嵌套处理。只要能从以上5种基本处理结构出发,根据处理功能的基本要求,确定什么地方应选择顺序处理,什么地方应采用选择处理,什么地方应采用循环处理,最后将这些基本处理结构合理地组合起来,就能够设计出合乎要求的程序框图。当然,对于一个复杂的处理过程,可能要经过多次的修改,最后才能设计出比较满意的程序框图。

3)程序设计说明书

程序设计说明书是对程序框图注释性的书面文件,以帮助程序设计人员进一步了解程序的功能和设计要求。程序设计说明书由系统设计人员编写,交给程序设计人员使用。因此程序设计说明书必须写得清楚明确,以便增加程序设计人员对所要设计的程序的处理过程和设计要求的理解。

程序设计说明书主要包括以下内容。

①程序名称。它包括反映程序功能的文字名称和标识符。

②程序所属的系统、子系统和模块的名称。

③编写程序所用的语言。

④输入数据的方式与格式。当有多种数据输入时,应当分别对每种数据的输入方式和格式作出具体而详细的说明。

⑤输出信息的方式与格式。当有多种信息按不同方式输出时,应当分别说明按各种方式输出时的格式要求。

⑥程序处理过程说明。它包括在程序中使用的计算公式、数学模型和控制方法等。

⑦程序运行环境的说明。它主要是指保证程序能够正常运行所需要的输入、输出设备的类型和数量,内部存储器的容量,以及支持程序运行的操作系统等内容进行说明。

对编写程序设计说明书的工作必须引起系统设计人员的充分注意,并作为一项重要的工作内容来完成。因为程序设计说明书不仅是程序设计人员进行程序设计时的重要参考,也是系统修改和维护的技术依据。就是在系统投入运行之后,由于要经常根据情况的变化对系统进行调整和修改,如果没有完善的文档资料,将既不利于程序的设计工作,更不利于对系统的修改和维护工作。

9.5　代码设计和数据库设计

9.5.1　代码设计

代码是代表客观存在的事物名称、属性和状态等的符号。代码的符号可以是数字、字母或者是由数字和字母混合组成。

1)代码的功能与设计原则

(1)代码的功能

①使用代码可以提高计算机处理的效率和精度。按代码对事物进行分类、合并、更新检索,可以十分迅速。

②利用代码可以节省计算机的存储空间,提高运算速度。例如在物资管理系统中,通过相应的代码就可以反映出物资的种类、规格、型号等内容,因此可以减少计算机处理的数据量,提高处理速度,并可以节省存储空间。

③利用代码可以提高系统的可靠性。通过在代码中加入校验码,可以在输入数据时利用计算机进行检验,以保证输入的数据准确可靠,从而可以提高整个系统的可靠性。

④利用代码可以提高数据的全局一致性。对同一事物,即使在不同场合有不同的叫法都可以用代码统一起来,减少了因数据不一致而造成的错误。

⑤代码是人和计算机的共同语言,是两者交换信息的工具。

现代企业的编码系统已由简单的结构发展成为十分复杂的系统。为了有效地推动计算机应用和防止标准化工作走弯路,我国十分重视制订统一编码标准的问题,并已公布了GB/T 2260—2007/XG1—2016《中华人民共和国行政区划代码》国家标准第1号修改单、GB/T 1988—1998《信息技术信息交换用七位编码字符集》等一系列国家标准编码,在系统设计时要认真查阅国家和部门已经颁布的各类标准。

代码设计在系统分析阶段就应当开始。由于代码的编制需要仔细调查和多方协调,是一项很费事的工作,需要经过一段时间,在系统设计阶段才能最后确定。

(2)代码设计的原则

合理的编码结构是信息处理系统是否具有生命力的一个重要因素,在代码设计时,应遵循以下基本原则。

①唯一性。每一个代码只能唯一地代表系统中的一个实体或实体属性。而一个实体或实体属性也只能唯一地由一个代码来表示。

②标准性。代码设计时要尽量采用国际或国家的标准代码,以方便信息的交换和共享,并可为以后对系统的更新和维护创造有利条件。

③合理性。代码设计必须与编码对象的分类体系相适应,以使代码对编码对象的分类具有标识作用。

④可扩充性。编码时要留有足够的备用代码,以适应今后扩充代码的需要。但备用代码也不能留得过多,以免增加处理的难度。

⑤简单性。代码结构要简单,要尽量缩短代码的长度,以方便输入,提高处理效率,并且便于记忆,减少读写的差错。

⑥适用性。代码设计要尽量反映编码对象的特点,以便于识别和记忆,使用户容易了解和掌握。

⑦规范化。代码的结构、类型、编码格式必须严格统一,以便于计算机处理。

2)代码的种类

代码的种类如图 9-25 所示,图中列出了最基本的代码。实际应用中,常常根据需要采用两种或两种以上基本代码的组合。

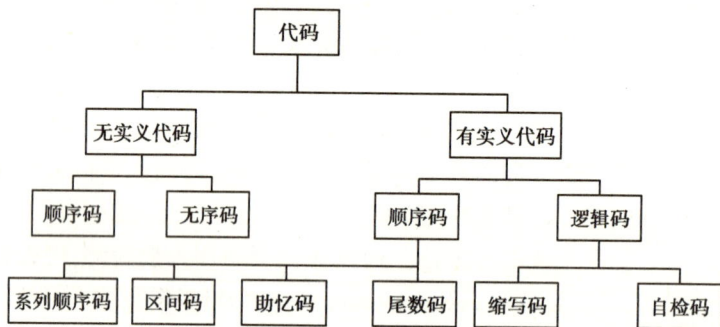

图 9-25　代码种类

从编码对象实际状况和使用方便两个方面进行考虑,常用的代码主要有以下几种:

(1)顺序码

顺序码是用一串连续的数字来代表系统中的客观实体或实体属性。例如,一个大学里面的各个学院可以采用顺序编码:

01 管理学院

02 商学院

03 信息科学与技术学院

……

14 机械工程学院

顺序码的优点是简单、易处理。缺点是不能反映编码对象的特征,代码本身无任何含义。另外,由于代码按顺序排列,新增加的数据只能排在最后,删除数据则要产生空码、缺乏灵活性,所以通常作为其他编码的一个组成部分。

（2）区间码

区间码是按编码对象的特点把代码分成若干个区段,每一个区段表示编码对象的一个类别。例如,全国行政区邮政编码即为典型的区间码。这种代码共有 6 位数字组成,分成三个区段:第 1 位和第 2 位表示省或直辖市级顺序码;第 3 位和第 4 位表示地或市级顺序码;第 5 位和第 6 位表示县或区级顺序码。因此,通过一个代码就可以反映出一个地区所在的省、地和县。

区间码的优点是从结构上反映了数据的类别,便于计算机分类处理,排序、分类,插入和删除也比较容易。它的缺点是代码的位数一般都比较多。区间码往往要和顺序码混合使用。

①多面码。一个数据项可能具有多方面的特性,在码的结构中,为这些特性各规定的一个位置,就形成多面码。例:对于机制螺钉,根据表 9-1 的规定,代码 2342 就表示材料为直径为 $\phi2.5$ mm 的黄铜方形头镀铬螺钉。

表 9-1　多面码示意图

材料	螺丝直径	螺钉头形状	表面处理
1 不锈钢	1ϕ0.5	1 圆头	1 未处理
2 黄铜	2ϕ1.0	2 平头	2 镀铬
3 钢	3ϕ2.5	3 六角形状	3 镀锌
		4 方型头	4 上漆

②上下关联区间码。由几个意义上相关的区间码组成,其结构一般由左向右排列。例如,在会计上,用最左位代表核算种类,下一位代表核算会计项目。

③十进位码。由上下关联区间码发展而成,相当于图书分类中沿用已久的十进位分类码。如 820.645,小数点左边的数字组合代表主要分类,小数点右边的数字代表子分类。子分类划分虽然很方便,但是所占数位长短不齐,不适于计算机处理。但是只要把代码的数位固定下来,仍然可以用计算机处理。

（3）助忆码

助忆码是指用可以帮助记忆的字母和数字来表示编码对象。例如,表示电视接收机可以用代码:

TV—B—30 表示 30 cm 黑白电视机;

TV—C—51 表示 51 cm 彩色电视机。

助忆码的优点是直观、便于记忆和使用。缺点是不利于计算机处理,当编码对象较多时,也容易引起联想出错,所以这种编码主要用于数据量较少的人工处理系统。

（4）缩写码

缩写码是把人们习惯使用的缩写字直接用于代码。例如:kg—千克;cm—厘米。

缩写码的优点是简单、直观,便于记忆和使用。但是,由于缩写字有限,所以它的使用范围也有限。

（5）尾数码

使末尾位的数字码具有一定含义，可以不增加主要代码位数而进行分类，即利用尾位数字修饰主要代码。例如，用02301表示230 mm，用02302表示230 cm。

3）代码的校验

代码作为数据的一个组成部分，是系统的重要输入内容之一，它的正确与否直接影响到整个处理工作的质量。特别是人们需要重复抄写代码和通过手工将它输入计算机中时，发生错误的可能性就比较大。为了保证输入代码的正确性，人们在设计代码时，可以在原有代码的基础上再加上一个校验位，使其成为代码的一个组成部分。校验位通过事先规定好的数学方法计算出来，当带有校验码的代码输入计算机中时，计算机也利用同样的计算方法计算代码的校验位，并将它和输入的代码校验位进行比较，以检验输入是否正确。

4）代码设计举例

（1）代码设计任务书

在进行代码设计时，要首先填写代码设计任务书，作为代码设计的主要依据，并且作为系统文档资料的一个重要组成部分，需要妥善保管。

代码设计任务书的基本格式和所反映的基本内容见表9-2。

表9-2　代码设计任务书

系统设计 资料编码	代码设计任务书 年　　月　　日		代码设计 任务书编号
编码对象名称	编码方式	位数	校验位
会计科目	区间码	8	有
编码对象数量	使用时间	适用范围	
	2021.5.1	财务管理信息系统	
代码化目的	1.便于输入和检验 2.便于计算机分类处理		
构成	1—3位表示一级科目，第4、5位表示二级科目，第6、7位表示三级科目，第8位是校验位。		
编码要求	1.一级科目编码采用国家会计制度规定的统一编号 2.校验位采用几何级数法设计		

续表

序号	代码			意义		
	一级科目	二级科目	三级科目	一级科目	二级科目	三级科目
1	101	01	00	现金	人民币	无意义
2	101	02	00	现金	美元	无意义
3	102	01	00	银行存款	人民币	无意义
4	102	02	00	银行存款	美元	无意义
…	…	…	…	…	…	…

（2）代码设计举例

下面根据代码设计任务书的要求说明会计科目代码设计的过程。

由代码设计任务书可以看到,会计科目代码共有8位数字组成,其中前7位数字是基本代码,按区间码设计,第1位到第3位表示一级科目;第4位和第5位表示二级科目;第6位和第7位表示三级科目;第8位是校验位,按几何级数法计算得到。

①一级科目代码设计。对于一级科目的编码,是利用国家会计制度中对会计科目的统一编号来实现。一级科目代码共有3位数字组成,其中90到199表示资产类会计科目;200到299表示负债类会计科目;300到399表示所有者权益类会计科目;400到499表示成本类会计科目;500到599表示损益类会计科目。在一级科目的编码中,第1位数字表示了科目的大类,第2位和第3位数字表示了科目的小类和序号。在某些会计科目之间留有空号,是供增设会计科目时之用。

②明细科目代码设计。明细科目反映的内容极为广泛,并且由于企业不同,其明细科目的名称也不尽相同。因此,代码设计必须考虑到各企业会计核算系统的特点和管理上的要求。这里是在一级科目编码的基础上,添加两位数字表示一级科目下属的二级科目代码,二级科目代码按顺序方式设计。三级科目代码是在每一个二级科目代码后再用两位数字表示,三级科目代码仍然按顺序码设计。

③校验位的设计。原代码设计完成之后,就可以进行校验位设计。校验位的权数按几何级数排列,模数取11。由于会计科目代码较多,为了减少计算的工作量和保证代码校验位的正确性,可以设计一个专门的计算机程序,以自动完成校验位的计算并将计算结果自动添加到原代码的后面。

9.5.2 数据库设计

信息系统的主要任务是通过大量的数据获得管理所需要的信息,这就必须存储和管理大量的数据。因此建立一个良好的数据组织结构和数据库,使整个系统都可以迅速、方便、准确地调用和管理所需的数据,是衡量信息系统开发工作好坏的主要指标之一。

数据结构组织和数据库或文件设计,就是要根据数据的不同用途、使用要求、统计渠道、安全保密性等来决定数据的整体组织形式,以及决定数据的结构、类别、载体、组织方式、保密级别等一系列的问题。一个好的数据结构和数据库应该充分满足组织的各级管理要求,同时还应该满足系统开发方便、快捷,系统占用空间小,易于管理和维护。

对于指标体系中数据的结构在建库前必须进行规范化的重新组织。

在进行了数据基本结构的规范化重组后,还必须建立整体数据的关系结构。这一步设计完成后数据库和数据结构设计工作就基本完成,待系统实现时将数据分析和数据字典的内容代入所设计的数据整体关系结构中,一个规范化数据库系统结构就建立起来了。

建立关系数据结构涉及三方面内容:建立链接关系;确定单一的父系关系结构;建立整个数据库的关系结构。

(1)建立链接关系

在进行了上述数据规范化重组后,已经可以确保每一个基本数据表是规范的,但是这些独立的表并不能完整地反映事物,也就是说在这些基本表的各字段中,所存储的还只是同一事物不同侧面的属性,通常需要通过指标体系才能完整全面地反映事物。那么计算机系统如何能知道哪些表中的哪些记录应与其他表中的哪些记录对应,它们表示的是同一个事物吗?这就需要在设计数据结构时将这种各表之间的数据记录关系确定下来。这种表与表之间的数据关系一般都是通过主或次关键词之间的连接来实现的。因为在每个表中只有主关键词才能唯一地标识表中的这一个记录值(因为根据第三范式的要求,表中其他数据字段函数都依赖于主关键词),所以将表通过关键词连接就能够唯一地标识出某一事物不同属性在不同表中的存放位置。

(2)确定单一的父系关系结构

所谓确定单一的父系关系结构,是指要在所建立的各种表中消除多对多的现象,即设法使得所有表中记录之间的关系呈树状结构(只能由一个主干发出若干条分支,而不能由若干条主干交错发出若干条分支状况)。所谓的"父系",是指表的上一级关系表。消除多对多关系可以借助于 E-R 图的方法来解决,也可以在系统分析时予以注意,避免这种情况的发生。

(3)建立整个数据库的关系结构

建立数据库应避免出现更新异常、插入异常、删除异常、数据冗余等现象,关系型数据库要尽量按关系规范化要求进行数据库设计。

9.6　人机界面设计

人机界面设计是计算机系统与人的接口设计。系统与用户之间接口的作用已经越来越重要。这一部分设计得好,系统运行时使用方便,操作简单,将会增加用户对整个系统的满意程度。

9.6.1　输出设计

输出设计的目的是使系统能输出满足用户需要的有用信息。对于大多数用户来说,输出是系统开发的目的和评价系统开发成功与否的标准。因此,输出设计的出发点是保证系统输出的信息能够方便地为用户所使用,能够为用户的管理活动提供有效的信息服务。

1)输出设计的内容

(1)确定输出内容

确定输出设计的内容要考虑以下两个方面。

①输出信息使用方面的内容,包括信息的使用者、使用目的、报告量、使用周期、有效期、保管方法和复写份数等。

②输出信息的内容,包括输出项目、位数、精度、数据形式(文字、数字)、数据来源与生成算法等。

(2)确定输出格式

输出信息的格式设计,是为了给用户提供一种清晰、美观、易于阅读和理解的信息。如表格、图形或文件。因此,输出信息的格式必须考虑到用户的要求和习惯,要尽量与现行系统的表格形式相一致。如果必须做出更改,则要由系统设计人员、系统分析人员和使用人员协商后,经过各方面人员的同意才能进行。表格的输出设计工作可由专门的表格生成器软件完成,图形的输出设计也有专门的软件。

(3)选择输出设备和确定输出介质

信息的用途决定了输出设备和输出介质。需要送给其他有关人员或者需要长期存档的材料,必须使用打印机打印输出;若是需要作为以后处理用的数据,可以输出到磁带或者磁盘上;如果只是需要临时查询的信息,则可以通过屏幕显示。传统的输出设备有显示器、打印机、绘图仪、影像输出系统、语音输出系统、磁记录设备等。比如,谷歌眼镜、全息图像装置等输出设备的应用。输出介质包括磁性存储设备(硬盘)、光学存储设备(光盘)以及闪存设备等。

2)输出报告

输出报告是系统设计的主要内容之一,它定义了系统的输出。输出报告中既标出了各常量、变量的详细信息,也给出了各种统计量及其计算公式、控制方法。

设计输出报告时应考虑以下几点:

①方便使用者。能为使用者提供及时、准确、全面的信息,输出的图形或表格,便于用户阅读和理解。

②要考虑系统的硬件性能。

③尽量利用原系统的输出格式,如需修改,应与有关部门协商,征得用户同意。

④输出的格式和大小要根据硬件能力,认真设计,并试制输出样品,经用户同意后才能正式使用。

⑤输出表格要考虑系统的发展。输出表格中是否为新增项目留有相应的位置。设计输出报告之前应收集好各项的有关内容,填写到输出设计书上(表9-3),这是设计的准备工作。

表 9-3　输出设计书

输出设计书					
资料代码	GZ—01	输出名称		工资主文件一览表	
处理周期	每月 1 次	形式	行式打印表	种类	0—001
份数		报送	财务科		
项目号	项目名称	位数及编辑		备注	
1	部门代码	X(4)			
2	工号	X(5)			
3	姓名	X(12)			
4	级别	X(3)			
5	基本工资	9 995.99			
6	房费	999.99			

为了提高系统的规范化程度和编程效率,在输出设计上应尽量保持输出流内容和格式的同一性,也就是说,同一内容的输出,对于显示器、打印机、文本文件和数据库文件应具有一致的形式。显示器输出用于查询或预览,打印机输出提供报表服务,文本文件格式用于为办公自动化系统提供剪辑素材,而数据库文件可满足数据交换的需要。

在打印输出时,报告纸有专用纸和通用白纸两种。专用纸上事先已印有表头和文字说明等格式,使用时可直接套打,通用白纸则需打印表头、格式及说明信息。

9.6.2　输入设计

输入设计是整个系统设计的关键环节之一,对系统的质量起着决定性的影响。输入数据的正确性直接决定处理结果的正确性,如果输入数据有误,即使计算和处理十分正确,也无法获得可靠的输出信息。

(1)输入设计的内容

①数据收集:将收集到的信息用计算机能识别的符号记录下来。

②数据登录:将收集来的数据转换成适合系统处理的形式,登录在专门设计的记录单上或介质上。

③数据输入:把数据读入计算机中。

(2)输入类型

①外部输入:是基本的原始数据输入方式,如会计凭证、订货单、合同等数据的输入。

②交互式输入:由人机对话方式进行,少量的,在操作过程中需要输入的数据或对提示的回答。

③内部输入：系统内部运算后产生的信息，如产值、利润等数据。

④网络输入：系统内外部的计算机间互相交换或共享的数据，通过网络的传输得到。

（3）输入设备

用来收集和输入数据常用设备有：卡片穿孔机、纸带穿孔机、键盘、软盘输入机、磁带机、终端控制台键盘、磁性墨水阅读器、光字符识别器、光笔、数字化仪、扫描仪以及接触式屏幕输入、语音输入等。随着计算机技术的迅速发展，输入方式的不断变化，纸带机、卡片机等设备已被淘汰，新的先进的输入设备在不断地发展和完善之中。

在选择输入设备时要根据数据量的大小和频度，输入类型和格式要求，输入的速度和准确性以及设备的费用等全面考虑。

（4）输入设计项目

输入设计的目的是使输入的数据，经处理后能满足系统输出的需要。输入设计包含下面几个方面：输入信息源的设计、输入信息设计、输入媒介选择设计、输入信息内容设计和输入信息的校验。

输入数据的正确性是输入设计的关键，因此一定要对输入信息采取完善的校验措施。

9.6.3　输入输出的界面设计

从屏幕上通过人机对话输入是目前广泛使用的输入方式。因为是人机对话，既有用户输入，又有计算机的输出。通常有以下几种：

（1）菜单式

通过屏幕显示出可供选择的功能和功能代码，由操作者根据需要进行选择。将菜单设计成层次结构，则可以通过层层调用引导用户使用系统的每一个具体功能。随着软件技术的发展，菜单设计也向着既美观又方便的方向发展。目前，在系统设计中常用的菜单设计方法主要有以下几种。

①一般菜单。在屏幕上显示出各个选择项，每个选择项指定一个代号，然后根据操作者通过键盘输入的代号或单击鼠标左键，计算机即可决定何种后续操作。

②光带菜单。这是由于在屏幕上以一条光带来提示菜单中的当前候选项而得名。通过光标控制键把光带移到所需的功能项目上，然后按下回车键即执行相应的操作。

③下拉菜单。这是一种两级菜单，第一级是选择栏，第二级是选择项。各个选择栏横排在屏幕的第一行上，用户可利用光标的左右移动键选定当前选择栏，在当前选择栏下立即显示出该栏中的各项功能，用户可利用光标的上下移动键进行选择。

（2）填表式

填表式屏幕设计通常用于需要通过终端向系统中输入数据。系统将要输入的项目显示在屏幕上，然后由用户逐项填入有关的数据。另外，填表式屏幕设计也可以用于系统的输出。如果要查询系统中的某些数据时，可以将数据的名称按一定的方式排列在屏幕上，然后由计算机将数据的内容自动填写在相应的位置上。由于这种方法设计的画面简单易读,并且不容易出错,所以它是通过屏幕进行输入输出的主要形式。

(3)选择性问答式

选择性问答式屏幕设计是指当系统运行到某阶段时,通过屏幕向用户提问,系统根据用户回答的结果决定下一步执行什么操作。这种方法通常用在提示操作人员确认输入数据的正确性,或者询问用户是否继续某项处理等方面。例如,当用户输入完一条记录后,可以通过屏幕向用户询问"输入是否正确(Y/N)?"计算机根据用户的回答来决定是继续输入数据还是对刚输入的数据进行修改。

9.7 系统安全与数据完整性设计

系统安全指的是 MIS 的各组成部分都处于安全状态,包括计算机安全、网络安全与数据库安全等方面。数据完整性泛指与损坏和丢失相对的数据的状态,通常表明数据的可靠性与准确性是可以信赖的。

9.7.1 计算机安全

计算机安全的主要目标是保护计算机资源以免受损坏、替换、盗窃和丢失。计算机资源包括:计算机设备、存储介质、软件、计算机输出数据等。

影响计算机安全的因素主要有:人为或自然造成的硬件故障,包括磁盘故障、I/O 控制器故障以及主板、芯片、存储器、设备、备份等方面的故障;人为或自然造成的软件故障;数据交换错误;病毒侵入;人为侵害等。

在系统设计上可以采取如下措施。

①访问控制。是指进入系统的控制。通常工作站或终端上使用凭"用户名"和"口令"进入系统的措施,以防范非法侵入。在设计上尽量用长口令(8 位以上)和字母与符号的混合口令,口令输入时加以屏蔽。另外,在设计上还要考虑强制要求定期的口令更换,限制登录时间与次数,并进行必要的提示,记录登录过程以备核查。

②选择性访问控制。也称选择性访问控制(Discretionary Access Control,DAC),是指对进入系统的不同用户授予不同级别的访问权限,如允许有的用户可以操作输入子系统,有的可以操作输出或系统管理子系统等。还可对用户的读(允许读一个文件)、写(允许建立和修改一个文件)、执行(运行一个程序)的访问权力进行限定。

③加密和解密。加密是指将原有的可读信息(程序与数据)进行翻译,译成密码或密文的代码形式,以保护信息的安全。解密是加密的逆过程,即把经加密后的代码形式的密文恢复成原来的可读信息的过程。

④生物识别技术。生物识别技术是指某些对人而言是唯一的特征,其中包括指纹、声音、图像、笔迹甚至人的视网膜血管图像等识别信息用于满足各种不同要求的安全系统中。这种识别技术只用于控制访问极为重要的 MIS,用于极为仔细的识别人员。

⑤物理安全。通过物理措施,如制订安全运行制度、采取对门、锁、访问卡等方面的安全措施,限制对计算机的物理接触。

⑥设备自身的运行安全。选性能优良的服务器和工作站。服务器应具有完善的容错能力、允许带电热插拔、附带智能 I/O 性能和良好的扩展性。在设计上要考虑服务器的热备份和冷备份工作方式。

⑦计算机病毒的防范与杀灭。要设计信息 I/O 制度,防范病毒。要定期核查病毒,加以杀灭。另外,要做好各种信息的备份,以消除隐患。

9.7.2　网络安全

网络使得通信和信息共享变得更为容易的同时,其自身也更多地被暴露在损坏或毁坏的攻击之中,其中包括可能被人非法获取对网络系统的访问权,黑客、以前的雇员和其他的人,都有可能采用非法的手段与你的网络设备相连,就像坐在你的计算机中心那样工作,给你的网络系统造成损失。网络安全主要指联网设备上的系统、程序和数据的安全。在系统设计时可采取以下措施以保证网络安全。

①访问控制与鉴别。包括口令与用户的设定和判断、选择性访问控制与信息的鉴别等措施。

②加密。将信息编码成不易被侵入者阅读或理解的形式,以此方法保护数据的信息。

③调制解调器安全。防止对网络拨号设备的非授权访问,以及限制只有授权的用户才能对系统进行访问。

9.7.3　数据库安全

数据库的安全是指数据库的任何部分都不允许受到恶意侵害,或未经授权的存取与修改。数据库是 MIS 的核心部分,有价值的数据资源都存放在其中。一般来说,数据库的破坏来自下列 5 个方面:系统故障、并发操作所引起的不一致、转入或更新数据库的数据有错误,更新事务未遵守保持数据库一致的原则、人为的破坏。

可通过以下措施加以防范。

①制订切实可行的安全计划制度和用户手册。

②限制可移动介质的访问。

③访问限制。设立 DBA(数据库管理员)岗位。数据库用户及其访问权限应由 DBA 根据 DBMS(数据库管理系统)所提供的功能进行控制,DBA 的特权不能转让。

④数据加密。

⑤跟踪审查。是一种监视措施,它对某些保密的数据实施跟踪,记录有关数据的访问活动。一旦发现潜在的窃密企图,如重复的、相似的查询,可以根据这些数据进行事务分析和调查。

9.7.4　数据完整性

对数据完整性来说,危险常常来自一些简单的计算不周、混淆、人为的错误或设备出错导致的数据丢失、损坏或不当的改变。数据完整性的目的就是保证计算机系统,或计算机网络系统上的信息处于一种完整和未受损坏的状态。针对可能的硬件故障、网络故障、逻辑问题、灾难性事件与人为因素,在系统设计时,可用以下办法提高数据完整性。

①备份。用来恢复出错系统或防止数据丢失的一种最常用的办法。

②镜像技术。执行时可用逻辑镜像,也可用物理镜像。

③归档。将文件从在线存储器上拷贝到磁盘或光学介质上以便长期保存。

④分级存储管理。与归档相似,是一种能将数据从在线存储器上归档到靠近在线存储器上的自动系统,也可以进行相反的过程。

⑤奇偶校验。提供一种监视的机制来保证不可预测的内存错误,不至于引起服务器出错以致造成数据完整性的丧失的方法。

⑥灾难恢复计划。编制在自然灾害或重大人为灾害造成的废墟上,如何重建系统的指导性文件。

⑦故障前预兆分析。设计出一个分析判断故障前兆的系统,以防患于未然。

⑧电源调节。指在不间断电源基础上增加一套电源调节装置,为 MIS 提供恒定平衡的电压。

本章小结

系统设计的任务是依据系统的逻辑模型,结合实际情况,设计出一个能在计算机系统上实现的具体设计方案,即新系统的物理设计方案。系统设计的内容可以分为总体设计和详细设计两部分。系统总体结构设计是系统设计阶段第一步,其任务是根据系统的总目标和功能将整个系统合理划分若干个功能模块,正确处理模块之间的调度关系和数据关系,定义各模块内部结构等。详细设计包括代码设计、数据库设计和人机界面设计。

结构化设计是目前使用最广泛的一种设计方法。SD 方法的基本思想是模块化,考虑如何建立一个结构优良的软件系统,它提出了从反映用户要求的数据流图出发,逐步产生软件结构的规则,提出了高内聚低耦合的评价模块结构质量的具体标准。

系统安全指的是信息系统的各组成部分都处于安全状态,包括计算机安全、网络安全与数据库安全等方面。数据完整性的目的是保证计算机系统,或计算机网络系统上的信息处于一种完整和未受损坏的状态。

【思考与练习】

1.系统设计的主要任务是什么?

2.代码设计应遵循哪些原则?

3.系统设计中为什么要先进行输出设计再进行输入设计?

4.信息系统设计说明书包括哪些内容?

5.对每一功能模块的处理过程、输入输出的设计工作统称为系统设计的详细设计,在详细设计中用于描述模块处理过程的工具有哪些?

第 10 章　管理信息系统的实施与运行

【学习目标】

1.了解系统实施的主要内容。
2.了解系统测试的目的、原则和方法。
3.掌握系统切换的方式及其特点。
4.熟悉系统维护的内容。
5.了解系统评价的指标。

【案例导入】

"沪冷链"管理信息系统试运行

为防范进口冷链食品疫情输入风险,上海在"三点一库"闭环管理之外,试运行一套"沪冷链"管理信息系统。上海市市场监管局的相关负责人表示,"沪冷链"是一个涉疫食品应急处置管理平台,主要功能之一是对接、打通亿通公司、上港集团、交通运输等部门的数据信息,比如口岸查验点的查验信息、运输提货点的提货数据、交通运输数据(GPS数据)等。

一辆尾号 5731 的冷冻车载着猪肉,驶入中转库上海名联冷冻仓储有限公司。监管人员打开手机中的"沪冷链"小程序,输入车号,该车所载货物的出口岸提单号、提货时间、集装箱号、核酸采样时间、消毒情况等信息立即在屏幕上显示出来。

冷库负责人表示,该系统既有监管版又有企业版,借助该管理信息系统,企业可以掌握"三点一库"以及各环节之间流程的实时关键信息,管理更精准、风险更低,心里更有底了。

据悉,"沪冷链"系统还将加入远程视频监控功能。上海所有中转查验库的卸货区域、中转查验库核酸检测区域、货物消毒区域等场所如安装了远程视频监控系统,监管人员可实时开展视频监控巡查,查看消毒、采样情况,提高监管效能。

资料来源:百度文库

信息系统设计结束之后,就进入了系统实施阶段,系统实施是新系统开发工作的最后一个阶段。所谓实施是指将新系统的设计阶段的成果转换成实际运行系统的过程。经过系统分析和系统统设计阶段,已经得到了有关系统的全部设计信息,接下来的工作就是将文档中的逻辑系统变成真正能够运行的物理系统。因此,必须制订系统实施计划来确定系统实施的方式、步骤及进度、费用等,以保证系统实施工作的顺利进行。

信息系统实施阶段包括的主要任务有:系统实施、系统测试、系统切换、系统运维、系统评价。

10.1　系统实施

信息系统实施就是根据用户确认的设计方案,实现具体的应用系统,包括建立网络环境、安装系统软件、建立数据库文件、通过程序设计与系统实现设计报告中的各应用功能并装配成系统、培训用户使用等。系统实施阶段需要大量的人力和资金支持,是耗费人力物力和时间较多的阶段,也是成功实现系统开发的关键阶段。

10.1.1　系统实施的主要内容

系统实施是开发信息系统的最后一个阶段。这阶段的任务就是实现系统设计阶段提出的物理模型,按实施方案完成一个可以实际运行的信息系统,交付用户使用。系统设计说明书详细规定了系统的结构,各个模块的功能、输入和输出,数据库的物理结构,这是系统实施的出发点。如果说研制信息系统是盖一幢大楼,那么系统分析与设计就是根据盖楼的要求画出各种蓝图,而系统实施则是调集各种人员、设备、材料,在盖楼的现场,根据图纸按实施方案的要求把大楼盖起来。

10.1.2　系统实施的过程及管理

系统实施的过程及管理分为以下步骤:

(1)根据设计的需要购置和安装设备

系统实施的工作是依据系统设计中给出的管理信息系统的硬件结构和软件结构购置相应的硬件设备和系统软件,建立系统的软、硬件平台。硬件设备包括主机、外围设备、稳压电源、空调装置、机房配套设备以及通信设备等;软件系统包括操作系统、数据库管理系统、各种应用软件和工具软件等。在硬件的选择上,要在功能、容量和性能等方面能够满足所开发的管理信息系统的设计要求。需要注意的是,在选择计算机系统时要充分进行市场调查,充分了解设备功能、适用范围、接口、运行环境以及厂商所能提供的服务等。

此外,计算机硬件和软件环境的配置,应当与计算机技术发展的趋势相吻合,硬件的选择要兼顾升级和维护的要求;软件的选择尤其是数据库管理系统,要选择 C/S 或 B/S 模式下的主流产品,以提高系统的可扩展性。

(2)建立网络环境

计算机网络是现代管理信息系统建设的基础,是创建和测试数据库、编写和测试程序的平台。在大多数情况下,所开发的管理信息系统是基于已有的网络架构的,如果是这样,就可以跳过这一项工作。但是,如果新开发的信息系统要求创建新网络或修改已有的网络环境,那么就需要建立和测试新网络。网络环境的建立应根据所开发的系统对计算机网络环境的要求,选择合适的网络操作系统产品。一般情况下,为了建立网络环境,要进行结构化布线,以及网络系统的安装与调试工作。

（3）设计计算机程序

计算机程序设计也通常被称为软件开发。进行计算机程序设计的目的是实现系统分析和设计中提出的管理模式和业务应用。在进行软件开发之前，开发人员要学习所需的系统软件的应用，包括操作系统、数据库系统和开发工具。必要时，需要对程序设计员进行专门的系统软件培训。

（4）系统调试与测试

在进行计算机程序设计之后，需要进行系统的调试。实际上，在编写计算机程序时，设计人员一直在进行调试，在不断地修改程序中的错误。在完成这种形式的调试工作之后，还必须进行专门的系统测试。期望通过系统的调试与测试可以发现并改正隐藏在程序内部的各种错误以及模块之间协同工作存在的问题。

（5）人员培训

人员培训可以分为两种类型。一种是指在软件开发阶段对程序设计人员的培训，另一种是指在系统切换和系统交付使用前对系统使用人员进行培训。这里的人员培训指的是第二种情况。在管理信息系统投入使用之前，需要对一大批未来系统的使用人员进行培训，包括事务管理人员、系统操作员、系统维护人员等。

（6）系统切换

管理信息系统实施的最后一项任务是进行系统的切换，它包括进行基本数据的准备、数据的编码、系统的参数设置、初始数据的录入等多项工作。在系统正式交付使用之前，必须进行一段时间的试运行，以进一步发现及更正系统运行中存在的问题。在系统切换和交付使用的过程中，每项工作都有很多人员参加，而且会涉及多个业务部门。因此，该阶段的组织管理工作非常重要，要做好系统切换计划，控制工作的进度，检查工作的质量，及时地做好各方面的协调，保证系统的成功切换和交付使用。

10.2　系统测试

10.2.1　系统测试的目的

为了尽可能地发现系统中存在的问题，减少系统内部各模块间逻辑功能上的缺陷和错误，以此保证新系统运行的正确性和有效性，保证每个单元能正确地实现其预期的功能，在系统正式运行之前，需要进行系统的调试工作。

对系统进行调试要事先准备好调试方案，以提高工作效率，压缩时间，降低费用。完成系统测试后，还应完成测试报告的撰写、程序框图的绘制、系统源程序清单的打印等工作。

10.2.2　系统测试的原则

进行系统测试的目的是发现程序和系统的错误并加以改正，应遵循以下基本原则：

①测试工作应避免由系统开发人员或小组本身来承担；

②设计测试用例不仅要包括合法的或有效的输入数据,还要包括无效的或不合法的各种输入数据形式；

③测试不仅要检验程序是否执行了规定的操作,还要检查它是否同时做了不该做的事；

④保留测试用例,给今后进行重新测试和追加测试等工作提供方便。

10.2.3　系统测试的方法

目前,进行系统测试的主要方法有:

(1)人工测试

人工测试的目的在于检查程序的静态结构,找出编译过程不能发现的程序算法错误。其主要的任务就是进行程序代码复审,一般采用3种具体形式:

①个人复查。指程序源代码编写结束后,由程序员自行进行检查。因为是自查,程序员对自身所编写的程序具有心理偏爱,习惯性错误不易发现。因此,自身对程序功能算法的理解错误也很难纠正。所以,这种形式的测试效率不高,且仅限于小型程序模块的检查。

②小组复查。这种形式的测试是由未参与系统程序设计的、有经验的3~5个程序员组成测试小组,对系统程序进行复查。通过对系统软件资料和源程序的检查、分析和手工模拟,从中发现并纠正存在的错误。由于是人工方式,运行速度较慢,一般采用少量的简单的测试用例进行。

③会审。由测试小组成员进行,在进行会审时应仔细阅读有关资料,根据错误类型清单(包括常见的各种编程错误)实施会审,通过测试小组成员与程序员的提问、讲解、回答及讨论的各种交互过程,发现并纠正错误。同时,审定有关系统程序的功能、结构及风格等。

(2)机器测试

机器测试就是直接在计算机上运行所要测试的程序模块,从实际运行的结果中发现并纠正错误。机器测试采用的形式主要有两种:

①黑盒测试(Black Box Testing)。又称功能测试或者数据驱动测试。测试者把程序看成是一个黑盒,完全不考虑程序内部结构和内部特性而进行的测试。黑盒测试是根据软件的规格对软件进行的测试,这类测试不考虑软件内部的运作原理,因此软件对用户来说就像一个黑盒子。软件测试人员以用户的角度,通过各种输入和观察软件的各种输出结果来发现软件存在的缺陷,而不关心程序具体如何实现的一种软件测试方法。

黑盒测试常用工具有:Auto Runner、WinRunner、Rational TestManager。

②白盒测试(White Box Testing)。又称结构测试或者逻辑驱动测试,是允许人们检查程序的内部结构,是测试者从检查程序的逻辑着手,得出测试数据,进行测试的过程,是把测试对象看作一个打开的盒子。利用白盒测试法进行动态测试时,需要测试软件产品的内部结构和处理过程,不需测试软件产品的功能。

白盒测试的覆盖标准有逻辑覆盖、循环覆盖和基本路径测试。其中逻辑覆盖包括语句覆盖、判定覆盖、条件覆盖、判定/条件覆盖、条件组合覆盖和路径覆盖。它知道产品内部工作过程,可通过测试来检测产品内部动作是否按照规格说明书的规定正常进行,按照程序内部的结构测试程序,检验程序中的每条通路是否都有能按预定要求正确工作,而不顾它的功能,白盒测试的主要方法有逻辑驱动、基路测试等,主要用于软件验证。

白盒测试常用工具有:Jtest、Jcontract 以及 CodeAnalyzer 等。

10.2.4　系统测试的过程与步骤

一个管理信息系统通常由若干子系统组成,每个子系统又由若干模块(程序)组成。所以,可把测试工作分为如图 10-1 的 3 个层次:程序(模块)测试、分调(子系功能统调试)及总调(系统调试)。

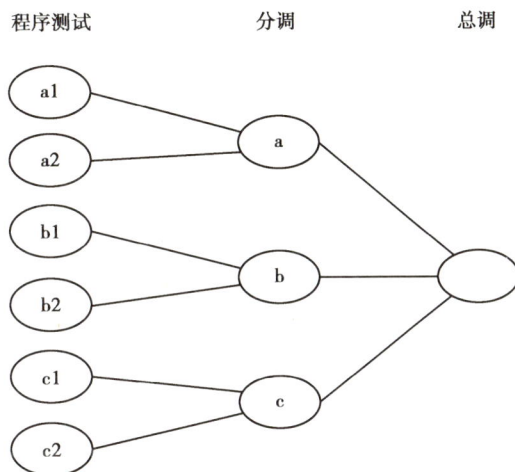

图 10-1　管理信息系统测试工作分解图

(1)程序测试

程序(模块)测试是对所设计的程序进行语法检查和逻辑检查,测试程序运行的时间和存储空间的可行性。程序测试一般从代码测试、程序功能测试两方面进行。程序的逻辑检查的方式是代码测试,通常需要编写各种测试数据,通过考察程序对正常数据、异常数据和错误数据输入的反应,检验程序执行的逻辑正确性,以及程序对各种错误的监测和处理能力。程序经过代码测试后,验证了它的逻辑正确性,但是否实现了规定的功能,尚未可知。因此,还应该测试其应用功能的需求,即面向程序的应用环境,考察是否达到了设计的功能和性能指标。程序(模块)测试的目的是保证每个模块本身能正常运行,在该步测试中发现的问题大都是程序设计或详细设计中的错误。

(2)分调

系统通常总是由多个功能模块组成的,而每个功能模块又是由一个或多个程序构成,因此,在完成对单个程序的测试以后,还应把经过测试的模块放在一起形成一个子系统来进行测试。主要测试各模块之间的协调和通信,重点测试子系统内各模块的接口。

如何将若干个模块连接成一个可运行的子系统,通常有两种方法。一种方法是先分别测试每个模块,再把所有模块按设计要求连成一起进行测试,这种方法称为"非渐增式"测试。

另一种方法是把下一个要测试的模块同已经测试好的那些模块结合起来进行测试,测试完成后再把下一个应该测试的模块结合进来测试,这种方式称为"渐增式",这种方式实际上同时完成了模块测试和子系统测试。

(3)总调

经过分调,已经把一个模块装成若干子系统并经充分测试。接着的任务是总调,也称为系统测试,它是把经过测试的子系统装配成一个完整的系统来测试,一般是在实际环境或模拟环境中调试系统是否正常。主要检查各子系统之间的接口正确性、系统运行功能是否达到目标要求、系统的再恢复性等。以此来发现系统设计和程序设计中的错误,验证系统的功能是否达到设计说明书的要求,目的是保证调试的系统能够适应运行环境。一般从两方面进行:

①主控程序和调度程序调试。将所有控制程序与其他模块的接口"短路",以某种联系程序代替原功能模块,验证控制接口和参数传递的正确性,并发现和解决资源调度过程中的效率等问题。

②程序总调。将主控程序和调度程序与系统中的各功能模块以及所有程序联合起来进行整体调试。调试应对系统的各种可能的使用形态及组合进行考察,全面测试新系统的综合性能,以确认是否达到设计目标。除了上述常规测试以外,有时根据系统需求还可进行一些特殊测试。如:峰值负载测试、容量测试、响应时间测试、恢复能力测试等。另外,交付使用之前,还可进行实况测试,以检查系统在实际运行环境下的运行合理性与可靠性。系统测试的具体步骤,如图10-2所示。

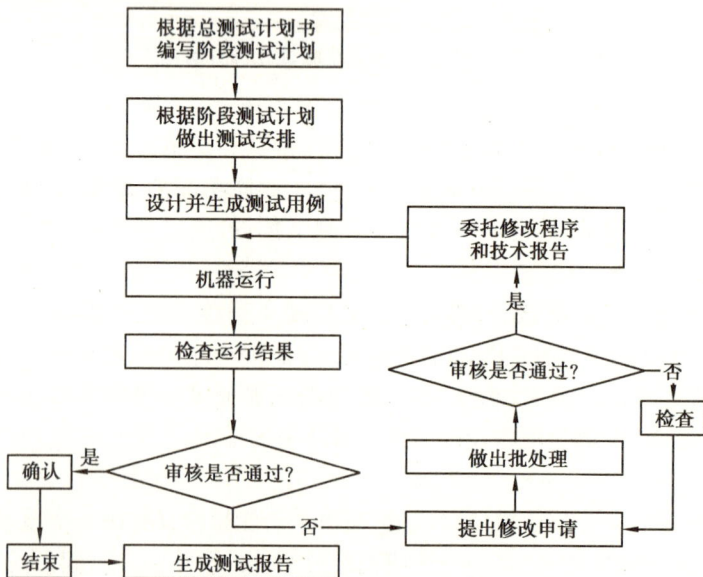

图 10-2　系统测试过程

10.3　系统切换

10.3.1　系统切换的任务

系统转换是指由原来的系统运行模式过渡为新开发的管理信息系统的过程,是新系统替换旧系统的过程,切换任务完成,旧系统停止使用,新系统投入运行。新系统通过系统测试后,必须通过系统转换,才能正式交付使用。因此,系统转换的任务就是完成新老系统之间的平稳过渡,这个过程需要开发人员、系统操作员、用户单位领导和业务部门的协作,才能顺利完成。

10.3.2　系统切换方式及选择

为了保证新系统能够顺利、平稳地运行,在转换过程中除了组织中各部门的配合,还要制订转换的方案和措施,最主要的是选择合适的切换方式。系统切换的方式主要有直接切换、平行切换和分段切换3种方式,如图10-3所示。

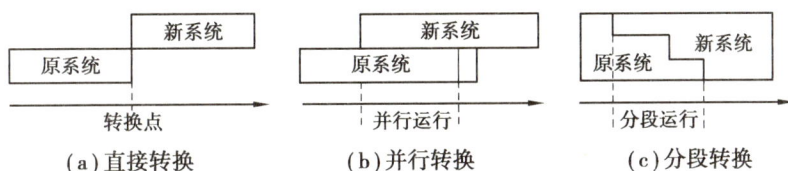

图 10-3　系统切换示意图

（1）直接切换

直接切换就是在原有系统停止运行的某一时刻,新系统立即投入运行,中间没有过渡阶段。这种转换方式,过程简单快捷,人力和费用最省,可用于新系统不太复杂或原有系统完全不能使用的场合。但是,新系统在切换之前必须经过详细调试和严格测试,否则风险太大,一旦新系统发生严重错误不能正常运行,将会导致组织业务的混乱,给组织造成巨大的损失。采用直接切换时还应做好准备,万一新系统不能达到预期目的时,还须采取相应措施。

（2）平行切换

平行切换就是在系统测试完成之后,原系统继续运行,新系统同时投入运行,新系统和原系统并行工作一段时间后,停止原系统工作,用新系统正式替换下原有系统,让新系统独立运行的一种切换方式。在并行工作期间,两种管理系统并存,一旦新系统有问题就可以暂时停止而不会影响原有系统的正常工作。根据系统的复杂程度和规模大小不同,并行运作的时间一般可在2个月到1年。

采用平行切换的方式安全保险,在切换期间还可同时比较新旧两个系统的性能,还可让系统操作员和其他有关人员得到全面培训。因此,对于一些较大的管理信息系统,平行切换是一种理想的切换方式。

由于在并行运行期间,新旧两套系统同时并存,需要投入两倍的工作量,因而人力和费用消耗较大,这就需要事先做好计划并加强管理。

（3）分段切换

这种切换方式是上述两种方式的结合,是指在新系统正式投入运行前,采取分期分批对原系统进行逐步切换,最后完全替代原系统的系统切换方式。大多数的管理信息系统的切换采用这种方式,它能保证系统在转换过程中的平稳运行,降低系统切换的风险,费用也不高,但也有可能存在新老系统对应部分衔接不平滑的问题。

鉴于此,采用分段切换时,各自系统的切换次序及切换的具体步骤均应根据具体情况灵活考虑。通常有3种策略:

策略1,按功能分阶段逐步切换。确定该系统中的一个主要的业务功能,如财务管理率先投入使用,在该功能运行正常后再逐步增加其他功能。

策略2,按部门分阶段逐步切换。先选择系统中一个合适的部门,在该部门设置终端,获得成功后再逐步扩大到其他部门。这个首先设置终端的部门可以是业务量较少的,这样比较安全可靠,也可以是业务最繁忙的,这样见效大,但风险也大。

策略3,按机器设备分阶段逐步切换。先从简单的设备开始切换,再推广到整个系统。例如对于联机系统,可先用单机进行批处理,然后用终端实现联机系统。对于分布式系统,可以先用两台微机联网,以后再逐步扩大范围,最终实现分布式系统。

总之,系统切换的工作量较大,情况十分复杂。统计资料表明,软件系统的故障大部分发生在系统切换阶段。这就要求开发人员要切实做好准备工作,拟订周密的计划,使系统切换不至于影响正常的工作。

10.3.3 系统切换管理

系统切换是指从一种处理方法改变到另一种处理方法的过程。用计算机辅助的企业管理信息系统一般都是在现行的手工管理系统基础上建立起来的,因此必须协调新旧系统之间的关系,否则将造成紊乱与中断,损害经济效益。系统切换的管理工作重点是以下3个方面:

（1）数据准备

新系统运行前要进行数据准备,准备基础数据是系统切换环节中最费时间的,所花费时间很大程度上和切换的类型有关。数据准备有3种方式,对已有的计算机系统上的文件转换可通过合并和更新来增添和扩展文件,手工处理的数据需要人工录入到计算机系统,普通的数据文件需要通过重建文件的办法转换到数据库中去。

（2）系统文档准备

系统调试完以后应有详细的说明文档供查阅,该文档应使用通用的语言说明系统各部分如何工作、维护和修改。系统说明文件大致可分以下4类:第一类是系统一般性说明文件,包括用户手册、系统规程和特殊说明;第二类是系统开发报告,包括系统分析说明书、系统设计说明书、系统实施说明和系统利益分析报告;第三类是系统说明书,包括整个系统程序包的说明、系统流程图和程序流程图、作业控制语句说明、程序清单、程序实验过程说明、输入输出样本、程序所有检测点设置说明、各个操作指令、控制台指令、操作人员指示书、修改程序的手续(要求填写的手续单)等;第四类是操作说明,包括系统规程、操作说明。

(3)人员培训

为了使新系统能够按预期目标正常运行,需要对用户进行必要的培训,这是在系统转换之前不可忽视的一项工作。

(4)设备安装

系统的安装地点应考虑系统对电缆、电话或数据通信服务、工作空间和存储、噪声和通信条件及交通情况的要求。计算机系统的安装应满足两个要求:一是使用专门的地板,让电缆通过地板孔道连接中央处理机及设备;二是提供不中断电源,以免丢失数据。

10.4　系统运维

管理信息系统(MIS)在完成系统实施、投入正常运行之后,就进入了系统运行与维护阶段。系统实施的最后一步就是新系统的试运行和维护,它是系统调试和检测工作的延续。它很容易被忽视,但对系统最终使用的安全、可靠、准确性来说,它又是一项十分重要的工作。

10.4.1　系统运行与管理

(1)系统运行

系统运行是指信息系统的日常运行,而其运行依托的是组织。目前,我国企业、组织中负责系统运行的大多是信息中心、计算机中心或是信息处等信息管理职能部门,从信息系统在组织中的地位来看,常用的形式如图 10-4 所示。

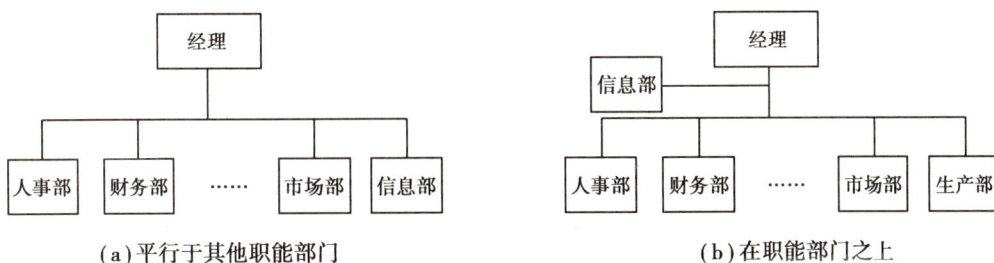

(a)平行于其他职能部门　　　　(b)在职能部门之上

图 10-4　信息系统在组织中的地位

图 10-4(a)中,信息处与其他职能部门处在同一级别,尽管信息资源可以为整个企业共享,但信息处的决策能力较弱,系统运行中有关的协调和决策工作将受到影响。

图 10-4(b)中,信息中心在经理之下,各职能部门之上,有利于信息资源的共享,并且在系统运行过程中便于协调和决策,但容易造成脱离管理或服务较差的现象。

随着计算机、网络、通信等各项技术的发展,客户/服务器体系结构的运用,信息系统在组织中的地位最好是将上述两种方式结合在一起,各尽其责。信息中心主任最好是由组织中的副总经理兼任,这样更有利于加强对信息资源的管理。

由于信息系统在企业中作用越来越重要,越来越多的企业设立了信息主管(Chief Information Officer,CIO)的职位。CIO 往往是企业或组织的高层决策人之一,以 CIO 为首的信息主管部门的工作任务主要有:

①信息系统的日常运行和维护。

②建立并实施企业信息系统使用和管理制度。

③向企业的各部门提供信息技术服务。

④新项目的开发和研究。

信息管理部门内部人员大致可以分为三大类:一类是系统管理或维护人员,包括网络管理人员、数据库管理员、软件开发与维护人员。网络管理员负责硬件系统的维护、网络系统配置和调试等工作;数据库管理员则主要负责数据库的安全性、完整性和一致性,负责数据字典的建立与维护、数据的备份和恢复等工作;软件开发与维护人员负责接受用户提出的信息需求,开发相应的应用系统,并负责应用软件的运行维护工作;软件开发与维护人员包括系统分析员、系统设计员、高级程序员、程序员以及系统操作员等。他们在企业或组织中承担双重任务,即一方面要负责开发新的应用信息系统,另一方面要负责维护已有的信息系统,因此在信息管理部门中这类人员所占的比例较大。

一般来说,在中小型企业或组织中信息管理部门中的人员较少,常常是一人身兼数职,而在大型企业或组织中的信息管理部门的构成比较复杂,人员较多,分工较细,其人员究竟是多少为好,主要视管理需求和信息系统的规模而定。

另一类人员是管理人员,包括培训人员、机房值班人员、资料管理员和耗材管理员。其中培训人员负责全面的技术和管理培训工作,特别是系统管理人员和操作人员的培训,对于系统管理人员的培训一般由参加系统规划设计开发实施的专家担任,对于操作人员的培训一般由系统管理人员完成。

第三类人员是系统的操作使用人员,这类人员的数量最大,分布于整个企业或组织之中,这些人员除少数在空间意义上是在信息中心工作外,绝大部分属于具体的业务部门,因此信息系统管理部门的主要成员由前两类人员组成。

(2)系统运行管理

系统运行管理涉及 4 个方面,系统安全性控制、系统可靠性控制、系统维护、系统运行的管理制度。

系统安全性是指应保护信息系统不受外来的自然灾害和人为的破坏,防止非法使用者对系统资源特别是信息的非法使用而采取的安全保密手段。影响系统安全性的因素包括自然灾害,偶然事件,软件的非法覆盖、复制和窃取,数据的非法篡改、盗用和破坏以及硬件故障。系统安全性控制就是通过制定保护措施保证系统的安全性,保护措施一般有加强行政管理、物理安全控制、人员及管理控制、存取控制、数据加密和数据压缩。

系统可靠性是指系统在运行中能抵御各种外界干扰、正常工作的能力。系统可靠性可以通过系统平均无故障运行时间、系统开工率等指标来衡量。系统可靠性控制主要是指防止来自系统内部的差错、故障而采取的保护措施。常见的保护措施包括设备冗余技术、负荷分布技术、系统重新组合技术。

系统维护是为了保证系统正常、可靠运行,并随着环境的变化,不断改善和提高,始终处于正确的工作状态。系统维护包括应用软件维护、数据维护、代码维护、硬件设备维护和数据库的维护。其中硬件设备维护又分为突发性故障维护和定期预防性维护两种,数据库的维护分为数据库安全性控制,系统的正确性保护、转存和恢复,数据库的重组织和重构造 3 种。

系统运行的管理制度主要是指系统试运行和运行期间,各方面都需要制订相应的规章制度,主要有系统操作员操作制度、子系统操作员操作制度、机房管理制度、文档管理制度、软件维护制度等。

10.4.2　系统维护

为了清除系统运行中发生的故障和错误,软、硬件维护人员要对系统进行必要的修改与完善;为了使系统适应用户环境的变化,满足新提出的需要,也要对原系统做些局部的更新,这些工作称为系统维护。系统维护的任务是改正软件系统在使用过程中发现的隐含错误,扩充在使用过程中用户提出的新的功能及性能要求,其目的是维护软件系统的"正常运作"。这阶段的文档是软件问题报告和软件修改报告,它记录发现软件错误的情况以及修改软件的过程。

（1）系统维护的目的和重要性

一般信息系统的使用寿命短则 4~5 年,长则可达 10 年以上,在信息系统的整个使用寿命中,都将伴随着系统维护工作的进行。系统维护的目的是要保证管理信息系统正常而可靠地运行,并能使系统不断得到改善和提高,以充分发挥作用。因此,系统维护的任务就是要有计划、有组织地对系统进行必要的改动,以保证系统中的各个要素随着环境的变化始终处于最新的、正确的工作状态。

系统维护工作在整个系统生命周期中常常被忽视。人们往往热衷于系统开发,当开发工作完成以后,多数情况下开发队伍被解散或撤走,而在系统开始运行后并没有配置适当的系统维护人员。这样,一旦系统发生问题或环境发生变化,最终用户将无从下手,这就是为什么有些信息系统在运行环境中长期与旧系统并行运行不能转换,甚至最后被废弃的原因。随着信息系统应用的深入,以及使用寿命的延长,系统维护的工作量将越来越大。系统维护的费用往往占整个系统生命周期总费用的 60% 以上,因此有人曾以浮在海面的冰山来比喻系统开发与维护的关系,系统开发工作如同冰山露出水面的部分,容易被人看到而得到重视,而系统维护工作如同冰山浸在水下部分,体积远比露出水面的部分大得多,但由于不易被人看到而常被忽视;从另一方面来看,相对具有"开创性"的系统开发来讲,系统维护工作属于"继承性"工作,挑战性不强,成绩不显著,使很多技术人员不安心于系统维护工作,这也是造成人们重视开发而轻视维护的原因。但系统维护是信息系统可靠运行的重要技术保障,必须给予足够的重视。

（2）系统维护的内容

系统维护是面向系统中各个构成因素的,按照维护对象不同,系统维护的内容可分为以下几类:

①系统应用程序维护。应用软件维护是系统维护的最主要内容。它是指对相应的应用程序及有关文档进行的修改和完善。系统的业务处理过程是通过应用程序的运行而实现的,一旦程序发生问题或业务发生变化,就必然地引起程序的修改和调整,因此系统维护的主要活动是对程序进行维护。

②数据维护。数据库是支撑业务运作的基础平台,需要定期检查运行状态。业务处理对数据的需求是不断发生变化的,除了系统中主体业务数据的定期正常更新外,还有许多数据需要进行不定期的更新,或随环境或业务的变化而进行调整,以及数据内容的增加、数据结构的调整。此外,数据的备份与恢复等,都是数据维护的工作内容。

③代码维护。代码维护是指对原有的代码进行的扩充、添加或删除等维护工作。随着系统应用范围的扩大,应用环境的变化,系统中的各种代码都需要进行一定程度的增加、修改、删除,以及设置新的代码。

④硬件设备维护。主要就是指对主机及外设的日常维护和管理,如机器部件的清洗、润滑,设备故障的检修,易损部件的更换等,这些工作都应由专人负责,定期进行,以保证系统正常有效地工作。

⑤机构和人员的变动。信息系统是人机系统,人工处理也占有重要地位,人的作用占主导地位。为了使信息系统的流程更加合理,有时涉及机构和人员的变动。这种变化往往也会影响对设备和程序的维护工作。

（3）系统维护的类型

系统维护的重点是系统应用软件的维护工作,按照软件维护的不同性质划分为 4 种类型(表 10-1)。

表 10-1　系统维护的类型

类型	纠错性维护	适应性维护	完善性维护	预防性维护
内容	为识别和纠正软件错误、改正软件性能上的缺陷、排除实施中的误用而进行的诊断和改正错误的过程	为使软件适应外部环境、数据环境等变化而修改软件的过程	在为了满足用户新的功能与性能要求而进行的维护活动。完善性维护所占的比重最大,约占整个维护工作的50%	采用先进的软件工程方法对需要维护的软件或软件中的某一部分(重新)进行设计、编制和测试

①纠错性维护。由于系统测试不可能揭露系统存在的所有错误,因此在系统投入运行后频繁的实际应用过程中,就有可能暴露出系统内隐藏的错误。诊断和修正系统中遗留的错误,就是纠错性维护。纠错性维护是在系统运行中发生异常或故障时进行的,这种错误往往是遇到了从未用过的输入数据组合或是在与其他部分接口处产生的,因此只是在某些特定的情况下发生。有些系统运行多年以后才暴露出在系统开发中遗留的问题,

这是不足为奇的。

②适应性维护。适应性维护是为了使系统适应环境的变化而进行的维护工作。一方面计算机科学技术迅速发展,硬件的更新周期越来越短,新的操作系统和原来操作系统的新版本不断推出,外部设备和其他系统部件经常有所增加和修改,这就是必然要求信息系统能够适应新的软硬件环境,以提高系统的性能和运行效率;另一方面,信息系统的使用寿命在延长,超过了最初开发这个系统时应用环境的寿命,即应用对象也在不断发生变化,机构的调整、管理体制的改变、数据与信息需求的变更等都将导致系统不能适应新的应用环境。如代码改变、数据结构变化、数据格式以及输入/输出方式的变化、数据存储介质的变化等,都将直接影响系统的正常工作。因此有必要对系统进行调整,使之适应应用对象的变化,满足用户的需求。

③完善性维护。在系统的使用过程中,用户往往要求扩充原有系统的功能,增加一些在软件需求规范书中没有规定的功能与性能特征,以及对处理效率和编写程序的改进。例如,有时可将几个小程序合并成一个单一的运行良好的程序,从而提高处理效率;增加数据输出的图形方式;增加联机在线帮助功能;调整用户界面等。尽管这些要求在原来系统开发的需求规格说明书中并没有,但用户要求在原有系统基础上进一步改善和提高;并且随着用户对系统的使用和熟悉,这种要求可能不断提出。为了满足这些要求而进行的系统维护工作就是完善性维护。

④预防性维护。系统维护工作不应总是被动地等待用户提出要求后才进行,应进行主动的预防性维护,即选择那些还有较长使用寿命,且尚能正常运行,但可能将要发生变化或调整的系统进行维护,目的是通过预防性维护为未来的修改与调整奠定更好的基础。例如,将目前能应用的报表功能改成通用报表生成功能,以应付今后报表内容和格式可能的变化,根据对各种维护工作分布情况的统计结果,一般纠错性维护占21%,适应性维护工作占25%,完善性维护达50%,而预防性维护以及其他类型的维护仅占4%,可见系统维护工作中,一半以上的工作室完善性维护。

总之,系统维护是一项十分重要的工作,应当注意的是系统维护的限度问题。系统维护是在原有系统的基础上进行修改、调整和完善,使系统能够不断适应新环境、新需要。但一个系统终会有生命周期结束的时候,当对系统的修改不再奏效,或修改的困难很多且工作量很大、花费过大,以及改进、完善的内容远远超出原系统的设计要求时,就应提出研制新系统的要求,从而开始一个新的系统生命周期。

10.5　系统评价

系统投入运行以后,其工作质量怎么样,其所带来的效益和所花费成本的投入产出比怎么样,系统对信息资源的充分利用程度如何,系统对组织内部各部门所产生的影响如何,所有这些问题都是系统评价所要解决的事情。系统评价的目的是检查系统是否达到预期的目标,技术性能是否达到设计的要求,系统的各种资源是否得到充分的利用,经济效益是否理想,并指出系统的长处与不足,为以后的改进和扩展提出意见。

10.5.1　系统评价体系

由于管理信息系统是个复杂的社会技术系统,它所追求的不仅仅是单一的经济性指标。除了从费用、经济效益和财务方面的考虑外,还涉及技术先进性、可靠性、适用性和用户界面友好性等技术性能方面的要求,以及改善员工劳动强度和单位经营环境,增强市场竞争力等社会效益目标。目标的多重性产生了对管理信息系统进行多指标综合评价的必要性。多指标综合评价体系的方法就是先提出信息系统的若干评价指标,然后对各指标评出表示系统优劣程度的值,最后用加权等方法将各指标组合成个综合指标。

（1）系统性能评价

系统性能评价主要通过性能技术指标来进行衡量。性能技术指标主要包括可靠性、有用性、扩展性、利用率、通用性、正确性、及时性、系统效率、可维护性、安全保密性等。具体内容为:

①信息系统的总体水平。如系统的总体结构、地域与网络的规模、所采用技术的先进性等。

②系统功能的范围与层次。如功能的多少与难易程度或对应管理层次的高低等。

③信息资源开发与利用的范围和深度。如企业内部与外部信息的比例、外部信息的利用率等。

④系统的质量。如系统的可使用性、正确性、可维护性、可扩展性和适用性等。

⑤系统的安全与保密性。

⑥系统文档的完备性。

（2）经济效果评价

经济效果评价主要是评价系统效果和效益,可以通过直接经济效果和间接经济效果两方面评价。直接的评价内容有:

①系统的投资额。

②系统的运行费用。

③系统运行所带来的新增效益。

④投资回收期。

间接的评价内容有:

①对企业形象的改观、员工素质的提高所起的作用。

②对企业的组织机构的改革、管理流程的优化所起的作用。

③对企业各部门间、工作人员间协作精神所起的作用。

值得注意的是,信息系统在运行与维护过程中不断地发生变化,因此,评价工作不是一项一次性的工作,应定期或当系统有较大改进后进行。评价工作由系统开发人员、系统管理与维护人员、系统用户及系统外专家等共同参与,评审方式可以是鉴定或评审意见。

10.5.2　管理信息系统的评价指标

根据信息系统的特点与综合评价指标体系的构成原则,从系统性能指标、与直接经济效益有关指标及与间接经济效益有关指标 3 个方面提出信息系统的综合评价指标。

（1）系统性能指标

①人机交互的灵活性与方便性。

②系统响应时间与信息处理速度满足管理业务需求的程度。

③输出信息的正确性与精确度。

④单位时间内的故障次数与故障时间在工作时间中的比例。

⑤系统结构与功能的调整、改进及扩展，与其他系统交互或集成的难易程度。

⑥系统故障诊断、排除、恢复的难易程度。

⑦系统安全保密措施的完整性、规范性与有效性。

⑧系统文档资料的规范、完备与正确程度等。

（2）与直接经济效益有关指标

①系统投资额。包括系统硬件及软件的购置、安装，应用系统的开发等所投入的资金、人力、材料等成本。

②系统运行费用。包括消耗性材料费用、系统投资折旧费、硬件维护费及水电等其他费用。

③系统运行新增加的效益。主要反映在成本降低、库存积压减少、流动资金周转加快与占用额减少、销售利润增加及人力的减少等方面。新增效益可采用总括性的在同等产出或服务水平有无信息系统所致的年生产经营费用节约额来表示。

④投资回收期。即投资回收期为通过新增效益逐步收回投入的资金所需的时间，它也是反映信息系统经济效益好坏的重要指标。投资回收期动态回收期和静态回收期，静态投资回收期是在不考虑资金时间价值的条件下，以项目的净收益回收其全部投资所需要的时间，可用下面公式计算：

$$T = t + I/(B - C)$$

式中　T——投资回收期，年；

　　　t——资金投入至开始产生效益所需的时间，年；

　　　I——投资额，万元；

　　　B——系统运行后每年新增的效益，万元/年；

　　　C——系统运行中每年所花费的开销，万元/年。

（3）与间接经济效益有关指标

间接经济效益是通过改进组织结构及运作方式、提高人员素质等途径，促使成本下降。利润增加而逐渐地间接获得的效益，由于成因复杂，只能作定性分析，所以间接经济效益也称定性效益。一般地，间接经济效益有关指标有：

①对组织为适应环境所做的结构、管理制度与管理模式等变革会起巨大的作用，这种作用一般无法用其他方法实现。

②能显著改善企业形象，对外提高客户对企业的信任度，对内增强员工的自信心和自豪感。

③使管理人员获得许多新知识、新技术与新方法，进而提高他们的技能素质，拓宽思

路,进入学习与掌握知识的良性循环。

④系统信息的共享使部门间管理人员的联系更紧密,提高他们的协作精神及企业的凝聚力。

⑤能对企业的基础管理产生很大的作用,为其他管理工作提供有利条件。

完成系统评价工作后,应提交系统评价报告,就新系统的概况,系统组成,设计目标的实现程度,系统的可靠性、安全保密性、可维护性等的实现情况,系统的经济效益和社会效益等方面做出客观的评价。

本章小结

本章主要介绍了信息系统的实施和评价方法,主要包括实施的主要内容、过程及其参与成员,系统测试的主要方法,用户培训的方式,系统转换的主要工作和方式,系统评价的指标体系和主要方法。

在系统实施阶段,不仅需要投入大量的技术力量来进行程序的设计和调试,投入大量资金来进行软、硬件的配置,还要有正确的方式和方法,这是成功实现管理信息系统的关键阶段。

系统评价是对信息系统的功能和性能进行全面的检查、估计和评审,同时将系统的实际实现指标与系统规划和设计的指标进行对比,以确定目标系统的实现程度,同时对系统将来能够产生的经济效益进行评估。

本章首先介绍了管理信息系统实施的主要任务和工作步骤。然后讲述了系统测试的原理、测试步骤、主要方法,系统切换的常见方式及它们之间的比较,系统运行与维护的任务和有关方法。最后阐述了系统评价的体系和相关评价指标。

【复习思考题】

1.管理信息系统实施包括的主要任务是什么?它在整个系统建设中的地位如何?

2.管理信息系统切换的方式主要有哪几种?简述它们各自的优缺点和适用的条件。

3.管理信息系统在进行测试时,常用的方法有哪些?

4.管理信息系统维护的内容包含哪些方面?

5.管理信息系统评价的指标有哪些?如何评价管理信息系统的经济效益?

第11章 管理信息系统的应用

【学习目标】

1.了解供应链管理系统的概念、内容与功能。
2.了解企业资源计划系统的概念、主要功能及实施。
3.了解客户关系管理系统的概念、内容与功能。
4.了解人力资源管理系统的概念、功能与作用。
5.了解电子商务系统的概念、结构与应用。

【案例导入】

出入口控制信息管理系统在智慧医院及疫情防控中的应用

出入口控制信息管理系统在医院主要应用于住院楼、急诊楼的进出口管理;重要物资库房的进出口管理;医院机房出入口;手术区进出口管理等。其作用是能有效保证异常人员筛查,防止闲杂人等进入,确保医疗环境洁净、手术室的安全;保护就诊人员的隐私,起到安全管理的作用。同时结合门禁系统、考勤系统、医院内部系统等对接使用,发挥它强有力的作用,同时可以应用人脸识别、刷卡、扫码等多种识别方式设定进出。

新冠肺炎疫情发生以来,全国各地医院高度重视,全力参加疫情防控,成为抗击疫情的最前线。很多医院启用智能道闸通行系统,实现"智能通行、智能测温、智能管控",对保障就诊患者、医务人员健康权益,落实疫情防控主体责任具有积极意义。

智能道闸通行系统主要由人行道闸、5G红外热感应等智能系统组成。人行道闸系统设有"患者专用通道"和"职工专用通道",患者专用通道必须在完成登记、体温监测,填写流行病学史问卷后由工作人员刷卡启闸,出来时只需用手悬浮于感应区即可快速通过。职工专用通道设置出入人脸识别系统,可自动识别本院职工并快速放行。5G红外热感应系统可2秒内自动识别入院者体温,并发出提醒和报警。

智能道闸通行系统的建成是在医院安防智能化、治理规范化、服务高效化等方面进行的有益尝试,通过科技手段和规范管理,提升了疫情防控效能。

资料来源:摘引自搜狐网

管理信息系统按产品或服务产生过程的时间顺序,粗略地可以划分为上游的供应链管理系统(Supply Chain Management, SCM)、中游的企业资源计划系统(Enterprise Resource Planning, ERP)、下游的客户关系管理系统(Customer Relationship Management, CRM)。接下来介绍各种系统的核心功能。

11.1 供应链管理系统

供应链管理与传统的物流管理在存货管理的方式、货物流、成本、信息流、风险、计划及组织间关系等方面存在显著的区别，这些区别使得供应链管理比传统的物流管理更具优势。供应链不仅包括上游供应商，也包括下游客户。英国著名供应链专家马丁·克里斯托弗曾说："21 世纪的竞争不是企业与企业之间的竞争，而是供应链与供应链之间的竞争，市场只有供应链而没有企业。"由此可见，供应链管理的重要性。

11.1.1 SCM 的概念及内容

供应链最早来源于彼得·德鲁克提出的"经济链"，后经由迈克尔·波特发展成为"价值链"，最终演变为"供应链"。它是指围绕核心企业，通过对信息流、物流、资金流的控制，从采购原材料，制成中间产品及最终产品，最后由销售网络把产品送到消费者手中的过程。它是将供应商、制造商、分销商、零售商，直到最终用户连成一个整体的功能网链模式。

供应链管理(SCM)是指在满足一定的客户服务水平条件下，为了使整个供应链系统成本达到最小，把供应商、制造商、仓库、配送中心和渠道商等有效地组织在一起来进行的产品制造、转运、分销及销售的管理办法。SCM 是企业的有效性管理，表现了企业在战略和战术上对企业整个作业流程的优化。SCM 整合并优化了供应商、制造商、零售商的业务效率，使商品以正确的数量、正确的品质，在正确的地点，以正确的时间、最佳的成本进行生产和销售。供应链管理包括计划、采购、制造、配送、退货五大基本内容。

（1）计划

这是 SCM 的策略性部分。需要有一个策略来管理所有的资源，以满足客户对产品的需求。好的计划是建立一系列的方法监控供应链，使它能够有效、低成本地为顾客递送高质量和高价值的产品或服务。

（2）采购

选择能为自己产品和服务提供货品和服务的供应商，和供应商建立一套定价、配送和付款流程并创造监控方法和改善管理，同时把对供应商提供的货品和服务的管理流程结合起来，包括提货、核实货单、转送货物到制造部门并批准对供应商的付款等。

（3）制造

安排生产、测试、打包和准备送货所需的活动，是供应链中测量内容最多的部分，包括质量水平、产品产量和工人的生产效率等的测量。

（4）配送

很多人将此称为"物流"，具有调整用户的订单数据、建立仓库网络、派送人员提货并送货到顾客手中、建立货品计价系统、接收付款等作用。

（5）退货

这是供应链中的问题处理部分。它用于建立网络接收客户退回的次品和多余产品，并在客户应用产品出现问题时提供支持。

11.1.2 SCM 系统的功能

　　SCM 系统,即供应链管理系统,指从最初的材料供应商到为终端客户提供商品、服务或信息的整条链上的企业的关键业务流程和关系的一种管理系统。SCM 系统把公司的制造过程、库存系统和供应商产生的数据合并在一起,从一个统一的视角展示产品或服务过程中的各种影响因素。在 SCM 系统中,原材料和零部件的供应商、产品制造企业、运输和分销公司、零售企业以及售后服务企业作为经济实体和供应链中的节点企业向最终消费者提供产品和服务,供应链系统同时连接业务伙伴间交付过程的物流、信息流和资金流。SCM 系统对供应链的各个环节中的各种物料、资金、信息等资源进行计划、调度、调配、控制与利用,形成用户、零售商、分销商、制造商、采购供应商的全部供应过程的功能整体。SCM 系统的主要功能如图 11-1 所示。

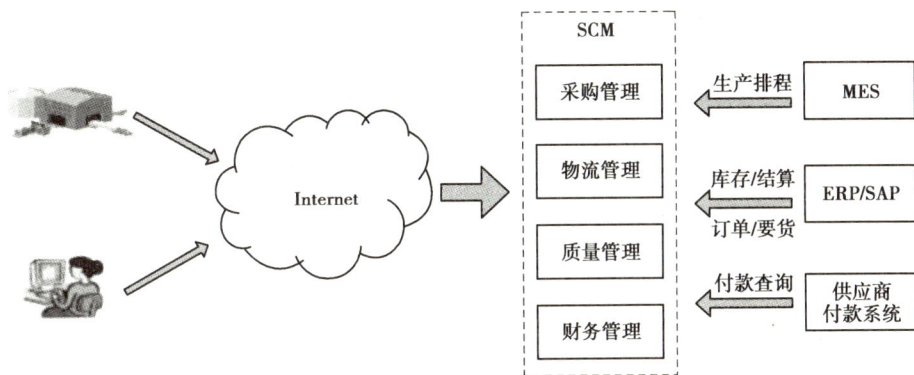

图 11-1　SCM 系统的主要功能

　　(1)采购管理

　　①供应商信息:供应商基本信息、配套产品等信息管理。

　　②采购订单查询:供应商通过 SCM 对订单进行查询和确认。

　　③供应商考核:从供货及时性、质量、价格、服务等方面对供应商进行评价。

　　(2)物流管理

　　①计划管理:及时发布计划,安排及变更情况。

　　②电子看板:以生产线的零件消耗为基础,发布零件要货信息,便于供应商或第三方物流公司组织配送。

　　③排序供货:发布整车上线信息,作为供应商或第三方物流公司进行精确配送的指令。

　　④库存信息:第三方物流库存通过人工,上传的方式获取;其余库存通过接口从其他系统中获取。

　　(3)质量管理

　　①审核报告。

②零公里 PPM。

③售后 PPM。

④外协件不良率统计。

（4）财务管理

①结算信息发布。

②付款通知单信息发布。

③仓储费结算单信息公布。

④采购发票确认及退票信息查询。

（5）其他

通知及留言。

11.1.3　SCM 系统的特点

SCM 系统的目标在于达到整个供应链在现有资源下最高的客户价值，主要有以下特点：

①SCM 系统是一种集成的管理思想和方法体系。执行供应链中从供应商到最终用户的物流的计划和控制等职能。从单一的企业角度来看，是指企业通过改善上、下游供应链关系，整合和优化供应链中的信息流、物流、资金流，以获得企业的竞争优势。

②SCM 系统采用新的管理方法，诸如用总体综合方法代替接口的方法，用解除最薄弱链寻求总平衡，用简化供应链方法防止信号的堆积放大，用经济控制论方法实现控制。

③SCM 系统也是一种供应链全过程的战略管理。SCM 系统表现了企业在战略和战术上对企业整个作业流程的优化。整合并优化了供应商、制造商、零售商的业务效率，使商品以正确的数量、正确的品质、在正确的地点、以正确的时间、最佳的成本进行生产和销售。

11.1.4　SCM 系统实现的关键技术

供应链管理的基础是信息技术的发展。信息技术发展为信息孤岛的集成提供了解决方案，为自动化快速捕获数据提供了技术支撑，为信息共享提供了平台，因此，SCM 系统的关键是信息技术的大量的运用。目前广泛应用在供应链体系中主要包括以下信息技术：

（1）自动识别与数据采集技术

自动识别和数据采集技术通过自动（非人工手段）识别项目标识信息，并且不使用键盘即可将数据直接输入计算机、程序逻辑控制器或其他控制设备。

（2）电子数据交换技术

电子数据交换（Electronic Data Interchange，EDI）是现代计算机技术与网络通信技术相结合的产物。EDI 系统有 3 个基本的构成要素，即软件和硬件、通信网络以及数据标准化。基于 EDI 的信息组织与集成模式如图 11-2 所示。

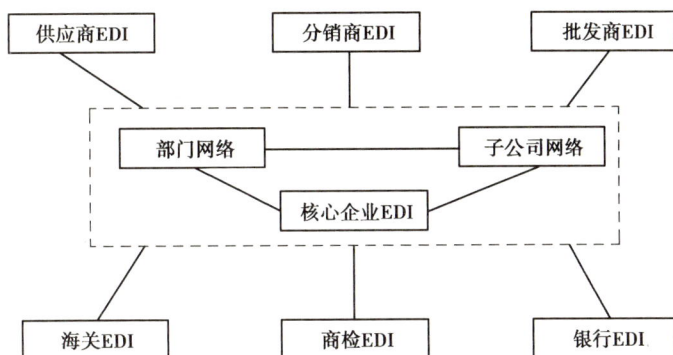

图 11-2　基于 EDI 的信息组织与集成模式图

（3）互联网技术

互联网为供应链成员提供了实时、低成本的共享信息的平台，许多企业目前正在探索可能提供的机遇，它主要包括以下方面：

第一，供货体系管理。供货体系管理使得企业能够通过减少订单处理费用，缩短交易时间，减少人力占用来加强同供货商的合作关系，从而使其可以集中精力只同较少的供货商进行业务联系，概括地说就是加速收缩供应链。

第二，库存数量管理。库存数量管理缩短了从发出订单到货物装运的时间，从而使企业可以保持一个较为合理的库存数量，甚至实现零库存。

第三，运输过程管理。运输过程管理使得运输过程所需的各种单证，如订单、货物清单、装运通知等能够快速准确地到达交易各方，从而加快运输过程。

第四，信息流通。在电子商务的环境中，信息能够以更快、更大量、更精确、更便宜的方式流动，并且是能够被监控和跟踪的。

目前所说的 SCM 软件是按照过程进行供应链组织间的计划、安排进度和供应链计划的执行与控制，着重于整个供应链和供应网络的优化以及贯穿于整个供应链计划的实现。好的 SCM 软件的供应商提供的套件包括了从订单输入到产品交付的全部业务过程，其中包括预测、生产计划、需求和分销管理、运输计划以及各种形式的业务智能。一般 SCM 软件都由 5 个主要的模块组成，即需求计划模块、生产计划和排序模块、分销计划模块、运输计划模块、企业或供应链分析。

总之，供应链管理系统是全方位的企业管理应用软件，可以帮助企业实现整个业务运作的全面自动化。由于它的主要作用是将企业与外界供应商和制造商联系起来，因此它与 CRM、ERP 一起构成网络时代企业核心竞争力的引擎。

11.2　企业资源计划系统

11.2.1　ERP 发展历程

ERP 从 20 世纪 40 年代出现至今，已经经历了几十年的发展历程。它由美国著名 IT 咨询公司 Gartner Group Inc.最先提出，作为当今国际上一个最为先进的企业管理模式，在体现当今世界最先进的企业管理理论的同时,也提供了企业信息化集成的最佳解决方案。它把企业的物流、人流、资金流、信息流统一起来进行管理,以求最大限度地利用企业现有资源,实现企业经济效益的最大化。

从开始提出订货点方法(Order Point Method)到现在,ERP理论的形成与发展经历了五个阶段:

第Ⅰ阶段——订货点方法

在18世纪工业革命后,人类社会进入到工业经济时代,制造业成为社会经济的主体。工业经济时代竞争的特点是产品生产成本的竞争,而规模化大生产是降低生产成本的有效方式。由于生产的发展和技术的进步,大生产给制造业带来了许多麻烦,主要表现在以下几个方面:

- 生产所需的原材料不能准时供应或供应不足;
- 零部件生产不配套,而且积压严重;
- 产品生产周期过长、难以控制,劳动生产率下降;
- 资金积压严重,周转周期长,资金使用效率低;
- 市场和客户需求的变化,使得企业经营计划难以适应。

总之,解决库存积压与短缺问题成为降低成本的迫切需要。

在计算机出现之前,发出订单和进行催货是一个库存管理系统在当时所能完成的一切。库存管理系统发出生产订单和采购订单,但是确定对物料的真实需求依靠的却是缺料表。在当时的条件下,订货点法应运而生,这是为避免缺货的发生而提出的一种按过去的经验预测未来的物料需求的方法。订货点法又称订购点法,始于20世纪30年代,订货点法是指对于某种物料或产品,于生产或销售的原因而逐渐减少,当库存量降低到某一预先设定的点时,即开始发出订货单(采购单或加工单)来补充库存,直至库存量降低到安全库存时,发出的订单所订购的物料(产品)刚好到达仓库,补充前一时期的消耗,此订货的数值点,即称为订货点(图11-3)。

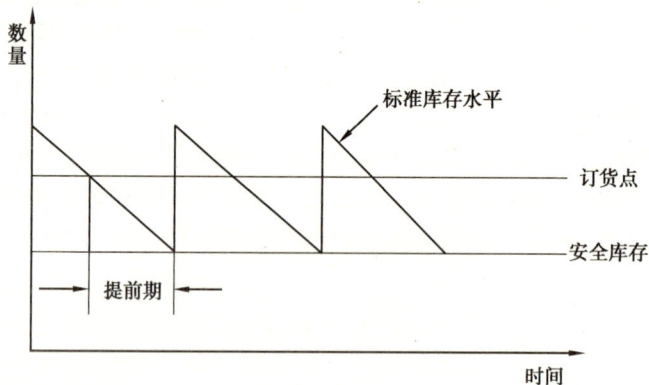

图 11-3 订货点法

订货点的基本公式是:

订货点数量=单位时区的需求×订货提前期+安全库存量

例如，假定某项物料的需求量为每周 30 件，提前期为 5 周，并保持 100 件的安全存量，那么该项物料的订货点可计算如下：

30×5+100＝250(件)

当某项物料现有库存和已发出的订货之和低于订货点时，必须进行新的订货，以保持足够的库存来支持新的需求。

订货点法曾引起人们的广泛关注，按这种方法建立的库存模型也曾经被称作"科学的库存模型"。订货点法对原料的要求较高，要求原料具有以下特点：

- 对各种物料的需求是相对独立的；
- 物料需求是连续发生的；
- 提前期是已知的和固定的；
- 库存消耗之后应立即补充。

由于以上的 4 点在现实中很难得到满足，而且订货点法也无法很好地解决何时订货的问题，使得 MRP 的出现。

第Ⅱ阶段——物料需求计划(Material Requirements Planning，MRP)

1957 年美国生产与库存控制协会成立，开始进行生产与库存控制方面的研究与理论传播。随着 20 世纪 60 年代计算机的商业化应用开始，第一套物料需求计划 MRP 软件面世并应用于企业物料管理工作中。物料需求计划 MRP 是一个生产计划与库存管理系统，能在需要的时间里得到恰好需要的物料数量。但是，物料需求计划 MRP，只局限于物料的管理，还达不到企业生产管理要求。

第Ⅲ阶段——闭环式物料需求计划，或简称闭环式 MRP

20 世纪 70 年代，人们一方面把生产能力作业计划、车间作业计划和采购作业计划纳入 MRP 中。另一方面在计划执行过程中，加入来自车间、供应商和计划人员的反馈信息，并利用这些信息进行计划的平衡与调整，从而围绕着物料需求计划，构建了生产过程的闭环系统，这就是由 MRP 发展而来的闭环式 MRP。

闭环式 MRP 将物料需求按周甚至按天进行分解，使得 MRP 成为一个实际的计划系统和工具，而不仅仅是一个订货系统，这是企业物流管理的重大发展。

闭环式 MRP 系统的出现统一了生产计划的各种子系统。只要主生产计划真正制订好，那么闭环式 MRP 系统就能够很好地运行。但这还远远不够，因为在企业中生产管理只是一个方面，它涉及物流和资金流。一般而言，资金流在许多企业中是由财会人员管理的，数据的重复录入与存储，会造成数据的不一致，降低了效率，浪费了资源。于是，一体化的管理系统迫在眉睫，目的是在于去掉不必要的重复性工作，减少数据间的不一致。

第Ⅳ阶段——制造资源计划(Manufacturing Resources Planning，MRP-Ⅱ)

资金流与物流的统一管理要求把财务子系统与生产子系统结合到一起，形成一个整体，这使得闭环式 MRP 向 MRP-Ⅱ前进了一大步。最终，人们把制造、财务、销售、采购、工程技术等各个子系统集成为一个一体化的系统，并称为制造资源计划(Manufacturing Resource Planning)系统，英文缩写还是 MRP，为了和物料需求计划(MRP)区别，制造资源计划记为 MRP-Ⅱ。MRP-Ⅱ可在周密的计划下有效地利用各种制造资源、控制资金占用、缩短生产周期、降低成本,但它仅仅局限于企业内部物流、资金流和信息流的管理。它最显著的效果是减少库存量和减少物料短缺现象。

第Ⅴ阶段——企业资源规划(Enterprise Resource Planning,ERP)

20世纪90年代中后期,现实社会开始发生革命性变化,即从工业经济时代开始步入知识经济时代,企业所处的时代背景与竞争环境发生了很大变化,企业资源计划(ERP)就是在这种时代背景下面世的。

ERP系统设计中考虑到仅靠自己企业的资源不可能有效地参与市场竞争,还必须把经营过程中的有关各方如供应商、制造工厂、分销网络、客户等纳入一个紧密的供应链中,才能有效地安排产、供、销活动,满足企业利用一切市场资源快速高效地进行生产经营的需求,以期进一步提高效率和在市场上获得竞争优势;同时,也考虑了企业为了适应市场需求变化,不仅组织"大批量生产",还要组织"多品种小批量生产"。在这两种情况并存时,需要用不同的方法来制订计划。ERP系统的发展历程如图11-4所示。

订货点法(OPM)	物料需求计划(MRP)	闭环式物料需求计划(闭环式MRP)	制造资源计划(MRP-Ⅱ)	企业资源规划(ERP)
20世纪40年代	20世纪60年代	20世纪70年代	20世纪80年代	20世纪90年代

图11-4 ERP系统发展历程

11.2.2 ERP介绍

(1)ERP的概念

1990年4月12日,美国Gartner Group咨询公司发表了题为ERP:下一代MRPⅡ的远景设想(ERP:A Vision of the Next-Generation MRP Ⅱ)的研究报告,第一次提出了ERP的概念。这份研究报告虽然只有两页纸,但却提出了一个非常具有前瞻性的精辟设想。Gartner Group在这份报告中提到了以下两个集成:

①内部集成(Internal Integration):实现产品研发、核心业务和数据采集3方面的集成。

②外部集成(External Integration):实现企业与供需链上的所有合作伙伴的集成。

这两个集成既是ERP的核心,也是实现管理整个供需链的必要条件。之后,Gartner Group公司又陆续发表了一系列的分析和研究报告,所有这些研究报告都归于CIM,也就是计算机集成制造类别,说明ERP本来是一种用于制造业的信息化管理系统。

到了1993年,ERP的概念已经比较成熟并且变得更为现实。综合一些早期文献Gartner Group对ERP的定义可以简明表达为:企业资源规划(ERP)是MRPⅡ的下一代,它的内涵主要是"打破企业的四壁,把信息集成的范围扩大到企业的上下游,管理整个供应链"。

企业资源计划ERP,它利用计算机技术,把企业的物流、人流、资金流、信息流统一起来进行管理,把客户需要和企业内部的生产经营活动以及供应商的资源整合在一起,为企业决策层提供解决企业产品成本问题、提高作业效率以及资金的运营情况一系列动作问题,使之成为能完全按用户需求进行经营管理的一种全新的行之有效的管理方法。MRP、MRP Ⅱ和ERP在企业中的作用范围,如图11-5所示。

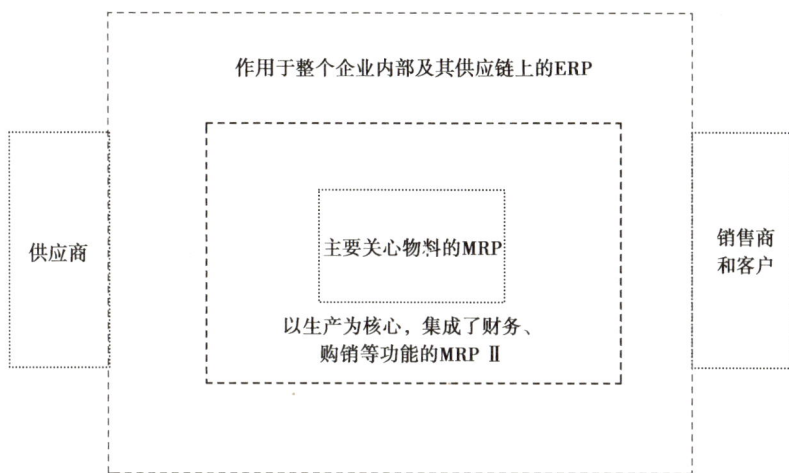

图 11-5 MRP、MRP Ⅱ 和 ERP 在企业中的作用范围图

（2）ERP 的管理思想

ERP 的管理思想主要体现在以下 4 个方面:

第一,对整个供应链资源进行管理。现代企业竞争已经不再是单一企业与单一企业间的竞争,而是一个企业供应链与另一个企业供应链之间的竞争。ERP 实现了对整个企业供应链的管理,适应了企业在知识经济时代市场竞争的需求。

第二,吸收容纳了精益生产、同步工程和敏捷制造思想。面对激烈的竞争,企业需要运用同步工程、精益生产和敏捷制造,保持产品的高质量、多样化和灵活性,最终实现精益生产。

第三,体现了事先控制和事中控制的思想。信息系统的一个发展方向就是事先计划,ERP 在这方面比 MRP Ⅱ 更进一步,因为它对上下游企业和客户更了解。

第四,业务流程管理的思想。为提高企业供应链的竞争优势,必然带来企业业务流程的改革,而系统应用程序的使用也必须随业务流程的变化进行相应调整。

（3）ERP 管理系统的特点

第一,ERP 更加面向市场、面向经营、面向销售,能够对市场快速响应。它将供应链管理功能包含了进来,强调了供应商、制造商与分销商间的伙伴关系,并且支持企业后勤管理。

第二,ERP 更强调企业流程与工作流。通过工作流实现企业的人员、财务、制造与分销间的集成,支持企业过程重组。

第三,ERP 纳入了产品数据管理 PDM 功能。ERP 增加了对设计数据和过程的管理,并进一步加强了生产管理系统与 CAD、CAM 系统的集成。

第四,ERP更多地强调财务,具有较完善的企业财务管理体系。这使价值管理概念得以实施,资金流与物流、信息流更加有机地结合。

第五,ERP较多地考虑人。ERP充分考虑人作为资源在生产经营规划中的作用,也考虑了人的培训成本等。

ERP是信息时代的现代企业向国际化发展的更高层管理模式,它能更好地支持企业在各方面的集成,并将给企业带来更广泛、更长远的经济效益与社会效益。

(4)ERP管理系统的意义

ERP是一个全面的管理信息系统,对于加强企业的基础管理,实现从人工管理向科学化管理的转化,具有很重要的意义。具体而言,要实现3个过渡:

第一,从人工粗放型的经验管理过渡到以信息技术为基础的集约型管理。

第二,从以完成任务为主的生产管理过渡到以追求企业最佳综合效益为目标的价值管理。

第三,从以个人行为为主的行政管理方式,过渡到以数据分析统计为决策依据的科学管理方式。

11.2.3　ERP系统框架及主要功能

ERP的管理范畴包括企业内部的所有环节,如订单、采购、库存、计划、生产制造、质量控制、运输、分销、服务与维护、财务、人事等。ERP是将企业所有资源进行集成的数字化管理,简单说是将企业的"三流"——物流、资金流和信息流进行全面一体化管理的信息系统。它的功能模块不同于以往的MRP或MRPⅡ的模块,它不仅可用于生产企业的管理,而且在许多其他类型的企业,如非生产、从事公益事业的企业也可导入ERP系统。对于企业的"三流"不仅包括对于三流的管理,更反映了各流之间的广泛接口,从根本上支持了基于业务流程的部门间协同工作。一般而言,ERP系统框架及功能可以划分为财务管理、物流管理、生产管理、人力资源管理等。

(1)财务管理

财务系统作为ERP系统的一部分,和系统的其他模块有相应的接口,能够相互集成,例如,它可将由生产、采购输入的信息自动计入财务模块并生成总账、会计报表,省略了输入凭证的过程,几乎完全替代传统的手工操作。

ERP财务系统主要包括会计核算与财务管理两大部分。会计核算部分的主要功能是记录、核算、反映和分析资金的动向,它由总账、应收账、现金、固定资产、多币制等部分构成。

财务管理部分的主要功能是基于会计核算的数据,再加以分析,从而进行相应的预测、管理和控制活动。财务管理部分侧重财务计划、控制、分析和预测。

(2)生产控制管理

生产控制管理是ERP系统的核心功能,它将企业的整个生产过程有机地结合在一起,使企业能够有效地降低库存,提高效率。同时,各个原本分散的生产流程自动连接,也使生产流程能够前后连贯,不会出现生产脱节,耽误交货时间。

ERP 中的生产控制管理以计划为导向，首先确定一个总生产计划，再经过系统层层细分并下达到各部门执行，使生产部门和采购部门等都能按计划进行。

生产控制管理的主要功能包括生产计划、物料需求计划、能力需求计划、车间制造、制造标准等。

（3）物流管理

ERP 系统中物流管理主要包括分销管理、库存管理和采购管理 3 方面内容。

分销管理主要包括从产品的销售计划开始，对销售产品、销售地区、销售客户等各种信息进行管理和统计，并可对销售数量、金额、利润、绩效、客户服务等做出全面的分析。分销管理模块中主要包括信息的管理和服务功能、销售订单管理功能，以及销售的统计和分析功能。

库存管理是用来控制存储物料的数量，以保证稳定的物流，支持正常的生产，但又最小限度地占用资本。它是一种相关的、动态的、真实的库存控制管理系统。它能够结合和满足相关部门的需求，随时间变化动态地调整库存，精确地反映库存现状。库存管理系统的主要功能包括为所有的物料建立库存，决定订货采购时间，为采购部门采购、生产部门制订计划提供依据，对物料和产品进行质量检验，以及物料和产品的收发等日常库存业务处理等功能。

采购管理的功能是能够随时提供定购、验收的信息，跟踪和催促对外购或委外加工的物料，保证货物及时到达，建立供应商档案，用最新的成本信息来调整库存的成本等。

（4）人力资源管理

人力资源管理作为一个独立的子系统主要包括人力资源规划与决策、职务胜任力考核、招聘、工资、工时和差旅核算等功能。

11.2.4　ERP 的实施

如何在一个企业里成功实施 ERP 项目，这是从事 ERP 项目人员所关心的话题，也是准备或正在实施 ERP 项目的企业所关心的话题。为了更好地实施 ERP 软件系统，应采用先进的项目管理思想，规范实施方法，提高实施工作效率，切实解决在实施过程中遇到的问题。

1）前期工作

（1）成立筹备小组

成立项目筹备小组的重要性有以下几点：

①为企业正式导入 ERP 概念与必要的理论基础知识，为下一步工作打好基础；

②对企业的 ERP 项目进行可行性研究，提出分析报告，对项目的预算与总体计划做安排，为领导决策提供依据；

③实施 ERP 项目的需求分析，提供分析报告，为企业 ERP 系统的选型工作做好准备；

④进行 ERP 系统的选择，包括选择 ERP 软件系统、实施的顾问公司等。

成立筹备小组的成员一般包括企业的管理者代表(如副总经理、副厂长等公司级或厂级领导)、企业管理部门(企管部、策划部等)主要领导、计算机信息部门主要领导、各业务部门的特选业务人员或管理人员(也可以作为联络员,并不全部参与)。概括地说是 3 种人员,即领导、熟悉管理业务的人员及熟悉计算机业务的人员。另外,企业最好请专门的咨询机构来参与企业的筹备工作,这样便于开展后续工作。

(2)ERP 知识培训

要进行 ERP 知识培训可以外派人员去学习,也可以请一些有关的咨询机构、软件公司进企业来授课。通过中间机构(咨询机构)可以了解更多的 ERP 行业情况,包括 ERP 的软件、实施力量、市场份额及后续服务的保证等。通过培训,可以让企业的更多人员接触 ERP 知识。

(3)可行性分析与立项

通过对 ERP 必要知识的理解,筹备小组要根据企业的现状提出可行性分析报告。经过企业领导决策批准后,正式对 ERP 项目进行立项,做出项目各种预算,并由筹备小组对有关的资源需求计划进行落实,同时启动各项计划。

(4)需求分析

立项后,筹备小组要对企业进行需求分析。每个企业都有自身的不同特点及不同的管理需求。需求分析的时间可能比较长,而且具有相当的专业性,分析结果的好坏关系到以后 ERP 的选型工作,因此,最好是在有关专家或咨询公司的指导下进行。

需求分析报告是企业 ERP 软件实施选型的主要依据。需求分析的内容主要有以下方面:

①各个部门需要处理的业务需求。如有关业务的数据流入、业务数据处理方式(处理步骤、处理点等)、业务数据流出的情况。尤其要注意产品的结构特点、物料管理特点、生产工艺特点与成本核算特点。再根据各项业务需求,标识出企业需求的分类级别,如重点要求、一般要求或可有可无的需求等。

②考虑用计算机处理的业务中,数据的使用权限设置问题。有时企业的权限需求很特殊,例如,不只是对功能的控制权限有要求,而且对字段,甚至是字段内容的控制权限也有要求。

③业务报表需求。对报表需求要列出清单,标识出必要需求、一般需求或最好需求等。

④数据接口的开放性。企业已有或未来会有各种各样的信息系统,如 CAM、CAI、CAD、PDM、DSS 等,因此,要考虑这些数据的传输问题。

(5)测试数据准备

企业要从各主要业务数据中抽取一些典型数据,作为以后 ERP 选型的测试数据。

(6)选型

选择 ERP 软件与实施服务时一般应该参考和注意以下几个方面:

①软件的功能是否适合本企业的需求与未来一段时期的发展。

②软件供应商的维护以及二次开发支持能力。

③文档资料的规范性。

④实施服务的方法与质量。

⑤软件供应商与实施服务供应商的持续发展能力与服务能力。

⑥走访实施 ERP 成功的企业。

⑦注意软件的运行环境。

⑧ERP 软件与实施服务的价格。

⑨方案比较。

总之,企业要对 ERP 的选型工作高度重视,这是 ERP 项目实施成败与优劣的基础。

2)项目实施

一般来说,ERP 的实施按项目管理的原则进行。一般实施的流程如下:

(1)成立三级项目组织

三级项目组织包括项目领导小组、项目实施小组和项目应用小组。

(2)制订项目实施计划

项目实施计划一般由经验丰富的咨询公司制订,或在其指导下制订,由企业的项目实施组织根据企业的具体情况讨论、修改,最后由项目的领导小组批准。项目实施计划一般分为两类,即项目进度计划与业务流程变革计划。

一般来说,ERP 的项目实施会分为两到三个阶段,也就是常说的一期、二期或更多。期数的划分要依据企业的 ERP 软件模块需求、二次开发量、企业的业务工作量、项目资源、企业的市场销售情况进行,要制订分阶段、分步实施系统模块的细化计划,详细到各个业务的具体实施计划,并对负责人做出规定。

(3)调研与咨询

在该阶段对企业的 ERP 业务管理需求进行全面调研,并根据企业的管理情况提出管理改善方案。如果企业的业务复杂、规模较大,则花费的时间较多。调研报告与咨询方案要经实施小组与领导小组的讨论并通过。ERP 的调研报告与咨询方案通常包括以下几个部分:

①企业管理现状描述。对企业的各种业务、各个部门的业务职责及业务关系进行准确描述,并经过企业确认。这样就保证了咨询、实施方对企业业务的充分熟悉及对管理充分了解,达到知己知彼。

②ERP 的管理方式。描述与本 ERP 软件结合的管理方式。这部分也是软件公司的固有部分。

③业务实现与变革。通过对业务的熟悉,ERP 系统的分析,确定企业的管理流程以及 ERP 实现业务流程的步骤。同时,根据 ERP 系统的需要与企业的实际管理现状提出业务变革方案,即业务流程重组(BPR)方案。

④达到的效果。如管理数据与报表、直接效益及管理效益等。

(4)系统安装

系统安装设计包括软、硬件的设计与安装,尤其是硬件方案可以与调研同步进行,一定要考虑企业的现有资源,并通过与硬件供应商合作,制订与建立企业的硬件系统建设方案。在未详细规划企业的 ERP 应用工作点前,必须优先考虑在计算机中心或一些主要的业务部门建立初步的系统安装与测试工作点,等到建立后续的应用工作点时,再安装相应的软件。硬件的规划应做比较全面的考虑,包括考虑各种数据业务的采集。一般来说,该过程以安装服务器系统软件为主,而后根据需要进行工作点扩充。初步的安装是为了培训与测试的需要。

(5)开始培训与业务改革

应该说企业在推行 ERP 前,各个层次对 ERP 的理解参差不齐或理解不深。培训的目的就是为了企业顺利地实施 ERP 系统,贯彻 ERP 的思想与理论,使企业的管理再上一个台阶。ERP 培训的类型有理论培训、实施方法培训、项目管理培训、系统操作应用培训、计算机系统维护等。要根据不同的层次、管理业务对象制订不同的培训计划。

ERP 是管理软件,它的数据流反映企业的业务流程,各个子模块之间存在严密的逻辑关系,因此,制订培训计划要注意软件的逻辑流程,否则在培训时就会经常遇到流程不能通过的现象,影响培训效率与受培训人员的兴趣。另外,对各个业务岗位的操作培训,除了对本业务操作的培训外,还要对相关逻辑的上下流程关系进行培训。

各级组织,尤其是领导小组、实施小组,在进行 ERP 的相关培训后,增强了对 ERP 理论、管理思想、业务流程的理解,这样对业务及相关的改革就有了更深的理解。在调研咨询报告中,业务改革的内容是有关专家、顾问在了解了企业的实际管理运作后,利用他们对 ERP 理论与实际实施工作的经验,加上丰富的管理知识而提出的综合管理解决方案。经过系统的培训,领导小组、实施小组成员就可以对业务改革提出更为详细的执行计划,并且还会有一些补充意见与建议。因此,业务改革从这里开始较为成熟。

(6)准备数据

培训开展后就可以开始收集业务数据,也就是进入准备数据阶段。数据分为 3 类,即初始静态数据、业务输入数据和业务输出数据。

初始静态数据如物品代码、产品工艺路线、初始库存数据、工作中心数据等;业务输入数据如物品入库数据、出库数据与销售订单数等;业务输出数据如物品库存数据、可用库存量与物品的计划需求量等。

(7)原型测试

根据收集的数据,录入 ERP 软件,进行原型测试工作。在这个阶段,企业的测试人员应在实施顾问的指导下系统地进行测试工作,因为 ERP 的业务数据、处理流程相关性很强,不按系统的逻辑处理,录入的数据无法处理,或者根本无法录入。

(8)用户化与二次开发

因为企业自身的特点,ERP 的软件系统可能会有一定量的用户化与二次开发的工作。用户化一般指不涉及关于业务流程的程序代码改动工作,这种工作可以由实施顾问对系统维护人员进行培训,以后长期的维护工作就由这些人员完成。这些工作大部分是报表工作,一些灵活的软件,含有工作流程定义的功能(各类业务处理的流程自定义等),这些也必须由企业今后自己来维护。

二次开发会增加企业的实施成本和实施周期,并影响实施人员(服务方与应用方)的积极性。另外,二次开发的工作应该考虑与现有的业务流程实施并行操作和管理,减少实施周期,这也是制订实施计划要注意的一点。

当二次开发或用户化完成后,要组织人员进行实际数据的模拟运行,通过处理过程及输出结果的检验,确认成果。

(9)建立工作点

工作点也就是 ERP 的业务处理点、计算机用户端及网络用户端。建立工作点时一般要考虑以下几点:

①一般先考虑 ERP 各个模块的业务处理功能,如根据采购系统基础数据、采购订单处理等来划分工作点。

②结合企业的硬件分布,如计算机终端分布、工作地点等。

③考虑企业的管理状况,如人员配置、人员水平和管理方式等。

④建立工作点后,要对各个工作点的作业规范做出规定,也即确定 ERP 的工作准则,形成企业的标准管理文档。

(10)并行

在相关的工作准备(如系统安装、培训、测试等)就绪后,则进入系统的并行阶段。所谓并行是指 ERP 系统运行与现行的手工业务处理或原有的软件系统同步运行,保留原有的账目资料、业务处理与有关报表等。并行是为了保持企业业务工作的连续性和稳定性,同时也是 ERP 正式运行的磨合期。

(11)正式运行

正式运行也称系统切换,是并行运行过程的后期,确认了新的系统能正确处理业务数据,并输出满意的结果,这时新的业务流程运作也已进行顺利,人员可以合乎系统操作的要求,而决定停止原手工作业方式、停止原系统的运行,相关业务完全转入 ERP 系统的处理。正式运行要分系统模块、分步骤、分业务与分部门地逐步扩展。ERP 的实施步骤如图 11-6 所示。

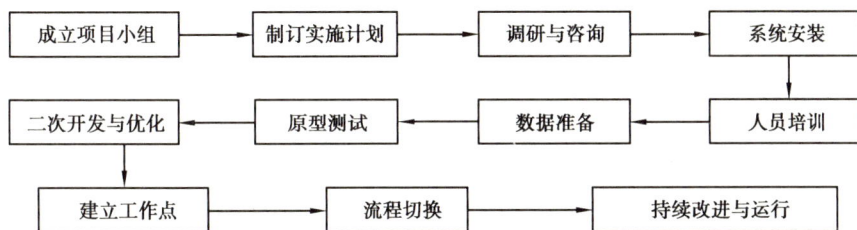

图 11-6　ERP 的实施步骤

11.3　客户关系管理系统

ERP 的管理理念可以提高企业内部资源的计划和控制能力,讲究的是在满足客户、及时交货的同时最大限度地降低各种成本,通过提高内部运转效率来提高对客户的服务质量,可以说是以效率为中心。CRM 的理念是以客户关系的建立、发展和维持为目的。当企业和上游供应商打交道时,企业是客户,因此需要"管理"供应商;当企业和下游或终端客户打交道时,企业是供应商,因此需要"管理"客户。

11.3.1 CRM 的概念及内容

(1)CRM 的概念与内涵

客户关系管理(Customer Relationship Management,CRM)的概念最初是由 Gartner Group 公司提出的,1999 年后在企业电子商务中开始流行。Gartner Group 公司对 CRM 给出的定义是:CRM 是代表增进赢利、收入和客户满意度而设计的商业战略。

可以看出 Gartner Group 公司的定义是从战略角度考虑的,如果从战术角度出发,则权威的定义为:CRM 是一种以客户为中心的管理理念,是一套管理软件和信息系统,它以信息技术为手段,对业务功能进行重新设计,并对工作流程进行重组,通过交流沟通,理解并影响客户行为,其目的是提高管理效率,为客户提供完美服务,帮助企业吸引新客户及留住老客户,从而提升企业的市场竞争力,建立长期优质的客户关系,不断挖掘新的销售机会,帮助企业规避经营风险并获得稳定利润。

CRM 是企业由"以产品为中心"转向"以客户为中心"的过程中产生的管理新思想,意在使企业的经营理念从"提供什么产品和服务"过渡到"怎样使客户满意"上。CRM 的核心是客户价值管理,它将客户价值分为既成价值、潜在价值和模型价值,通过"一对一"营销原则,满足不同价值客户的个性化需求,提高客户忠诚度和保有率,实现客户价值持续贡献,全面提升企业赢利能力。客户关系管理的内涵如图 11-7 所示。

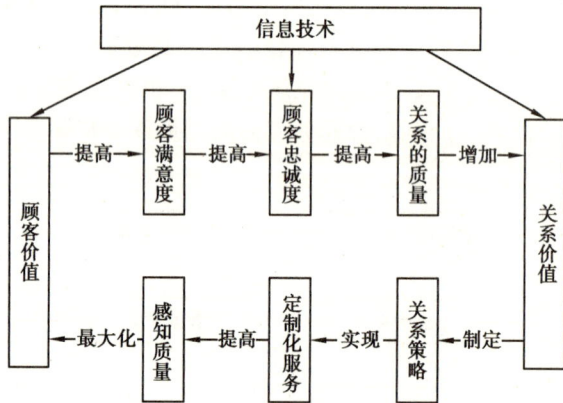

图 11-7 客户关系管理的内涵

(2)CRM 的内容

CRM 主要包含以下几个主要方面的内容(简称 7P):

①客户概况分析(Profiling):指客户的层次、风险、爱好、习惯等;

②客户忠诚度分析(Persistency):指客户对某个产品或商业机构的忠实程度、持久性、变动情况等;

③客户利润分析(Profitability):指不同客户所消费的产品的边缘利润、总利润额、净

利润等;

④客户性能分析(Performance):指不同客户所消费的产品按种类、渠道、销售地点等指标划分的销售额;

⑤客户未来分析(Prospecting):指客户数量、类别等情况的未来发展趋势,争取客户的手段等;

⑥客户产品分析(Product):指产品设计、关联性、供应链等;

⑦客户促销分析(Promotion):指广告、宣传等促销活动的管理。

11.3.2 CRM系统的功能

现今,企业已不再把顾客当成盘剥的对象和收入的来源,而是通过客户关系管理系统把顾客当成长期资产来看待。客户关系管理系统专注于协调所有的围绕着企业和客户联系的企业过程,如销售、市场和服务,以期达到最佳收益顾客最满意和留住顾客的目的。理想的CRM系统提供从接受订单到产品送到全过程的点对点的所有顾客关心的事项。

过去,公司处理销售、服务、市场是高度分开的,这些部门对顾客重要信息的共享程度较低。一个特殊顾客的信息可能在与公司相关的个人账户储存,同样,顾客的其他信息可能与其购买的产品相联系,没有办法去组合所有这些信息以提供全公司对该顾客的看法。CRM系统试图解决这个问题,通过集成客户相关的信息,由多种通信通道如电话、电子邮件或网络综合客户的信息,这样,公司会基于一些协调一致的信息来对待这个顾客,如图11-8所示。

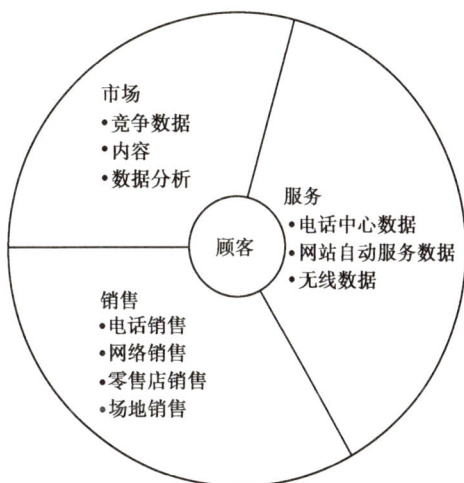

图11-8 客户关系管理

好的CRM系统能提供数据和分析工具以解决诸如以下问题:更能符合企业所需,并给重要的顾客不断提供新的价值服务。最简单的CRM系统主要是了解顾客和分析顾客,其重要功能是围绕着客户数据展开的。

CRM系统一般具有如下功能:

①来电显示功能:当客户来电的时候,会显示来电号码,并可将通讯录中对应的客户资料也显示出来。

②拨号功能:当找到客户资料的时候,可以直接在软件上向客户拨打电话,无须在电话上拨号。CRM还支持IP拨号功能。

③日期提醒功能:它可以提醒客户的生日或交易日等重要日期的到来。

④客户历史记录功能:可以在每次交易或联系的时候输入有关资料,以备日后查询。可和Outlook结合,可建立邮件群发功能。

具有了这些处理功能,能使企业对客户准确地了解,从而能更好地开发客户资源。把客户管理系统和企业的市场功能、销售功能和服务功能等集合起来,就形成了集成的客户关系管理系统。集成的客户关系管理系统不仅能为客户服务提供好的思想,而且能把这种思想付诸行动。

11.4 人力资源管理系统

11.4.1 HRM 系统的概念

人力资源管理系统(Human Resources Management,HRM)是运用信息技术收集、记录、储存、分析和提取组织人力资源信息,对人力资源进行管理和开发的系统。用以保证人力资源开发与管理工作的科学化和高效率。基本的有员工信息数据库、技能清单等人力资源报表信息,应具有及时、准确、简洁和完整的特征。人力资源信息系统可以进行人力资源管理的各个功能块的管理,如招聘管理、培训管理、福利管理、岗位管理、能力评估等。人力资源管理系统的功能模块如图 11-9 所示。

图 11-9　人力资源管理系统的功能模块

11.4.2 HRM 系统的功能

(1)规划决策

在现代企业管理中,为了应付频繁的企业重组及人事变动,企业的管理者可以运用人力资源信息系统,方便地编制本企业的组织结构和人员结构规划方案,通过各种方案在系统中的比较模拟评估,产生各种方案的结果数据,并通过直观的图形用户界面,为管理者最终决策提供辅助支持,使企业在激烈的市场竞争中立于不败之地。除此之外,人力资源规划还可制订职务模型,包括职位要求、升迁路径和培训计划,根据担任该职位员工的资格和条件,系统会提出针对本员工的一系列培训建议,一旦机构改组或职位变动,系统会提出一系列的职位变动和升迁建议。以上规划一旦被确认,现有结构会方便地被替换。

（2）时间管理

根据本国或当地的日历,灵活安排企业的运作时间以及劳动力的作息时间表;对员工加班、作业轮班、员工假期,以及员工作业顶替等做出一套周密的安排;与员工薪资、奖金有关的时间数据会在薪资系统和成本核算中做进一步处理。时间管理作为整体系统中的一个组成部分,而这个系统可以对人力资源管理系统的规划、控制和管理过程提供支持,为行政主管节省了大量时间。

（3）资源体系

通信领域的革命,为商业信息系统的变化起到了催化剂的作用。成熟的网络技术使网络时代的人力资源管理工作提出了全新的挑战。长期以来,人力资源管理一直跟不上技术的发展。如今网络却使这个最贴近员工的部门给人带来力量。许多公司把一些人力资源资料如职位空缺、福利信息等输入企业内部网。人力资源部门并没有停留在用网络向员工单向发布信息上,而是着手创设完善的互动式软件,可以让员工填表,从数据库中获取个人信息、甚至在网络上掂量各种福利项目的长短。人力资源管理在网络时代将赋予全新的思维。

传统的管理模式受到电子商务的飞速发展的强大冲击,公司将出现一些全新的部门及职位,数据开采中心、顾客服务中心、网络直销中心、物流服务中心、员工关系中心将成为公司的核心部门,由于信息沟通及处理便捷,使得公司管理层次将大大减少,扁平式、矩阵式的组织架构将成为多数公司的组织架构的模式,项目管理小组也更为风行,在线合作将成为工作中最常见也有效的一种工作方式;虚拟经理将成为公司劳动力构成的一部分。

（4）招聘管理

网上招聘显示出巨大的威力,大多数的公司都能体会到网上招聘的效率,招聘高级人才就要使用猎头招聘了。企业可以通过 Internet 向外界发布招聘信息,应聘者可以根据兴趣选择空缺职位,输入必要的应聘者信息。应聘者申请一经成立,申请人就获得个人编号和密码。申请者可以追踪求职申请状况,查询应聘的处理过程。公司可以建立自己的人才资源库,在公司网络化的招聘管理系统将大大提高效率。网络可以帮你寻找符合条件的求职者,世界上每个角落的人才也有机会了解你的招聘信息,你可以测评选择你公司的应征者,可以很快得到一份详尽的人才分析报告。在招聘的后台处理系统里,你可以更快得到更多的招聘工作分析报表。

（5）在线评估

由于网络将原来遥远的距离拉近,主管可以很快看到每个来自各地的下属定期递交的工作进行指导及监督。评估及述职也在网络中实现,员工的工作地点已经不是很重要了。只要具备工作条件,他只需按计划去完成工作就可以了,员工的满意度将大大提高。在线评估系统实时录入公司所有员工评估资料,其强大的后台处理功能将出具各种分析报告,为公司的管理改进提供及时的依据。

(6) 在线培训

以网络为基线的虚拟学习中心在一些大公司或专业的机构出现,在线培训使得学习成为一个实时、全时的过程。公司的培训成本大大降低,人力资源部更重要的工作是强调员工要协作学习,自我管理,自我激励,并设计好及时有效的培训评估体系以保证培训的效果。公司将在线教育培训计划分布在网络上,员工均可更自由地选择自己想修的课程。同时网络大学也可以提供各种适合社会需要的课程,包括专业为企业而设计的技术及管理课程。

(7) 员工关系管理

网络使得信息沟通更为直接、广泛、有效在公司内部网上,可以建有员工的个人主页,可以有聊天室、建议区、公告栏及公司各管理层的邮箱,员工间的沟通、住处及资源的共享使得工作率大大提高。

在内部管理方面,Intranet 更加方便了员工交流,他们能够查找其他员工的电话号码、传真号码、同事照片和邮件地址。员工可以通过 Intranet 随时查询有关他本人的工时出勤记录、工资情况、差旅申请及费用。通过这种自助式服务,员工甚至可以修改本人的数据,这就意味着人事部门从繁重的、耗时的工作中解放出来,可以把精力集中到更高层的政策性工作中去。

使用 HRIS 自助服务除了更加简便快捷之外,当然还有成本的问题。但这种节约成本的潜力还不止在运用软件的过程中。虽然还没有确切的数字表明企业内部网为人力资源部门节约了多少费用,但从其他自我服务技术提供的数据中便可见一斑了。比如,药品生产商莫克公司分析了人力资源部门使用信息工作站和互动式语音反馈系统(能提供某些企业内部网功能的各种技术)前后的费用。结果发现,人力资源部门员工亲自处理一项业务要花 16.96 美元,让他跟踪并改正错误要花 128 美元;相比之下,自我服务技术每项业务只需 2.32 美元。如果错误由出错的员工自己改,改错的费用也可全节省下来。

将人力资源部门的员工从上传下达角色中解脱出来,让他们能放眼更为宏大的事情,如战略规划、企业组织发展等是 HRIS 自助服务更胜一筹的益处。

(8) 自动管理

由于企业的 HR 管理往往随着市场和公司自身的不断变化而不断变化,HR 的管理越来越需要一种行之有效,性价比最高的管理分析模式或工具来满足这种业已变化的需求。

工作流的自动化管理(Automation Work Flow)正是满足这种企业管理的需求,同时也彻底改变了人们收集和发布信息的方式,而它也正是优秀的 HRIS 所应该提供的重要工具之一。

自动化管理主要是为企业每项工作进行流程分析,综合起来即为企业的业务流程,相应的信息流、资金流以及物流的分析。一般的操作方法为从上至下,先确定好企业的整体目标,然后将目标分解,并分解为完成目标所需做的工作,再配合于相应的部门及人员。每个岗位人员的主要工作内容、工作流程以及该岗位人员的素质要求。

11.4.3　HRM 系统的作用

（1）为人力资源规划建立人事档案

人事档案既可以用来估计目前劳动力的知识、技术、能力、经验和职业抱负，又可用来对未来的人力资源需要进行预测。这两种信息必须互相补充，否则对人力资源规划是无用的。例如，如果不以组织内现有人员状况为基础做出的预测，显然对组织是无用的。并且我们也只有对未来人员的数量、技术及经验等有所了解，方能制定行动规划去解决预计的问题。

（2）通过人事档案对一些概念加以说明

如晋升人选的确定、对特殊项目的工作分配、工作调动、培训；肯定性行动规划和报告、工资奖励计划、职业生涯计划和组织结构分析。这些工作的完成都必须依靠人力资源信息系统。

（3）可以为领导者决策提供各种报告

如用于日常管理的工作性报告：包括岗位空缺情况、新职工招聘情况、辞职情况、退休情况、提升情况和工资情况等，还可以向政府机构和一些指定单位提供规定性的报告和用于组织内部研究的分析性报告，以表明劳动力在各个部门或各管理层次上的性别、种族和年龄分布，按消费水平划分的雇员福利情况，也可表明录用新职工的测验分数与工作绩效考核分数之间统计关系的有效性研究等。

总之，人力资源信息系统，是人力资源管理中的一项基础性工作，它可为决策者提供许多必不可少的决策信息，使管理和决策更加科学化和更符合实际。

11.5　电子商务系统

电子商务能够提供准确、快速、高效的商务运作，是当今世界商务运作发展的主流方向。目前，世界上很多国家都在大规模用电子商务来取代传统的商务活动方式，以达到全面提高其市场竞争力的目的。

11.5.1　电子商务的概念

电子商务是指利用现代信息技术和计算机网络所进行的各类商业活动，包括货物交易、服务交易和知识产权交易等。世界上对电子商务的研究始于 20 世纪 70 年代末，而Internet 商务起始于 1995 年，当时最早的互联网门户网站之一 Netscape.com 最先接纳了大公司的广告业务，同时它推广了这样一个理念："Web 是可以用于广告和销售的新型媒介。"

1997 年底，亚太经济合作组织非正式首脑会议上，时任美国总统克林顿敦促世界各国共同促进电子商务的发展，引起了全球首脑的关注。有识之士指出，在电子商务问题上，迟疑一步就可能会丢失市场、丢失机会。

1998 年 11 月 18 日,时任中国国家主席的江泽民在亚太经济合作组织第六次领导人非正式会议上就电子商务问题发言时说,电子商务代表着未来贸易方式的发展方向,其应用推广将给各成员国家带来更多的贸易机会。

一般来说,电子商务经历了两个发展阶段,即基于 EDI 的电子商务和基于互联网的电子商务。

大体上,20 世纪 60 至 90 年代属于基于 EDI 的电子商务。这种商务模式首先产生于美国,当时的贸易商们在使用计算机处理各类商务文件的时候发现,由人工输入一台计算机中的数据,70%是来源于另一台计算机的输出文件,由于过多的人为因素,影响了数据的准确性和工作效率的提高,人们开始尝试在贸易伙伴之间的计算机上自动转换数据,EDI 应运而生。

EDI 是将业务文件按一个公认的标准,从一台计算机传输到另一台计算机上去的电子传输方法。由于 EDI 大大减少了纸张票据,因此,人们也形象地称其为无纸贸易或无纸交易。

基于国际互联网的电子商务始自 20 世纪 90 年代,从那时起,国际互联网迅速普及化,逐步从大学、科研机构走向企业和百姓家庭,其功能也已从信息共享演变为大众化信息传播。从 1991 年开始,一直排斥在互联网之外的商业贸易活动正式进入这个王国,因而使电子商务成为互联网应用的最大热点。

11.5.2　电子商务系统的组成结构

电子商务系统是由许多系统角色组成的一个大系统。一个典型的基于 Internet 平台的电子商务系统组成结构主要涉及 6 个参与方:客户、商家、网络支付系统、物流中心、CA 认证中心以及公共网络平台,其工作原理如图 11-10 所示。

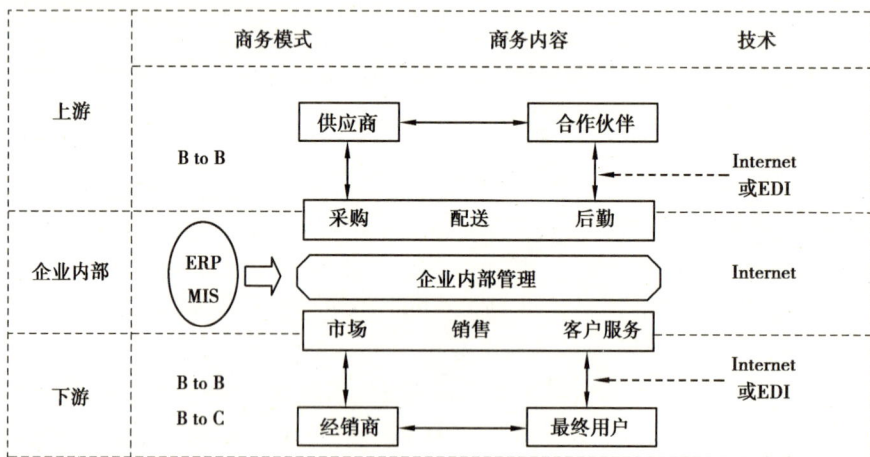

图 11-10　电子商务系统的应用结构

11.5.3 电子商务技术及应用系统

（1）安全保密技术

电子商务的安全性并不是一个孤立的概念，它不但面临着系统自身的安全性问题；而且，由于它是建立在计算机和通信网络基础上的，因此计算机及通信网络的安全性问题同样会蔓延到电子商务中来。电子商务在这样的环境中，时时处处受到安全的威胁，其安全威胁可分为以下四大类：

①信息的截获和窃取。如没有采取加密措施或加密强度不够，攻击者通过采用各种手段非法获得用户机密的信息。

②信息的篡改。攻击者利用各种技术和手段对网络中的信息进行中途修改，并发往目的地，从而破坏信息的完整性。这种破坏手段有3种：

a.篡改：改变信息流的次序。

b.删除：删除某个消息或消息的某些部分。

c.插入：在消息中插入一些无用的信息，让接收方读不懂或接收错误的信息。

③信息假冒。攻击者通过掌握网络信息数据规律或解密商务信息后，假冒合法用户或发送假冒信息来欺骗其用户。主要有2种方式：

a.伪造电子邮件：如虚开网站和商店，给用户发电子邮件，收订货单。

b.假冒他人身份：如冒充主机欺骗合法主机及合法用户。

④交易抵赖。这是指交易单方或双方□认曾进行的交易行为。

（2）电子支付

所谓电子支付，是指从事电子商〔　　　　〕包括消费者、厂商和金融机构，通过信息网络，使用安全的信息传输手〔　　　〕的货币支付或资金流转。随着计算机技术的发展，电子支付的工〔　　　〕具可以分为三大类：电子货币类，如电子现金、电子钱包等；电子信用〔　　　〕借记卡、电话卡等；电子支票类，如电子支票、电子汇款（EFT）、电子划款等。〔　　　〕各有自己的特点和运作模式，适用于不同的交易过程。以下介绍下电子现金、电〔　〕、电子支票和智能卡。

①电子现金。电子现金是一种以数据形式流通的货币。它把现金数值转换为一系列的加密序列数，通过这些序列数来表示现实中各种金额的市值，用户在开展电子现金业务的银行开设账户并在账户内存钱后，就可以在接受电子现金的商店购物了。

②电子钱包。电子钱包是电子商务活动中网上购物顾客常用的一种支付工具，是在小额购物或购买小商品时常用的新式钱包。

电子钱包一直是全世界各国开展电子商务活动中的热门话题，也是实现全球电子化交易的一种重要工具，全球已有很多国家建立电子钱包系统以便取代现金交易的模式，使用电子钱包购物，通常需要在电子钱包服务系统中进行。电子商务活动中的电子钱包的软件通常都是免费提供的，用户可以直接使用与自己银行账号相连接的电子商务系统服务器上的电子钱包软件。

③电子支票。电子支票是一种借鉴纸张支票转移支付的优点，利用数字传递将钱款

从一个账户转移到另一个账户的电子付款形式。这种电子支票的支付是在与商户及银行相连的网络上以密码方式传递的,多数使用公用关键字加密签名或个人身份证号码(PIN)代替手写签名。用电子支票支付,事务处理费用较低,而且银行也能为参与电子商务的商户提供标准化的资金信息,故而可能是最有效率的支付手段。

④智能卡。智能卡是在法国问世的,20世纪70年代中期,法国Roland Moreno公司采取在一张信用卡大小的塑料卡片上安装嵌入式存储器芯片的方法,率先开发成功IC存储卡。经过20多年的发展,真正意义上的智能卡,即在塑料卡上安装嵌入式微型控制器芯片的IC卡,已由摩托罗拉和Bull HN公司于1997年研制成功。

在美国,人们更多地使用ATM卡。智能卡与ATM卡的区别在于两者分别是通过嵌入式芯片和磁条来储存信息。但由于智能卡存储信息量较大,存储信息的范围较广,安全性也较好,因而引起人们的重视。

同时我国国家金卡工程取得了令人瞩目的成绩,IC卡已在金融、电信、社会保障、税务、公安、交通、建设及公用事业、石油石化、组织机构代码管理等许多领域得到广泛应用,如第二代居民身份证(卡)、社会保障IC卡、城市交通IC卡、电话IC卡、三表(水电气)IC卡、消费IC卡等行业IC卡应用已经渗透到百姓生活的方方面面,并取得了较好的社会效益和经济效益,这对提高各行业及地方政府的现代化管理水平,改变人民的生活模式和提高生活质量,推动国民经济和社会信息化进程发挥了重要作用。

本章小结

本章从流程管理的概念入手,介绍了ERP系统、CRM系统、SCM系统人力资源管理系统以及电子商务系统的定义、内容、关键技术应用等。ERP系统是目前被企业广泛应用的信息系统,本章重点对其进行了介绍。首先,分析了ERP系统的发展历程。其次,对ERP系统的概念进行了详细分析。最后,重点介绍了ERP的系统框架及其实施过程。

【复习思考题】

1.供应链系统是如何给企业提供价值的?

2.ERP系统的主要功能是什么? ERP与BPR之间的关系是什么?

3.有人说,ERP是企业应用的核心,你觉得有道理吗? 为什么?

4.什么是客户关系管理? 在当下客户关系管理为什么很重要?

5.人力资源关系系统是如何给企业提供价值的?

6.电子商务技术发展的方向有哪些? 电子商务技术的应用,遇到的挑战有哪些?

第12章　管理信息系统课程实验与课程设计

【学习目标】

1.通过管理信息系统课程实验和设计,将在管理信息系统课程教学中所学到的知识用于一个实际或虚拟的组织或情境,以解决实际问题,加深对管理信息系统基础理论、思想方法和基本知识的理解。

2.掌握使用信息系统进行分析和设计的基本方法,提高利用管理信息系统思想和方法解决实际管理问题和开发信息系统的实践能力。

12.1　管理信息系统课程实验及要求

管理信息系统课程的突出特点之一就是实践性强,这也是该课程的教学难点之一。虽然在"管理信息系统"的课堂上对于管理信息系统的概念、作用、重要性、管理信息系统的技术基础、管理信息系统的开发与设计以及管理信息系统的应用等知识都会做相关讲解,但对管理信息系统了解的人都会意识到,单纯知识的讲授并不能让学生对管理信息系统产生充分的认识,而对其真正的领悟只能来自第一手经验。所谓实践出真知,加强实验和课程设计等实践环节在管理信息系统的教学过程中起着举足轻重的作用。本章将根据经济管理类学生的学习规律和接受知识情况,针对课程设计中的重要环节,给出本课程的课程实验及课程设计案例,以期让学生对管理信息系统有更为全面和深刻的认识。

(1)实验目的

本课程是经济与管理类专业的必修课程之一,通过实践学习,目的是在具有一定的计算机基础知识与数据库、计算机网络等理论知识的前提下,使学生能深刻理解课堂讲授内容,掌握管理信息系统分析与设计的基本概念和基本方法,具备信息系统开发的基本能力,从而具备从事信息系统建设和管理方面工作基本技能。

(2)主要仪器设备

①硬件要求:每人1台联网计算机。

②软件要求:Windows 7 及以上、Office、Visio。

(3)课程实验内容

实验一　管理信息系统认知

实验学时:2学时

实验目的:

①初步认识一种管理信息系统,建立对管理信息系统的感性认识。

②了解管理信息系统的功能模块及组成。

③掌握企业管理实践中的业务流程。

实验要求：

①通过网络搜索和社会调查等方式，寻找管理信息系统。例如：学校里的教务管理系统，学生经常使用到的考试成绩查询系统、选课系统，图书馆中使用的图书管理系统等。了解什么是管理信息系统，这些信息系统由哪些功能模块组成。

②能对管理信息系统的功能模块结构进行描述，并结合具体企业/组织（自行举例）的业务需求说明管理系统的运作流程。

实验二　结构化系统分析（一）

实验学时：3 学时

实验目的：

①掌握需求分析的内涵。

②熟练绘制组织结构图。

③掌握业务流程图的绘制方法。

实验要求：

①根据给定业务要求制作组织结构图。

②根据给定业务要求制作业务流程图。

实验资料：

①绘制一个你所熟悉的组织（如企业、学校）的组织结构图（图 12-1）。

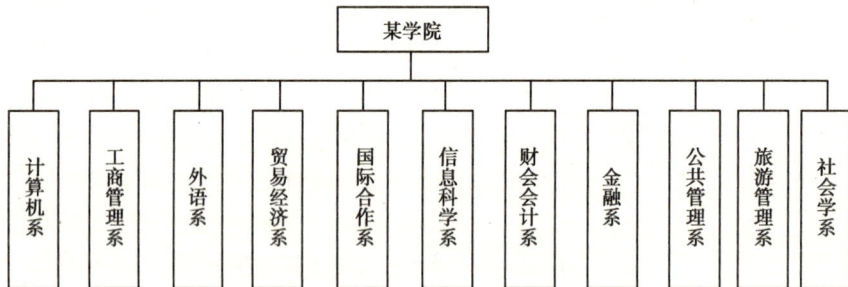

图 12-1　某学院组织结构图

上面只是举例，同学们自己另外绘制。

②某工厂成品库管理的业务过程如下：成品库保管员按车间送来的入库单登记库存台账。发货时，发货员根据销售科送来的发货通知单将成品出库并发货，同时填写 3 份出库单，其中一份交给成品库保管员，由他按此出库单登记库存台账，出库单的另外两联分别送销售科和会计科。试按此业务过程画出业务流程图。

提示：业务流程图即管理业务流程图是一种表明系统内各单位、人员之间业务关系、作业顺序和管理信息流动的流程图，它可以帮助分析人员找出业务流程中的不合理情况。应掌握管理业务流程图的业务处理单位、业务功能处理、表格/报表的制作、数据/文件的存档、数据的收集与统计以及信息传递过程的基本符号。

实验三　结构化系统分析（二）

实验学时：3 学时

实验目的:

①掌握数据流图的绘制。

②掌握表格分配图的绘制。

实验要求:

①试按业务要求画出数据流程图。

②请根据业务情况画出表格分配图。

实验资料:

①请根据以下要求画出数据流程图:读者到图书馆还书,图书馆工作人员根据读者文档和图书文档的数据办理还书处理。如果还书时所还书籍已过期,则计算罚款,并办理罚款手续或记入罚款文档。同时检查预约文档中有无其他读者预约此书,若有则根据预约数据发到书通知。

②销售部门根据销售生成销售单。销售单除销售部门存档外,同时将销售记录送到财务部和库房,分别用于应收款处理和出库处理,并交顾客用于提货。

请根据以上情况画出表格分配图。

实验四 结构化系统分析(三)

实验学时:3 学时

实验目的:

①掌握数据字典的绘制。

②掌握决策树和决策表的绘制。

实验要求:

①设计给定系统的数据字典。内容包括数据项、数据流、处理逻辑、数据存储、外部实体等方面。

②按给定原则设计决策树或决策表。

实验资料:

①进行学校教学管理系统的数据字典的绘制。内容包括数据项、数据流、处理逻辑、数据存储、外部实体等方面。

提示:只需列出数据项、数据流、处理逻辑、数据存储、外部实体中的某一个即可。

②某厂对一部分职工重新分配工作,分配原则是:

a.年龄不满 20 岁,文化程度是小学,脱产学习;文化程度是中学,电工。

b.年龄满 20 岁但是不足 50 岁,文化程度是小学或中学,男性当钳工,女性当车工;文化程度是大学者当技术员。

c.年龄满 50 岁及 50 岁以上,文化程度是小学或中学当材料员,文化程度是大学者当技术员。

根据问题描述,试绘制判断树和判断表。

实验五 数据库设计(一)

实验学时:2 学时

实验目的:

①掌握的 E-R 图的绘制。

②熟悉 E-R 图的设计过程。

实验内容:

①分别绘制 3 个 E-R 图说明实体间一对一、一对多、多对多的关系。

②绘制出某实例信息系统的 E-R 图。

实验内容:

①某工厂生产若干产品,每种产品由不同的零件组成,有的零件所用的材料可以用在不同的产品上。这些零件由不同的原材料制成,不同零件所用的材料可以相同。这些零件按所属的不同产品分别放在仓库中,原材料按照类别放在若干仓库中。

要求先分别绘制 3 个 E-R 图,并说明实体间一对一、一对多、多对多的关系;再用总 E-R 图画出此工厂产品、零件、材料、仓库的概念模型。

②根据自己学校的具体情况,绘制出学校教学管理信息系统的 E-R 图。

提示:可以从教师教学、学生学习及学院管理等几个方面考虑,先绘制出各自的 E-R 图,然后进行汇总。

教师教学 E-R 图;

学生学习 E-R 图;

总 E-R 图。

实验六　数据库设计(二)

实验学时:2 学时

实验目的:

①掌握较为复杂的 E-R 图的绘制。

②熟悉将 E-R 图转换为关系数据库模型的方法。

实验要求:

练习画出比较复杂的 E-R 图,然后将 E-R 图转换为关系数据库模型。

实验资料:

①某学校中有若干学院,每个学院有若干系和班级,每个系有若干教师,每位教师各自指导若干学生;每个班有若干学生,每个学生选修若干课程,每门课可由若干学生选修。据此,请用 E-R 图画出此学校的概念模型。

②将绘制出的 E-R 图转换为关系数据库模型。

实验七　数据库设计(三)

实验学时:1 学时

实验目的:

掌握代码设计的原则与重要性。

实验要求:

以某一管理信息系统为例,说明相关代码的含义。

实验资料:

表 12-1 是某学校教学管理信息系统的代码,内容包括学号、院系编号、专业编号、班级编号、课程编号、教师代码、教室代码。

表 12-1　某学校教学管理系统代码设计一览表

序号	代码	代码含义
1	21	第 2021 届学生
2	05	信息科学系
3	01	经济信息管理专业
4	47	学生学号
5	301	教室

请你以所了解的某一管理信息系统为例,说明相关代码的含义。（自行举例说明）

12.2　管理信息系统课程设计案例与指导

管理信息系统课程设计作为学生课程学习的一个重要实践环节,旨在培养学生应用计算机系统进行管理的思想、意识与能力,熟悉管理信息系统开发的重要环节,帮助学生进一步理解、消化所学理论知识。通过课程设计,还可以锻炼学生的分析问题、解决问题和团队合作的能力。因此,做好课程设计是十分必要的。

本部分为课程设计指导,综合应用管理信息系统课程所学知识,以南京市江宁区某民办高校的薪酬管理信息系统课程设计案例为基础,阐述管理信息系统分析和设计的主要过程,使学生在学习了管理信息系统理论知识后,通过案例分析与设计,进一步去了解开发管理信息系统必须经历的主要过程,以及在开发过程的各个阶段所必须要完成的各项工作,提高学生对所学知识的综合应用能力。本案例的开发工具选用的是 Visual Studio。在此基础上,要求学生从自身熟悉的领域或视角出发,尝试去设计与开发一个与课程知识相关的小型管理信息系统。

12.2.1　课程设计案例——某高校薪酬管理信息系统分析与设计

1）高校薪酬管理系统业务简介

某高校是南京市江宁区一民办高校。现有各级、各类职工人数共计 873 人,每个月 10 号都要发放工资。由于每一位教师的级别、岗位、工龄等具体情况不尽相同,因此各项工资项目的金额也都不同。在对该高校薪酬管理系统进行分析与设计时,首要工作就是进行详细调查,详细调查对象是现行薪酬管理系统。其目的是深入了解学校工资管理工作中信息处理的全部具体情况以及存在的具体问题,为提出新系统的逻辑模型提供可靠的依据。

2）系统分析

（1）高校组织结构

由于本案例只是针对某高校薪酬管理的信息系统，所以采取的是全面铺开与重点调查相结合的方法，大体了解其组织结构模式，而重点放在财务处的薪酬管理的具体业务上。该高校的组织结构设计如图12-2所示。

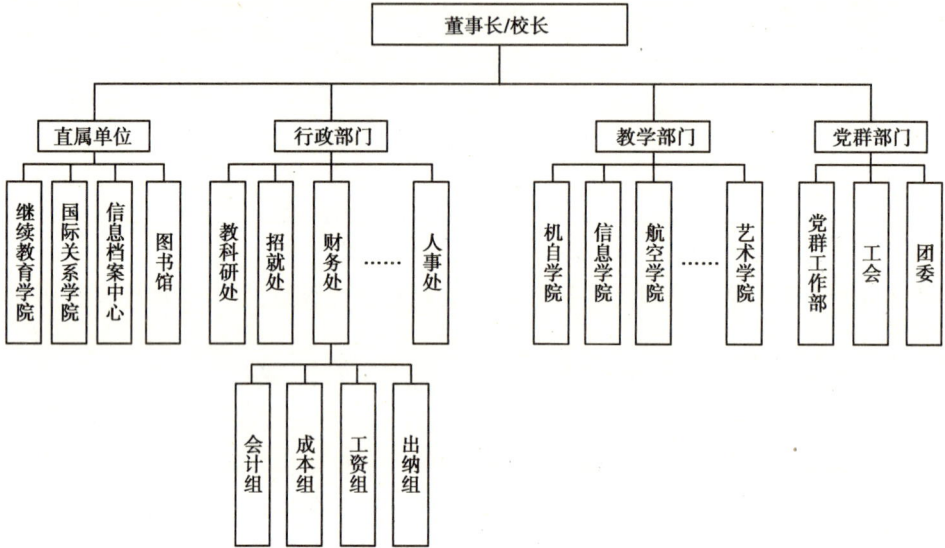

图12-2　某高校组织结构图

（2）系统的业务流程分析

学校现行的薪酬管理流程如下：

学校每月10号发放工资，发放前的工资处理过程是由财务处根据已存档的上月工资发放清单和人事处送来的人员及工资变动表填写本月工资发放清单中的前5项（即姓名、基本工资、岗位津贴、工龄工资和应发工资）。

学校人事处向财务处提供的人员及工资变动表包含下列信息：

a.若有学校员工在学校内部各部门之间调动工作情况发生，提供这些员工的姓名、由何部门调至何部门工作、工资发放变动情况等。

b.若有新聘教师进入学校工作，则应提供新进员工的员工号、姓名、部门，以及有关工资方面的数据，还有他们的工资开始发放的月份，据此，财务处的出纳员建立新员工的工资台账页。

c.若有员工离职，则要提供离职教师的姓名、所在部门和终止发放本人工资的月份。

d.若工资需要调整，则应提供全体员工工资调整变动情况清单和调整后工资从哪个月份开始发放。

后勤处于每月10号前将扣款清单（包括水费扣款、电费扣款和其他扣款）送交财务处，由财务处按扣款清单将扣款数填入本月工资台账，该高校每月员工工资发放样单见表12-2。

表 12-2　某高校 20××年××月份员工工资发放单

部门名称:航空学院

姓名	基本工资	岗位津贴	工龄工资	应发工资	水费	电费	其他扣款	所得税	扣环合计	实发工资
刘芳										
许海										
杨凌										
……										
合计										

根据上述薪酬管理流程,得到该高校的业务流程图,如图 12-3 所示。

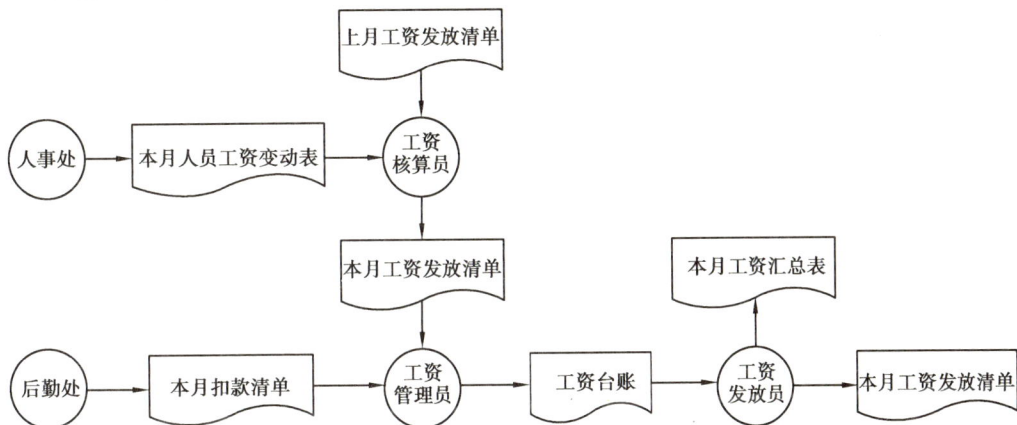

图 12-3　某高校现行薪酬管理业务流程图

(3)新系统的业务流程描述

由于学校实行员工岗位绩效工资,所以对于薪酬管理提出新的要求,要求各部门在每月 10 号前提交部门员工(教师岗、行政岗及其他岗位)的考勤数据到人事处,人事处薪酬专员再将考勤数据表提交给财务处。所以,新的薪酬发放系统的业务流程如下:

人事处根据各部门提交上来的考勤数据编制绩效工资表。

财务处根据人事处提供的人员工资变动表和考勤数据表进行员工基本信息(部门信息、工资级别、工龄、岗位等)的维护,进行基本工资、岗位工资、工龄工资、绩效工资的计算,编制应发工资表。

财务处根据后勤处提交上来的扣款信息编制变动工资表。

财务会计根据员工信息表、基本工资表、变动工资表计算应发工资、所得税及实发工资,生成工资结算单。

财务处打印相关工资单,发放工资。

基于此,根据该校新的薪酬管理流程,得到该校新的业务流程图,如图 12-4 所示。

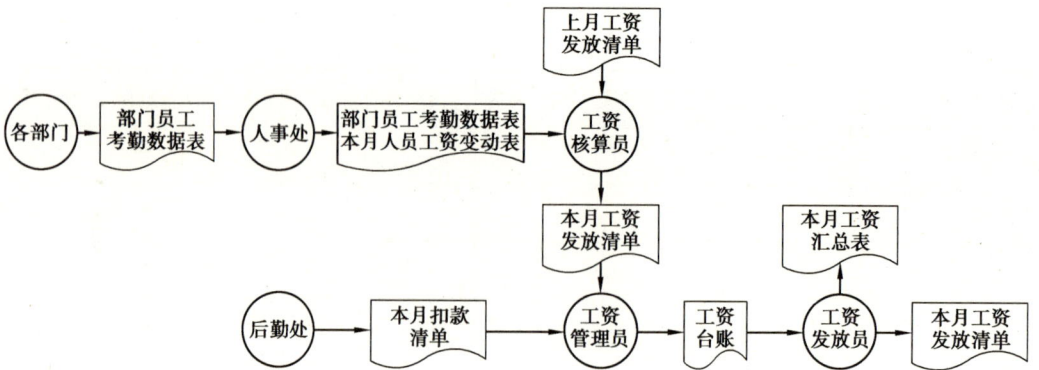

图 12-4　某高校业务更新后的薪酬管理业务流程图

（4）新系统的数据流程分析

根据新系统的业务流程，抽象出该系统的数据流图，如图 12-5 所示。

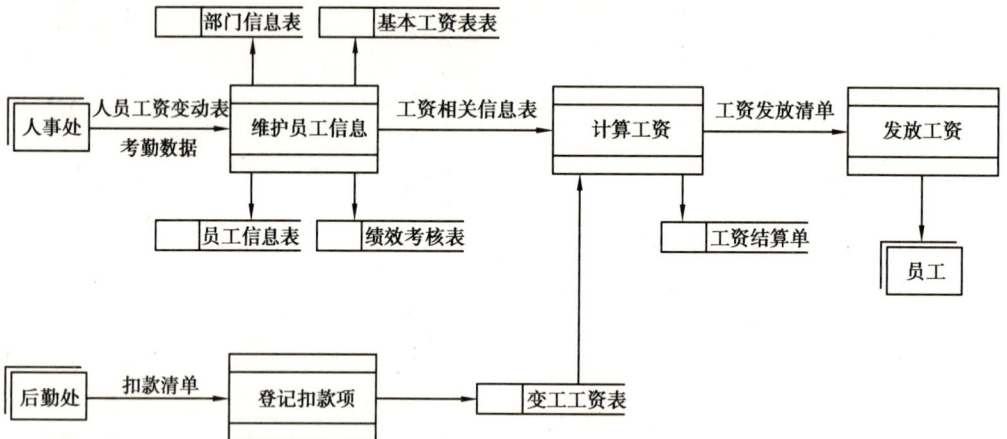

图 12-5　某高校业务更新后的薪酬管理业务流程图

3）系统设计

（1）概念设计

本薪酬管理系统所包含的实体及其属性如下：

部门（部门代码、部门名称）；

级别（工资等级、基本工资）；

工龄（工龄、工龄工资）；

岗位（岗位、岗位工资）；

员工（工号、姓名、性别）；

工资结算单（日期、基本工资、工龄工资、岗位工资、绩效工资应发工资、个人所得税、水费扣款、电费扣款、其他扣款、实发工资）。

根据上述描述，对本系统中涉及实体及其联系进行概念设计，得到本薪酬管理系统概念设计的 E-R 图，如图 12-6 所示。

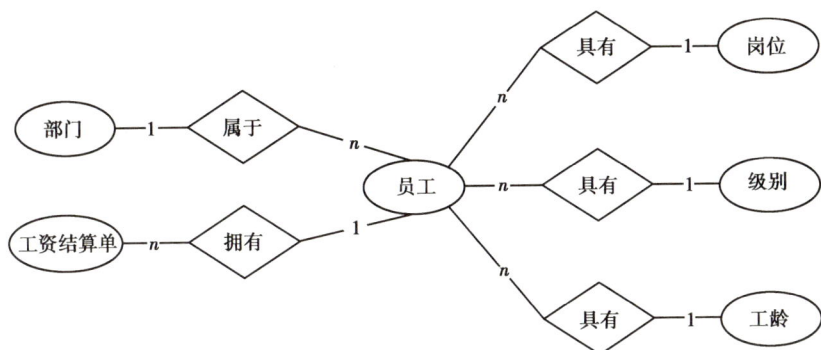

图 12-6 某高校业薪酬管理业务的概念设计图

（2）系统总体设计

高校薪酬管理系统在设计时采用结构化程序的设计方法,系统的总体结构采用菜单来调用表单,利用表单来对信息进行管理、数据加工、信息查询、系统维护等工作,具体功能模块及关系如图 12-7 所示。

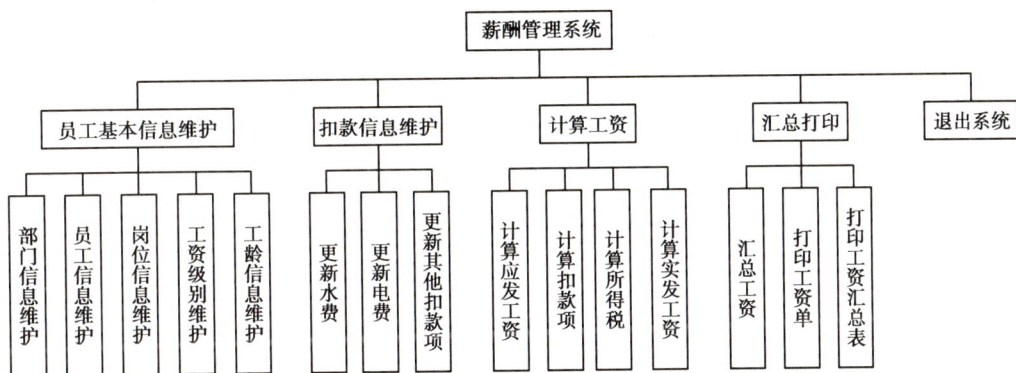

图 12-7 系统功能模块图

①基本信息维护包括部门信息维护、员工基本信息维护、岗位信息维护、工资级别信息维护及工龄信息维护。

部门信息维护主要指对部门代码和部门名称的增加、删除、查找、修改。

员工信息维护主要指对员工代码、姓名、性别、部门、工资等级、岗位和工龄进行的增加、删除、查找、修改。

岗位信息维护主要指对岗位和对应的岗位工资进行的增加、删除、查找、修改。

工资级别信息维护主要指对工资级别和对应的基本工资进行的增加、删除、查找、修改。

工龄信息维护主要指对工龄和对应的工龄工资进行的增加、删除、查找、修改。

②扣款信息维护包括基本工资、岗位工资、工龄工资、绩效工资,这些可以从相关的数据表中获取,此处只需要再设定一下相应的扣款数据即可,扣款工资的设定包括水费、电费、其他扣款等。

③计算工资主要是计算本月应发工资、个人所得税、扣款合计和实发工资。

④汇总打印主要就是按部门进行工资汇总,打印工资单,将工资汇总表提交给财务系统进行费用分摊处理。

(3)物理配置方案设计

本薪酬管理信息系统运行环境设计要在 Windows 7 以上平台运行,程序设计语言选择 Visual Studio,系统的硬件要求为英特尔微型计算机,另外要求配置一台针式打印机。

(4)数据存储设计

高校薪酬管理信息系统所需要的数据表见表 12-3—表 12-10。

表 12-3 部门表

序号	字段名	类型	宽度	小数位数	索引	备注
1	BMDM	字符型	10	—	主索引	部门代码
2	BMMC	字符型	10	—	—	部门名称

表 12-4 工资级别表

序号	字段名	类型	宽度	小数位数	索引	备注
1	GZDJ	字符型	10	—	索引	工资等级
2	JBGZ	数值型	10	—	—	基本工资

表 12-5 工龄表

序号	字段名	类型	宽度	小数位数	索引	备注
1	GL	字符型	10	—	索引	工龄
2	GLGZ	数值型	10	2	—	工龄工资

表 12-6 岗位表

序号	字段名	类型	宽度	小数位数	索引	备注
1	GW	字符型	10	—	主索引	岗位
2	GWGZ	数值型	10	2	—	岗位工资

表 12-7　员工信息表

序号	字段名	类型	宽度	小数位数	索引	备注
1	YGDM	字符型	16	—	主索引	员工代码
2	XM	字符型	8	—	—	姓名
3	XB	字符型	2	—	—	性别
4	GW	字符型	10	—	—	岗位
5	GL	数值型	5	—	—	工龄
6	GZDJ	字符型	5	—	—	工资等级
7	BMDM	字符型	10	—	外键	部门代码

表 12-8　绩效工资表

序号	字段名	类型	宽度	小数位数	索引	备注
1	JX	字符型	10	—	索引	绩效
2	JXGZ	数值型	10	2	—	绩效工资

表 12-9　变动工资表

序号	字段名	类型	宽度	小数位数	索引	备注
1	YGDM	字符型	16	—	主索引	员工代码
2	RQ	日期型	8	—	主索引	日期
3	SF	数值型	10	2	—	水费
4	DF	数值型	10	2	—	电费
5	QTKK	数值型	10	2	—	其他扣款

表 12-10　工资结算单

序号	字段名	类型	宽度	小数位数	索引	备注
1	YGDM	字符型	16	—	—	员工代码
2	RQ	日期型	8	—	—	日期
3	JBGZ	数值型	10	2	—	基本工资

续表

序号	字段名	类型	宽度	小数位数	索引	备注
4	GLGZ	数值型	10	2	—	工龄工资
5	GWGZ	数值型	10	2	—	岗位工资
6	JXGZ	数值型	10	2	—	绩效工资
7	YFGZ	数值型	10	2	—	应发工资
8	SFKK	数值型	10	2	—	水费扣款
9	DFKK	数值型	10	2	—	电费扣款
10	QTKK	数值型	10	2	—	其他扣款
11	SDS	数值型	10	2	—	所得税
12	KKHJ	数值型	10	2	—	扣款合计
13	SFGZ	数值型	10	2	—	实发工资

(5)输出设计

输出设计的任务是使管理信息系统输出满足用户需求的信息,输出设计主要指打印输出设计,在本薪酬管理系统中主要是指对工资单的输出设计,输出设计说明表见12-11。

表 12-11　输出设计说明表

输出设计书					
资料代码	GZ-001	输出名称		工资单	
处理周期	月/次	形式	打印表	种类	薪酬
份数	1	报送		各部门	
项目编号	项目名称	位数及编辑	备注		
1	部门名称	Char(10)	按部门打印		
2	员工代码	Char(8)			
3	姓名	Char(8)			
4	基本工资	Number(10,2)			
5	岗位工资	Number(10,2)			
6	工龄工资	Number(10,2)			

项目编号	项目名称	位数及编辑	备注
7	绩效工资	Number(10,2)	
8	应发工资	Number(10,2)	= 基本工资+岗位工资+工龄工资+绩效工资
9	水费	Number(10,2)	
10	电费	Number(10,2)	
11	其他扣款项	Number(10,2)	
12	扣款合计	Number(10,2)	= 水费+电费+其他扣款项
13	个人所得税	Number(10,2)	按国家规定税率扣除
14	实发工资	Number(10,2)	= 应发工资−扣款合计
15	制表日期	Date(8)	自动获取
16	制表人	Char(10)	操作员姓名

（6）输入设计

本部分以员工信息维护的输入设计（图12-8）为例进行说明。

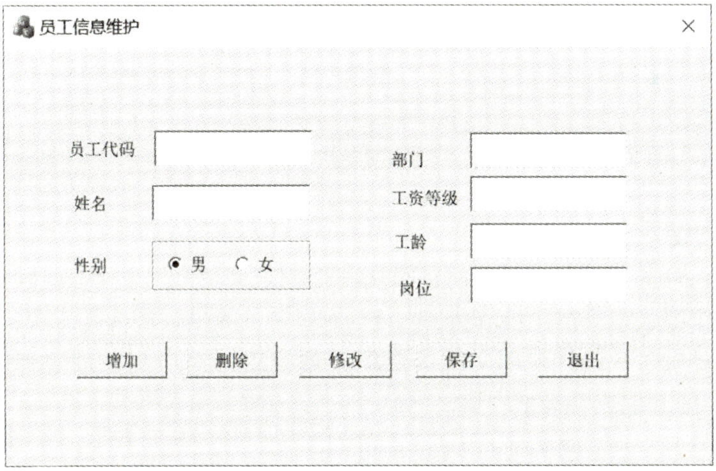

图 12-8　员工信息维护输入设计图

（7）代码设计

高校薪酬管理系统的部门代码设计和员工代码设计见表12-12和表12-13。

表 12-12　部门代码设计表

部门代码	部门名称
001	党群处
002	人事处
003	财务处
011	机自学院
012	信息学院
……	……

表 12-13　员工代码设计表

员工代码	员工姓名	备注
20082001	徐海	财务处科员
20132002	李黎	人事处科长
20021001	刘芳	机自 学院教师岗
20211001	苏醒	航空院教师岗
20193001	赵涛	后勤处员工
……	……	……

（8）处理过程设计

处理过程设计的目的是设计出所有模块和他们之间的相互关系（即联结方式），并具体地设计出每个模块内部的功能和处理过程，为程序员提供详细的技术资料。

编写模块处理过程设计说明文档的依据是该模块所对应的数据流程图中的处理逻辑，数据字典中的数据流和数据存储。

12.2.2　课程设计及要求

用管理信息系统的开发工具（如 Visual Studio）开发一个实用的小型管理信息系统。

（1）课程设计要求

①根据课程设计时间和个人能力，在教师的协助下选择规模适当、工作量适中的课程选题。

②合理地安排设计进度，按照系统开发的流程及方法，认真进行课程设计。

③课程设计过程中,要根据选题的具体需求,在开发各环节中撰写相关的技术文档,最后提交详细的课程设计报告。

④开发出可以运行的管理信息系统产品,并通过上机检查。

（2）课程设计组织

①学生自由组合,每个课程设计小组的成员以 5~6 人为宜。推选一位同学作为课题组长,负责制订项目的实施计划,保证小组按照要求完成任务。小组全体成员必须在计划的指导下,分头工作,团结协作。

②每个课题小组共同开发一套可以运行的信息系统,并完成一份课程设计报告。

③课程设计时间:2 周。

（3）课程设计报告撰写要求

课程设计报告内容包括封面、目录、正文、附录和参考资料,原则上不少于 4 500 字,需在封面注明设计选题、班级、姓名、学号及课程设计中承担的任务概述,其正文至少包括可行性研究报告、系统计划报告、系统分析报告、系统设计报告、系统实现以及工作总结。

（4）参考范例

某高校薪酬管理信息系统的分析、设计与实现(见本章 12.2.1)。

本章小结

本章主要内容分成两大部分,第一部分是课程实验指导,共列举 7 个实验,覆盖了管理信息系统课程的基本概念、技术基础、应用和建设 4 个部分,每个实验均有实验目的、要求、资料和问题思考等。第二部分为课程设计指导,主要以某高校薪酬管理系统为范例说明管理信息系统建设的重点环节。

参考文献

[1] 滕佳东.管理信息系统[M].6 版.大连:东北财经大学出版社,2018.

[2] 薛华成.管理信息系统[M].6 版.北京:清华大学出版社,2012.

[3] 陈佳.信息系统开发方法教程[M].5 版.北京:清华大学出版社,2019.

[4] 孙细明,白月华,秦娟,等.管理信息系统[M].上海:上海财经大学出版社,2015.

[5] 孙滨丽.管理信息系统基础[M].北京:清华大学出版社,2008.

[6] 张新.管理信息系统[M].北京:机械工业出版社,2010.

[7] 侯洪凤,王璨,曾维佳.管理信息系统基础[M].北京:中国铁道出版社,2018.

[8] 周玉清,刘伯莹,周强.ERP 原理与应用教程[M].4 版.北京:清华大学出版社,2021.

[9] 赵松涛,孟令红,李登宝,等.网络技术基础教程[M].北京:人民邮电出版社,2004.

[10] 李兴国.管理信息系统[M].大连:东北财经大学出版社,2015.

[11] 苗雪兰,刘瑞新,宋歌.数据库系统原理及应用教程[M].5 版.北京:机械工业出版社,2020.

[12] 李红.管理信息系统设计与实施[M].沈阳:东北大学出版社.2001.

[13] 倪庆萍.管理信息系统原理[M].3 版.北京:清华大学出版社,2016.

[14] 胡笑梅,张子振.管理信息系统[M].北京:机械工业出版社,2021.

[15] 柳毅,金鹏,雒兴刚.数字智能时代的管理信息系统[M].北京:清华大学出版社,2020.

[16] 向卓元,彭虎锋.管理信息系统[M].2 版.北京:人民邮电出版社,2021.

[17] 芮廷先.管理信息系统[M].北京:清华大学出版社,2017.

[18] 曾陈萍,陈世琼,钟黔川.大学计算机应用基础[M].北京:人民邮电出版社,2021.

[19] 吴庆州.管理信息系统[M].北京:北京理工大学出版社,2017.

[20] 刘军,牟世超.管理信息系统[M].北京:清华大学出版社,2015.

[21] 王晓敏,崔国玺,李楠,等.信息系统分析与设计[M].5 版.北京:清华大学出版社,2021.